Kapitel 1: Die Unternehmung im Wirtschaftsgeschehen

1.1 Die Stellung der Unternehmung im Wirtschaftskreislauf

1. Zweisektorenmodell: **Haushalte und Unternehmen**
   Dreisektorenmodell: **Haushalte, Unternehmen, Banken**
   Fünfsektorenmodell: **Haushalte, Unternehmen, Banken, Staat, Ausland**

2. Um komplizierte Sachverhalte erklärbar zu machen, werden sie durch vereinfachende Darstellungen beschrieben. Solche vereinfachenden Abbildungen der Wirklichkeit = Modelle.

3. Siehe Stofftelegramm

4. Merkmale des einfachen Wirtschaftskreislaufes:
   - Es gibt nur Haushalte und Unternehmen.
   - Alles, was produziert wird, wird wieder verbraucht; daher kein Wachstum.
   - Keine Kapitalbildung, d. h. die Haushalte verbrauchen ihr Einkommen und bilden keine Ersparnisse.

5. Volkseinkommen E = Konsumausgaben C

6. **Stationäre Wirtschaft:** Wirtschaft ohne Wachstum
   Evolutorische Wirtschaft: Wachsende Wirtschaft

7.

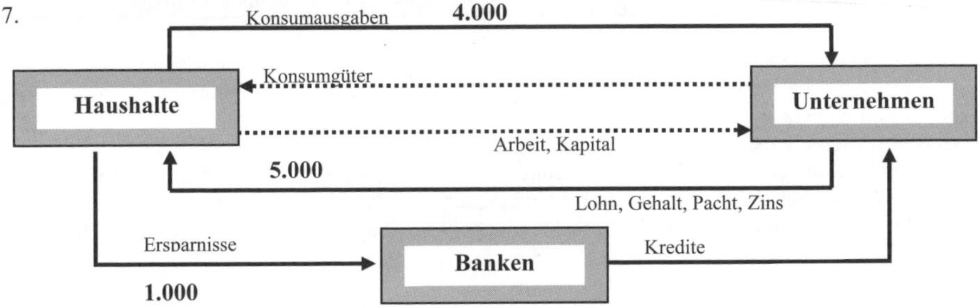

8. Banken sammeln die Ersparnisse der Haushalte und leiten sie als Kredite an die Unternehmen für Investitionszwecke weiter.

9. Siehe **fette** Eintragungen in Aufgabe 7.

10. (1) **Volkseinkommen E = Konsumausgaben C + Ersparnisse S**
    Das Volkseinkommen (**E**) wird nicht mehr vollständig für Konsumausgaben (**C**) verwendet. Vielmehr wird ein Teil davon (**S**) gespart.
    (2) **Ersparnisse S = Investitionen I**
    Die Ersparnisse (**S**) der Haushalte werden von den Banken als Kredite zu Investitionszwecken (**I**) an die Unternehmen weitergegeben.

11.

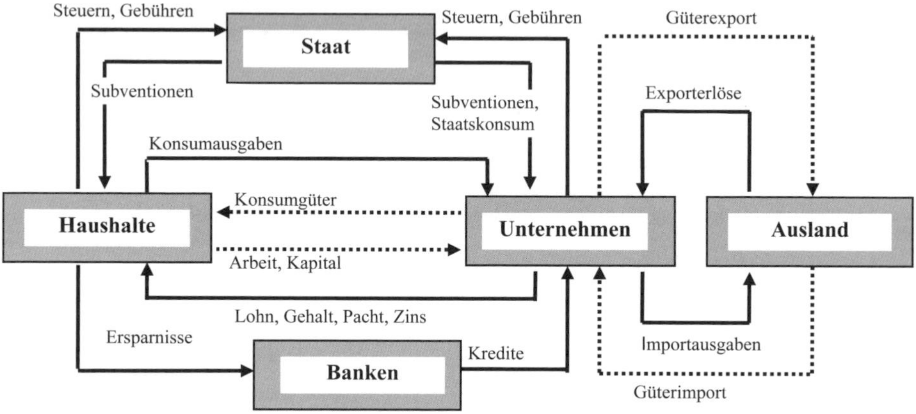

12.

Sektor	Beispiel für Informationen	Sektor	Beispiel für Informationen
Banken	• Zinssätze für Kredite • Kontostände	**Staat**	• Gesetze, Verordnungen aus dem Wirtschaftsbereich (Steuergesetze, Bauvorschriften, Fördermaßnahmen usw.)
Haushalte	• verfügbares Einkommen • Bevölkerungsentwicklung	**Ausland**	• Export-/Importvorschriften • Zölle • gesetzliche Vorgaben

13. Die systematische Sammlung, Aufbereitung und Verdichtung aller bedeutsamen Informationen ist wichtig für das Unternehmen, weil sie Daten enthalten, welche für die Führung und Steuerung des Unternehmens wichtig sind.
Beispiel: Zielvorgabe = Erhöhung des Marktanteiles innerhalb des nächsten Kalenderjahres um 5 %-Punkte. Eine kontinuierliche Verfolgung und Aufarbeitung der laufenden Daten informiert rechtzeitig, ob sich das Unternehmen auf dem geplanten Wachstumspfad befindet oder ob ggf. unterstützende Maßnahmen (z. B. Werbekampagne, Preissenkungen, Produktdifferenzierung) ergriffen werden müssen.

1.2 Handelsrechtliche Rahmenbedingungen und Rechtsformen der Unternehmung

1 Kaufmann - Handelsregister - Firma

1. Für Kaufleute nach HGB

2. Gewerbetreibende **mit** kaufmännischem Geschäftsbetrieb
   - Kaufleute nach HGB
   - Pflicht zur Eintragung
   - Eintragung ist deklaratorisch

Gewerbetreibende **ohne** kaufmännischen Geschäftsbetrieb	• Kannkaufleute • Option auf Eintragung • falls HR-Eintragung, dann ist Eintragung konstitutiv, und sie werden Kaufleute nach HGB • falls kein Eintrag: Nichtkaufleute

3.
- alle Kapitalgesellschaften
- alle Gewerbetreibenden, deren Unternehmen nach Art oder Umfang einen in kaufmännischer Weise eingerichteten Geschäftsbetrieb erfordert. (Es kommt also nicht darauf an, ob dieser auch tatsächlich vorhanden ist.)

4.
- Höhe des Umsatzes
- Höhe des Vermögens
- Gewinn
- Höhe der Forderungen
- Anzahl der Mitarbeiter
- Vielfalt der Erzeugnisse
- grenzüberschreitende Tätigkeit
- Zahl der Betriebsstätten

5. **Kannkaufmann**
- kann sich ins Handelsregister eintragen lassen
- Beispiele
  - Land- und Forstwirte
  - Gewerbetreibende ohne kaufm. Geschäftsbetrieb

Formkaufmann
- muss sich ins Handelsregister eintragen lassen
- alle Kapitalgesellschaften (GmbHs und AGs)

6. Nein. Kaufmann i. S. des HGB ist die GmbH (Formkaufmann)

7.
a) Kaufmann nach HGB
b) Kaufmann nach HGB
c) Kein Kaufmann i. S. des HGB (kein Gewerbebetrieb sondern freier Beruf)
d) Kannkaufmann. Bei Eintragung ins HR = Kaufmann nach HGB, sonst Nichtkaufmann
e) Formkaufmann, Kaufmann nach HGB
f) Kaufmann nach HGB (e. K.)
g) Kaufmann nach HGB (e. K.)
h) Formkaufmann, Kaufmann nach HGB
i) Kein Kaufmann i. S. des HGB
j) Kannkaufmann. Bei Eintragung ins HR = Kaufmann nach HGB, sonst Nichtkaufmann

8. Öffentliches Verzeichnis aller Kaufleute nach HGB. Es wird vom Registergericht vollelektronisch geführt. Das Führen des Handelsregisters kann einem Amtsgericht für mehrere Amtsgerichtsbezirke übertragen werden.

9. Alle Kaufleute nach HGB eines bestimmten Bezirkes (ein oder mehrere Amtsgerichtsbezirke).

10. Gewerbetreibende ohne kfm. Geschäftsbetrieb, die nicht im HR eingetragen sind (Nichtkaufleute).

11.

Formkaufleute	Eintrag konstitutiv
Sonstige Gewerbetreibende mit kaufmännischem Geschäftsbetrieb	Eintrag deklaratorisch

12.
a) Amtsgericht, speziell Registergericht
b) Ja. Jeder darf das HR einsehen, Handelsregister = öffentliches Verzeichnis

13. Firma, Inhaber, Kapital, Geschäftssitz, Gegenstand des Unternehmens, Geschäftsführer, Vorstände, Prokura

14. a) **Abteilung A:** Einzelunternehmen und Personengesellschaften
Abteilung B: Kapitalgesellschaften

b) **Einzelunternehmen und Personengesellschaften**

Kannkaufleute:	Eintrag ist konstitutiv (= rechtserzeugend), d. h. die Unternehmung entsteht erst mit Handelsregistereintragung
Gewerbetreibende mit kaufmännischer Organisation:	Eintragung ist deklaratorisch (rechtsbezeugend), d. h. der Eintrag bestätigt lediglich, dass die Unternehmung möglicherweise schon vor dem Eintrag entstanden ist.
Kapitalgesellschaften:	Eintrag ist konstitutiv (= rechtserzeugend, s. o.)

15. Nichtkaufmann = Gewerbetreibender ohne kaufmännische Organisation, der sich nicht ins Handelsregister eintragen ließ

16.
- keine Eintragung ins HR
- keine Firma (bei Tod des Inhabers bzw. Verpachtung darf der Name nicht weitergeführt werden)
- vereinfachte Aufzeichnungspflichten (kein Inventar, keine Bilanz, keine Handelsbücher)
- Prokuraerteilung nicht möglich
- OHG, KG nicht möglich (lediglich BGB-Gesellschaften)
- Bürgschaftserklärungen nur schriftlich

17
- volle Buchführungspflicht, daher höhere Kosten
- unverzügliche Prüfungs- und Rügepflichten

18. Die Firma ist der Name, unter dem der Kaufmann seine Geschäfte betreibt und unterschreibt. Er kann unter seiner Firma klagen und verklagt werden. Kurz: Handelsname.
Rechtlich gesehen unterscheidet sich also der Begriff „Firma“ erheblich von den anderen Begriffen

19. Richtig sind: c - d - e -g

20. a) Sachfirma b) Mischfirma c) Personenfirma d) Fantasiefirma
e) Personenfirma f) Mischfirma

21.
- Einwilligung der bisherigen Inhaberin
- Die Firma muss weiterhin als Modegeschäft betrieben werden.

22. Nein. Verstoß gegen den Grundsatz der Unterscheidungskraft gegenüber anderen Unternehmen. Es muss eine andere Firma gewählt werden, die sich zumindest durch einen Zusatz von der bereits bestehenden Firma unterscheidet.

23. Nein. Verstoß gegen Irreführungsverbot. Die Firma muss geändert werden.

24
- Firma
- Rechtsform
- Ort der Handelsniederlassung
- Registergericht
- Nummer, unter der die Firma ins Handelsregister eingetragen ist.

2 Überblick über Rechtsformen

1.

	AG	KG	OHG	GmbH
Personengesellschaft		X	X	
Kapitalgesellschaft	X			X

3 Entscheidungskriterien für die Wahl der Rechtsform

1. a) **Firma** — Name eines Kaufmannes, unter dem er seine Geschäfte betreibt, unterzeichnet, unter dem er klagen und verklagt werden kann.

   b) **Personenfirma** — Firmenname enthält den Personennamen von einem oder mehreren Gesellschaftern

   c) **Sachfirma** — Unternehmenszweck ist aus dem Firmennamen erkennbar.

   d) **Geschäftsführung** — Leitung des Betriebes im Innenverhältnis

   e) **Einzelgeschäftsführungsbefugnis** — Inhaber kann Entscheidungen alleine treffen.

   f) **Gesamtgeschäftsführungsbefugnis** — Rechtswirksame Entscheidungen bedürfen eines Gesamtbeschlusses aller Inhaber.

   g) **Vertretung** — Betrifft Außenverhältnis. Recht, bindende Willenserklärungen gegenüber Dritten abzugeben.

   h) **Einzelvertretung** — Inhaber kann Vertretungsrecht alleine wahrnehmen.

   i) **Gesamtvertretung** — Inhaber können Vertretungsrecht nur gemeinsam wahrnehmen.

   j) **Haftung** — Verpflichtung, für die Verbindlichkeiten der Firma einzustehen

   k) **Unbeschränkte Haftung** — Haftung mit Geschäfts- und Privatvermögen

   l) **Unmittelbare Haftung** — Gläubiger kann sich an jeden Verpflichteten wenden (am besten: den Kapitalstärksten). Dieser kann nicht auf die Mithaftung der anderen verweisen.

   m) **Solidarische Haftung** — (= gesamtschuldnerische H.): Haftung für alle Schulden, also auch für jene, die bereits beim Eintritt des Gesellschafters bestanden

4 Die Einzelunternehmung

1. a)
   - Unabhängigkeit von einem Arbeitgeber
   - Unternehmenserfolg gehört ihr allein.
   - Perspektive auf höheres Einkommen

   b)
   - höheres Risiko, da Haftung mit Geschäfts- und Privatvermögen
   - Einkommen hängt ausschließlich an ihrer Leistungsfähigkeit und Leistungsbereitschaft (fachlich, gesundheitlich)

   c) Kosmetikstudio Barbara Lederle e. Kfr., Beauty e. Kfr.

5 Pro und contra Gesellschaftsunternehmung

1. **Vorteile**
   - Verteilung der Arbeitslast
   - Aufteilung des Unternehmerrisikos
   - Stärkung der Eigenkapitalbasis
   - Verbesserung der Kreditwürdigkeit und -fähigkeit

   Nachteile
   - Aufteilung des Gewinns
   - Verzögerung der Entscheidungsprozesse, da mehrere Personen entscheidungsberechtigt
   - eingeschränkter Entscheidungsfreiraum

6 Die Kommanditgesellschaft (KG)

1. **Innenverhältnis** Außergewöhnliches Rechtsgeschäft. Komplementär Stoll muss daher zustimmen. Filz und Milz können widersprechen.

   Außenverhältnis Kaufvertrag rechtsgültig, da Komplementär auch bei außergewöhnlichen Rechtsgeschäften Einzelvertretungsmacht hat.

2. Bis zur Handelsregistereintragung haftet der Kommanditist wie ein Vollhafter.

3. Bei Neubeginn einer KG und solange HR-Eintragung noch nicht erfolgt ist.

4. Nein. Kommanditisten haben kein Vertretungsrecht.

5. **Innenverhältnis** Frei gestaltbar. Somit kann ein Kommanditist durch vertragliche Vereinbarung die Geschäftsführungsrechte erhalten.

   Außenverhältnis Ein Vertretungsrecht für den Kommanditisten ist nie möglich. Er könnte jedoch im Rahmen eines Angestelltenverhältnisses zum Prokuristen oder Handlungsbevollmächtigten ernannt werden, wodurch er mehr oder weniger weitgehende Vertretungsmacht erhielte.

6. Der Kommanditist haftet in Höhe seiner noch nicht eingezahlten Einlage unmittelbar. Milz muss daher 30.000,00 € an Nötig zahlen.

7. Ja. Unmittelbare Haftung in Höhe noch nicht eingezahlter Einlage auch für Altschulden der KG.

8. a)
   - Erhaltung seiner Macht
   - rasche Entscheidung

   - größere Sachkenntnis Amanns
   - keine Meinungsverschiedenheiten in Geschäftsführung

b) **Innenverhältnis:** Kauf ist außergewöhnliches Rechtsgeschäft. Damit ist notwendig:
- Komplementär Berger muss zustimmen.
- Kommanditisten Kramer und Dreher könnten widersprechen.

Außenverhältnis: Kaufvertrag ist gültig (Vertretungsmacht auch für außergewöhnliche Rechtsgeschäfte)

c) Die Verbindlichkeit ist vor Eintritt des Kommanditisten Dreher in die KG entstanden. Dreher haftet für Verbindlichkeiten unmittelbar nur bis zur Höhe der noch nicht geleisteten Einlage. Deshalb ist Dreher zur Zahlung von 10.000,00 € verpflichtet.

7 Die Gesellschaft mit beschränkter Haftung (GmbH)

1. a) Mindestens 1 Gesellschafter

b)
- Gezeichnetes Kapital (Stammkapital) muss mindestens 25.000,00 € betragen = Summe der Nennbeträge aller Geschäftsanteile.
- Der von einem Gesellschafter übernommene nominelle Anteil am Stammkapital = Geschäftsanteil eines Gesellschafters.
- Der Geschäftsanteil ist mit einem Nennbetrag versehen und muss auf volle Euro lauten.
- Ein Gesellschafter kann bei der Errichtung der Gesellschaft mehrere Geschäftsanteile übernehmen.
- Mindesteinzahlung pro Einlage = 25 %
- insgesamt mindestens 12.500,00 €

2. **Stammkapital** = gezeichnetes Kapital = Nominalkapital = Gesamtbetrag aller Geschäftsanteile, bewertet zum Nennwert. Mindestens 25.000,00 €

Geschäftsanteil Der von einem Gesellschafter übernommene nominelle Anteil am Stammkapital. Er lautet auf volle Euro. Da der Geschäftsanteil auch Anteile an den offenen und stillen Rücklagen sowie am Firmenwert umfasst, kann dessen realer Wert steigen oder fallen. Geschäftsanteile können veräußert und vererbt werden. Bei Ausscheiden des Gesellschafters wird (üblicherweise) dieser Wert zugrunde gelegt. Zur Übertragung ist notarielle Beurkundung notwendig.

3. a) Ja. Personen-, Sach- oder Mischfirma mit Zusatz "*GmbH*"

b) Fuchs: 40.000,00 €, Wolf: 30.000,00 €, Hase: 30.000,00 €.

c) Je Euro Geschäftsanteil – 1 Stimme

d) Ja. Geschäftsführer können Gesellschafter oder andere Personen sein.

e) Ja. Geschäftsführer hat Vertretungsmacht für alle gewöhnlichen und außergewöhnlichen Rechtsgeschäfte. Geschäftsführungsbefugnis im Innenverhältnis durch Satzung geregelt.

f) Gesamtvertretungsmacht aller Geschäftsführer. Wolf und Hase müssen also zustimmen.

g) Nein. Ernennung zum Prokuristen ist Aufgabe der Gesellschafter.

h) Ja. Verwendung des Jahresergebnisses ist Aufgabe der Gesellschafter.

i) Nein. Zur Übertragung ist notarielle Form notwendig.

8 Handlungsvollmacht - Prokura

1. Vollmacht = Vertretungsbefugnis = Recht, in fremdem Namen Rechtsgeschäfte abzuschließen.

2.

Allgemeine Handlungsvollmacht (Gesamtvollmacht)	Berechtigt zur Vornahme aller gewöhnlichen Rechtsgeschäfte der betreffenden Branche, z. B. Geschäftsführer, Filialleiter
Artvollmacht	Berechtigt zur Vornahme eines stets wiederkehrenden Rechtsgeschäftes, z. B. Einkaufen, Verkaufen
Einzelvollmacht	Berechtigt zur **einmaligen** Vornahme eines bestimmten Rechtsgeschäftes, z. B. Kauf von Briefmarken

3. (1) Artvollmacht (2) Einzelvollmacht (3) Artvollmacht (4) Artvollmacht (5) Einzelvollmacht (6) Artvollmacht (7) Gesamtvollmacht

4. (1) ja (2) nein (3) ja (4) ja (5) nein, nicht gewöhnlich (6) nein (7) ja

5. Doro hätte unter Verwendung eines Zusatzes zeichnen müssen, der das Vollmachtsverhältnis ausdrückt, hier z. B. *i. A. Doro Roth*

6. Doro hatte in bezug auf die Blumen Artvollmacht (Duldung durch Regelmäßigkeit). Damit hat sie Anspruch auf Ersatz der 50,00 €.

7. Im Innenverhältnis ist Prokura wirksam mit Ernennung, im Außenverhältnis mit Rundschreiben, spätestens mit Veröffentlichung der Eintragung ins HR.

8.
a) erlaubt
b) erlaubt
c) erlaubt
d) erlaubt
e) nicht erlaubt, nur mit Sonderbefugnis
f) durch Gesetz verboten
g) durch Gesetz verboten
h) durch Gesetz verboten
i) Kaufvertrag gilt. Beschränkung ist Dritten gegenüber unwirksam.
j) Schadensersatz oder Kündigung wegen Vertragsverletzung. Beschränkung der Prokura im Innenverhältnis möglich.

9. Vollmacht zu
- **allen gerichtlichen und außergerichtlichen Geschäften** und Rechtshandlungen, die der Betrieb
- **irgendeines Handelsgewerbes**
- **überhaupt** mit sich bringt.

10. **Einzelprokura:** Ein Prokurist ist allein vertretungsberechtigt.

Gesamtprokura: Gemeinsame Vertretung durch mehrere Prokuristen (Zweck: Kontrolle!)

Filialprokura: Prokura auf Filiale beschränkt

11.

	Gesamtvollmacht	**Prokura**
Umfang	alle gewöhnlichen Rechtsgeschäfte der betreffenden Branche	alle gerichtlichen und außergerichtlichen Rechtsgeschäfte, die irgendein Handelsgewerbe überhaupt mit sich bringt.
Einschränkung des Umfanges	Außenverhältnis: Gültig, wenn Dritter informiert	unwirksam
Erteilung	• jeder kann im Rahmen seiner Handlungsvollmacht Untervollmachten erteilen. • formlos, auch stillschweigend, Duldung	• nur Inhaber • ausdrücklich
HR-Eintragung	keine Eintragung	Eintragung notwendig

Beginn	mit Erteilung und Bekanntgabe	• Innenverh.: Mit Erteilung Außenverh.: Bekanntgabe an Dritte, spätestens mit Eintragung ins HR
Zeichnung	i. V.	ppa
Beendigung	• Auflösung des Rechtsverhältnisses • Widerruf • Geschäftsauflösung • Tod des Geschäftsinhabers • Inhaberwechsel, wenn neuer Inhaber widerruft	• Auflösung des Rechtsverhältnisses • Widerruf • Geschäftsauflösung • **nicht** bei Tod des Geschäftsinhabers • Inhaberwechsel, wenn neuer Inhaber widerruft

12. Darlehensvertrag ist gültig, da Handelsregistereintragung lediglich deklaratorische Wirkung hat. Die Prokura ist Dritten gegenüber schon vor der HR-Eintragung wirksam, wenn diese davon Kenntnis erlangt haben.

13. a) Kaufvertrag ist gültig. Widerruf der Prokura ist erst mit Handelsregistereintragung und deren Veröffentlichung bzw. vorheriger Information des Dritten rechtsgültig. Am 13.05. war der Widerruf noch nicht bekannt. Prokurist ist im Innenverhältnis gegenüber dem Unternehmer zu Schadensersatz verpflichtet.

    b) Am 18.05. ist der Widerruf durch Rundschreiben bekannt. Kaufvertrag daher unwirksam für Unternehmer.

14.

a)	**Gesamtvollmacht:**	Vollmacht für alle gewöhnlichen RG des betreffenden Handelsgewerbes
	Gesamtprokura:	mehrere Prokuristen vertreten gemeinsam.
b)	**Einzelvollmacht:**	Vollmacht zur einmaligen Vornahme eines RG
	Einzelprokura:	Prokurist ist allein vertretungsberechtigt.

15. Bei Gesamtprokura können nur mehrere Prokuristen gemeinsam handeln. Dadurch gemeinsame Entscheidungen und gegenseitige Kontrolle.

16. Ein Prokurist darf gewöhnliche und außergewöhnliche Rechtshandlungen vornehmen, also auch die Branche ändern.

1.3 Das Zielsystem einer Unternehmung

1. Schülerindividuelle Lösung

2. Durch die Verflachung der Unternehmenshierarchien und Förderung dezentraler Entscheidungskompetenzen besteht das Risiko, dass die Mitarbeiter in diesen dezentralen Strukturen die Zielrichtung des Gesamtsystems aus den Augen verlieren. Eine schriftliche Formulierung der Unternehmensziele und deren Festschreibung in einer Vision kann maßgeblich zur Problemlösung beitragen.

3. a) **Ökonomische Ziele**
   - Umsatzsteigerung um einen bestimmten %-Satz
   - Gewinnsteigerung um einen bestimmten %-Satz
   - Erhöhung des Marktanteiles um einen bestimmten %-Satz
   - Kostenreduzierung um ...

   b) **Ökologische Ziele**
   - nur Verwendung von FCKW-freien Stoffen
   - Verwendung von verrottbarem Material als Füllstoff in Verpackungen

   c) **Soziale Ziele**
   - Verringerung der Krankheitsrate um ...
   - Verringerung der Fluktuationsrate

4. a) **Zielharmonie** zwischen
   Verringerung der Fehlzeiten und Verringerung der Lohnstückkosten
   b) **Zielkonflikt**
   Gewinnmaximierung und Erhöhung des Marktanteiles
   (Begründung: Eine Erhöhung des Marktanteiles ist oft nur durch einen Kampfpreis möglich, bei welchem das Unternehmen gerade noch kostendeckend arbeitet. Damit wird das Ziel Gewinnmaximierung gefährdet.)

1.4 Marktorientierung als Grundlage unternehmerischen Handelns

1. In aller Regel haben wir es mit gesättigten Märkten zu tun. Eine Absatzsteigerung des eigenen Unternehmens geht somit zwangsläufig zu Lasten der Konkurrenten. Die Marktmacht liegt somit beim Käufer. Der Unternehmenserfolg kommt nicht von allein. Die Wünsche des Käufers, seine Kaufkraft, die gesamtwirtschaftliche Entwicklung, das Konkurrenzangebot in Bezug auf Menge, Qualität und Preis usw. müssen vorher erforscht werden.

2. Merkmale:
   - Angebot größer als Nachfrage (Markt = gesättigt)
   - Orientierung aller Entscheidungen (Produktionsprogramm, Design, Werbebotschaft) am Kundennutzen
   - Kundennutzen muss erforscht werden.
   - Kundenorientierung wird zum leitenden Prinzip unternehmerischen Handelns.

3. Beispiele für Ansätze zu kundenorientiertem Handeln im Unternehmen:
   - Aufgabe der funktionsorganisierten Organisationsstruktur und Schaffung von kunden- bzw. produktorientierten Strukturen
   - Entwicklung der Produkte in Kooperation mit den Kunden
   - regelmäßige und systematische Erforschung der Kundenbedürfnisse und deren Umsetzung in Produktentwicklung und Ablaufstrukturen
   - flexible Gleitzeit = je intensiver die Kundenfrequenz, desto mehr Mitarbeiter sind anwesend.

1.5 Marktforschung als Grundlage für Entscheidungen im Marketing

1. a) **Absatzmarketing:** alle unternehmerischen Maßnahmen, die darauf abzielen, einen Markt zu erschließen, zu erhalten und zu erweitern
   b) **Marktforschung:** Instrument zur Informationsbeschaffung
   c) **Marktbeobachtung:** Methode der Marktforschung. Markt wird dabei über längeren Zeitraum fortlaufend beobachtet.
   d) **Marktanalyse:** Methode der Marktforschung, einmalig, zeitpunktbezogen
   e) **Marktprognose:** Vorhersage über künftige Marktentwicklung, z. B. Marktpotential, Marktvolumen, Zielgruppe
   f) **Primärforschung:** Erhebung bisher noch nicht erfasster Daten
   g) **Sekundärforschung:** Rückgriff auf vorhandenes Datenmaterial

2.

unternehmensintern:	Absatzstatistik, Tätigkeitsberichte der Außendienstmitarbeiter
unternehmensextern:	Veröffentlichungen des Statistischen Bundesamtes, der statistischen Landesämter, der Deutschen Bundesbank, der IHK, des Bundeswirtschaftsministeriums, Berichte von Verbänden, Prognos-Reports

3.

Befragung	Gewinnung von Meinungen, Einstellungen usw. durch mündl., schriftliches, telefonisches Interview
Beobachtung	Erfassung beobachtbarer Tatbestände ohne direkten Kontakt zum Marktteilnehmer
Experiment	Ermittelt die Abhängigkeit eines Faktors (z. B. Erkennen des Inhalts) von der Veränderung anderer Faktoren (z. B. Form/Weichspüler)
Panelerhebung	Feste Anzahl von Haushalten/ Geschäften wird zu gleichen Sachverhalten periodisch befragt.

1.6 Instrumente der Produkt- und Sortimentspolitik

1. **Produktlebenszyklus** = Umsatzentwicklung eines Produktes zwischen Markteinführung und Ausscheiden aus dem Markt
2. Die Ertragssituation eines Produktes wird bestimmt durch die Phase, in welcher es sich jeweils befindet. Die Kenntnis der spezifischen Produktlebenszyklen ist wichtig, damit rechtzeitig die erforderlichen Marketingmaßnahmen (z. B. Weiterentwicklung, gezielte Aufgabe...) ergriffen werden können.
3. Lebenszyklus für ein Modeprodukt Lebenszyklus für ein langlebiges Konsumgut

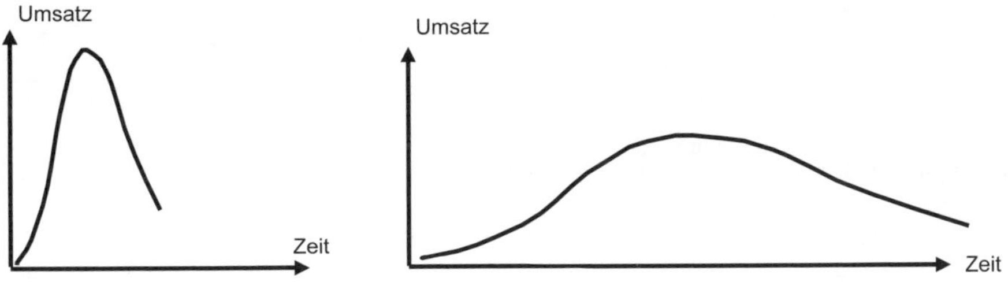

4. a) Einführung - Wachstum - Reife - Sättigung - Niedergang
   b) Siehe Stofftelegramm

5. Formgestaltung, Verpackung, Markierung und Namensgebung

6. a) b) + c)

Produktdiversifikation	• Sortiment wird um ein weiteres Erzeugnis erweitert. • Unternehmen hat weiteres "Standbein am Markt" • hoher Investitionsaufwand für neue Produktentwicklung, Maschinen, Vertrieb usw. • größeres Risiko des Misserfolges • Unternehmensrisiko wird gestreut. **Beispiel:** Brauerei nimmt Fruchtsäfte in sein Sortiment auf.
Produktdifferenzierung	• Varianten eines bereits bestehenden Produktes • geringerer Investitionsaufwand • in der Regel auf derselben Fertigungsapparatur • verbesserte Marktstellung • geringeres Einführungsrisiko **Beispiel**: Ein bestimmtes Automodell mit verschiedenen Ausstattungs- und Motorvarianten

Produkt-variation	• Ein bereits am Markt eingeführtes Erzeugnis wird verändert. • Beseitigung festgestellter Mängel • Anpassung an technischen Standard (z. B. Knie-Airbag), Veränderung von Design, Verpackung, Qualität ... • (Seitheriges) Produktimage wird übernommen. • Teure Einführungswerbung entfällt. **Beispiel:** Modifikation eines Automodells
Produkt-eliminierung	• Herausnahme von Erzeugnisse aus dem Sortiment • bringt produktionswirtschaftliche Vorteile • absatzwirtschaftliche Nachteile durch schmalere Angebotspalette • **Beispiel:** Aufgabe des verbleiten Superbenzins an den Tankstellen

7. a) 1. Vorleistung mit technischer Beratung, Preisgestaltung und Klärung von Finanzierungsfragen
   2. Nebenleistung mit Überführung, Montage, Schulung des Bedienungspersonals
   3. Folgeleistung mit Reparatur, Wartung

   b) 1. wichtiges Instrument zur Informationsbeschaffung (z. B. Aufdeckung von "Kinderkrankheiten" in einer neuen PKW-Serie)
   2. Bildung von Herstellerpräferenzen *(" ... finden Sie immer in Ihrer Nähe.")*
   3. damit preispolitischer Spielraum nach oben

1.7 Möglichkeiten der Preisgestaltung

1. a) und b)

Einflussgrößen der Käuferseite	Einflussgrößen der Verkäuferseite
Kauffähigkeit • verfügbare Kaufkraft • Vermögen, Einkommen • Verschuldungsmöglichkeit	**Produktpreis** • Kosten • Gewinnerwartung
Selbstimage des Käufers • Preisbereitschaft • Bedürfnisdruck • Preisvorstellung	**Produktimage** • Konkurrenzpreis • Preiswürdigkeit • Grund- und Zusatznutzen

2. **Kostenorientierte Preisgestaltung**
   Der Verkaufspreis ergibt sich mit Hilfe der Vollkostenrechnung. Den Stückkosten werden ein konstanter oder prozentualer Aufschlag hinzugerechnet. Diese Art der Preisbildung findet sich insbesondere bei kundenwunschorientierter Fertigung.
   Nachfrageorientierte Preisgestaltung
   Im Vordergrund der Preisbildung steht die Nachfrageintensität. Der Preis schwankt je nach Verhandlungsmacht und -willen der Nachfrager. (Beispiel: Wegbrechen der Erzeugerpreise für Rindfleisch nach Information der Konsumenten über BSE)

3. **Abschöpfung der Konsumentenrente**

4. **Voraussetzung:**

- Schaffung eines unvollkommenen Marktes durch Bildung von abgegrenzten Teilmärkten, auf denen jeweils unterschiedliche Preise verlangt werden.
- ein Übergang von einem zum anderen Markt darf für den Kunden nicht möglich sein.

5.

Art der Preisdifferenzierung	Beispiel
Räumliche Preisdifferenzierung	Beispiel Benzin an Autobahntankstellen Geringere Preise für PKW in Ländern mit Luxussteuern (z. B. Dänemark)
Zeitliche Preisdifferenzierung	Preise für Urlaubsreisen je nach Ferienterminen in den einzelnen Bundesländern. Telefongebühren.
Preisdifferenzierung in Verbindung mit Produktdifferenzierung	PKW mit Sonderlackierungen, verschiedenen Motorvarianten und Zusatzkennzeichnungen (G, GL, GLX)
Preisdifferenzierung nach Verwendungszweck bzw. Abnehmergruppen	Dieselöl - Heizöl Normalfahrkarten - Schülerfahrkarten

1.8 Formen der Distribution

1. a) **Direkter Absatz:** Der Hersteller übernimmt die Aufgaben des Vertriebs bis zum Verbraucher in eigener Regie.
Indirekter Absatz: Rechtlich, wirtschaftlich und organisatorisch selbstständige Absatzvermittler sind zwischen Hersteller und Konsument eingeschaltet (Vertreter, Groß- und Einzelhandel).

b)

Vorteile des direkten Absatzes	Nachteile des direkten Absatzes	
• kürzere Vertriebswege • Gewinnanteil des Handels entfällt. • unmittelbarer Kundenkontakt • bessere Durchsetzung der Unternehmensziele, z. B. Preisniveau	• hoher Verwaltungsaufwand durch Abwicklung von Kleinaufträgen	• kleinere Losgrößen • hohes Absatzrisiko • hohe Vertriebskosten • hohe Lagerkosten

c) **Vorteile durch die Einschaltung des Handels für Hersteller**
- Handel übernimmt Teil der Lagerhaltung
- frühzeitige Bestellung größerer Mengen durch den Handel ermöglicht
  - höhere Planungssicherheit in der Produktion
  - höhere Losgrößen
  - geringere Umrüstkosten
  - günstigere Transporteinheiten
- weniger Reisende/Vertreter
- weniger Buchungen/Forderungsausfall

2. a) **zentral:**
Direkter Kontakt zwischen Hersteller und Verbraucher (am Ort des Herstellers). Sinnvoll bei großen, teuren, erklärungsbedürftigen Gütern, bei denen noch Fragen der technischen Auslegung und der Finanzierung zu klären sind, z. B. Großbehälter, Fördereinrichtungen, Maschinen, Fertighäuser.
dezentral:
Die zugehörigen Verkaufsorgane sind weder wirtschaftlich noch rechtlich selbständig, sondern in jeder Hinsicht (finanziell, personell und organisatorisch) Teil des Stammunternehmens.

b) **werkseigen:**
Absatz über die Geschäftsleitung (zentral), über Verkaufsniederlassungen, Verkaufsbüros, Reisende, Auslieferungslager, Automaten.
werksgebunden:

Firmeneigene Handelsgesellschaften, Vertragshändler

3.

Bezeichnung	**Merkmale**
Fachgeschäft	• schmales, tiefes Sortiment • gute Beratung • gehobenes Preisniveau
Warenhaus	• zumeist City-Lage • Warengruppen etagenweise zusammengefasst • innerbetrieblich geschickte Standortwahl • heterogenes Sortiment • Verwendung einer Handelsmarke (Hausmarke)
Supermarkt	• breites, flaches Sortiment • Stadtrandlage • Großparkplatz • Tankstelle + Waschanlage • zentrale Kasse • Einkaufswagen

4.

	Reisender	**Handelsvertreter**
Rechtsgrundlage	Arbeitsvertrag	Agenturvertrag
Rechtsstellung	Angestellter mit Handlungsvollmacht	selbstständig
Tätigkeit	im Namen und auf Rechnung seines Auftraggebers	in fremdem Namen und auf fremde Rechnung
Absatzweg	direkt	indirekt
Vergütung	Fixum, Provision, Spesen	Provision (Abschluss-, Delkredere-, Inkassoprovision), Auslagenerstattung
Rechte	vergleichbar den Rechten eines Angestellten mit Handlungsvollmacht (Artvollmacht)	Provision, Benachrichtigung, Unterlagen, Ausgleichsanspruch
Pflichten	siehe Pflichten eines Angestellten	Bemühung, Benachrichtigung, Wettbewerbsverbot, Sorgfalt, Verschwiegenheit, Befolgungspflicht

5.

Vorteile	
Reisender	**Vertreter**
• bei guter Absatzlage billiger • weisungsgebunden • Tätigkeit kann besser kontrolliert werden. • flexibler einsetzbar • Übernahme von verkaufsvor- und verkaufsnachbereitenden Aufgaben	• bei geringen Umsätzen (Produkteinführung) kostengünstiger • provisionsorientiert, daher motivierterer Einsatz

6. **Abschlussprovision:** Provision für den Abschluss von Kaufverträgen
Delkredereprovision: Provision für die Übernahme der Haftung eines Zahlungseingangs
Inkassoprovision: Provision für den Geldeinzug

7. a) **Ausgleichsanspruch** = Recht auf angemessenen finanziellen Ausgleich nach Beendigung des Vertragsverhältnisses, falls der Unternehmer weiterhin von den vermittelten Kunden profitiert. Maximal eine Jahresprovision.

b) Unternehmer macht auch nach Beendigung des Vertragsverhältnisses mit den vom Handelsvertreter geworbenen Kunden Geschäfte, so dass eine Ausgleichszahlung gerechtfertigt ist.

8. Der Handelsvertreter haftet für den Geldeingang und wird daher nur Abschlüsse mit "sicheren" Kunden tätigen.

9. Es darf sich nicht um Konkurrenzartikel handeln (Interessenskonflikt), sondern nur um Komplementärgüter (sich ergänzender Art).

10. a) Kosten R: 40.000,00 € + 2 % von 2 Mio. € = **80.000,00 €**
Kosten H: 6 % von 2 Mio. € = 120.000,00 €

b) Kosten Reisender = Kosten Handelsvertreter
40.000,00 + 0,02 x Umsatz = 0,06 x Umsatz
Umsatz = 1 Mio. €

c)

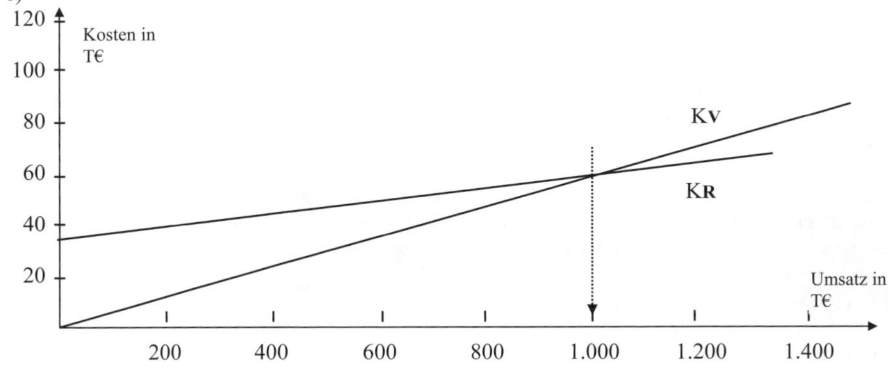

11. a) Kosten **R** = Kosten **V**
4.200,00 x 13/12 + 0,02 x Umsatz = 1.200,00 + 0,05 x Umsatz
4.550,00 + 0,02 x Umsatz = 1.200,00 + 0,05 x Umsatz
3.350,00 = 0,03 x Umsatz
111.666,67 € = kritischer Umsatz

b) Derzeitige Kosten des Reisenden:
4.550,00 + 0,02 x 150.000,00 = 7.550,00 €
Der Vertrieb über einen Handelsvertreter darf demnach monatlich 7.550,00 € nicht überschreiten.

1.200 + p/100 x Umsatz <= 7.550,00 €
p/100 x 150.000,00 <= 6.350,00 €
p <= 4,233 %
Der Provisionssatz des Vertreters darf 4,233 % nicht überschreiten.

1.9 Ziele und Bereiche der Kommunikationspolitik

1. a)+ b)

Aufgaben der Werbung	**Grundsätze der Werbung**
• neue Bedürfnisse wecken	• Wirksamkeit
• neue Produkte bekanntmachen (Einführungswerbung)	• Wahrheit
• neue Kunden gewinnen (Expansionswerbung)	• Klarheit
• Kundenstamm erhalten (Erhaltungswerbung)	• Wirtschaftlichkeit

2. a) **Direktwerbung**
Direktwerbung (durch Brief/Gespräch an einen Einzelnen)

Massenwerbung
Massenwerbung (durch Rundfunk, Zeitung, Postwurfsendungen an die Allgemeinheit oder Zielgruppe)

b)

Alleinwerbung	**Verbundwerbung**	**Gemeinschaftswerbung**
Unternehmen wirbt allein.	mehrere Unternehmen werben gemeinsam, z. B. Hersteller von Sportgeräten + Hersteller von Sportbekleidung)	Werbung für eine ganze Branche, z. B. *"Kenner trinken Württemberger"*

3. **Werbeträger:** Tageszeitung, TV-Zeitschrift, Fachzeitschrift, Rundfunk, Fernsehen, Einkaufstasche, (Sportler)bekleidung
Werbemittel: Anzeige, Werbespot, Kostprobe, Schaufensterauslage

4. Intensivierung der Werbeanstrengungen entgegen den Umsatzzahlen
Sinkender Umsatz - Erhöhung der Werbeanstrengungen
Steigender Umsatz - Senkung der Werbeanstrengungen

5.

Vorteile	**Nachteile**
• Kostensenkung durch erhöhten Absatz • Erhöhung der Markttransparenz durch besser informierte Verbraucher • Werbung verbessert Absatz, sichert damit Arbeitsplätze und trägt letztlich zum Wohlstand bei.	• Werbungskosten verteuern die Produkte. • Großunternehmen können sich Werbungskosten eher leisten und haben dadurch Wettbewerbsvorteile. • Verbraucher wird manipuliert und zum Verbrauch verführt.

6.

Ökonomischer Werbeerfolg	**Psychologischer Werbeerfolg**
im werbenden Unternehmen selbst in Geld oder Stückzahlen messbar, z. B. Zuwachs an Umsatz, Erhöhung des Marktanteils	lässt sich nicht im Unternehmen, sondern nur am Umworbenen selbst messen (Änderung in der Haltung gegenüber Produkt oder Hersteller). Hierzu werden spezielle Verfahren eingesetzt, wie z. B. Wortassoziationstest, Satzergänzungstests

7. Werbung wendet sich an den Verbraucher, um ihn an das Produkt heranzuführen. Sales Promotion hingegen soll den **Verkaufsvorgang selbst** verbessern.

8.

Public Relation	Maßnahmen zur Imagepflege, z. B. Tag der offenen Tür, Betriebsbesichtigungen
Product Placement	Unterbringung der Erzeugnisse im Rahmen von Fernsehserien bzw. Spielfilmen (z. B. BMW-Roadster bei James Bond)
Sponsoring	Unterstützung einzelner Sportler, Künstler oder von Sport- bzw. kulturellen Veranstaltungen, Social Sponsoring.

Prüfungsaufgaben

Winter 2006/07, Aufgabe 1

1.1 In der Phase der Reife oder Sättigung

1.2

Marketing-maßnahmen	Angestrebte Wirkung
Relaunch	• Verlängerung des Lebenszyklus • Verhinderung der Rückgangsphase • Produkt bleibt weiterhin in der cash cow Situation.
Produkt-diversifikation	• Erweiterung des Sortimentes um ein neues Erzeugnis • Streuung des Unternehmerrisikos • weiteres „Standbein am Markt“
Produkt-differenzierung	• weitere zusätzliche Varianten des bisherigen Produkts • insgesamt Umsatz und Gewinnanstieg • geringeres Einführungsrisiko • verbesserte Marktstellung
Produktvariation	• Anpassung des Produkts an Mode- und Geschmacksänderung bzw. an technischen Standard • bisheriges Produktimage wird übernommen • teure Einführungswerbung entfällt

Über die produktpolitischen Maßnahmen hinaus sind folgende Maßnahmen möglich:

- Werbekampagne zur Unterstützung der produktpolitischen Maßnahmen.
- Sondermodelle bzw. Auslaufmodelle zu günstigen Preisen

2.1 Fachhandel: Indirekter Absatz über weitere selbstständige Kaufleute;
Reisender: Direkter, dezentraler Absatz über Angestellten;

2.2

Vorteile des Internet	Nachteile des Internet
• theoretisch weltweites Absatzgebiet • Gewinnanteile des Handels verbleiben beim Hersteller. • unmittelbarer Kundenkontakt • bessere Durchsetzung der Unternehmensziele (Z. B. Preisniveau)	• Produktprogramm für diesen Vertriebsweg relativ ungeeignet (z. B. Betten + Matratzen + Lattenroste + Federbett + Bezug. Dieses kaufentscheidende Vollsortiment, das der Händler anbietet, wird beim Direktvertrieb des Möbelherstellers nicht angeboten). • keine Entlastung durch Beratung, Lagerung, Kundendienst des Fachhandels • hoher Aufwand bei Abwicklung von Kleinaufträgen

3.1

	Reisender	Vertreter
Rechtsgrundlage	Arbeitsvertrag	Agenturvertrag
Rechtsstellung	Angestellter mit Handlungsvollmacht	selbstständig
Tätigkeit	im Namen und auf Rechnung seines Auftraggebers	in fremdem Namen und auf fremde Rechnung
Absatzweg	direkt	indirekt

Vergütung	Fixum, Provision, Spesen	Provision (Abschluss-, Delkredere-, Inkassoprovision), Auslagenerstattung (hier: Kostenpauschale)

3.2

Argument für Reisenden	Argumente für Vertreter
• bei guter Absatzlage kostengünstiger • weisungsgebunden • Tätigkeit kann besser kontrolliert werden. • flexibler einsetzbar • Übernahme von verkaufsvor- und nachbereitenden Aufgaben	• bei geringeren Umsätzen kostengünstiger (z. B. Produkteinführung, Erschließung neuer Märkte) • provisionsorientiert • Franz Moravicz hat vermutlich bessere Kenntnis des neuen Absatzgebietes (Mentalität, potentielle Zielgruppe usw).

3.3 Der kritische Umsatz liegt dort, wo die Kosten beider Vertriebswege gleich sind.

$2.100,00 * 12 + 1,2\ X / 100 = 1.000,00 * 12 + 2,3\ X / 100$

$1,1\ X = 13.200,00 * 100$

$X = 1.200.000,00$ €

3.4 Bei Umsatz = 800.000,00 € ist der Handelsvertreter günstiger.

4.1 Schülerabhängige Antwort. Siehe Mediaplan (Anlage) - Beispiellösung

4.2 Berücksichtigung der Kosten und der Wirksamkeit: z.B. bei dem genannten Etat ist das Fernsehen zu teuer. Um Werbewirksamkeit zu erreichen, müsste täglich ein Spot laufen. Höchstens evtl. Einführungswerbung für 14 Tage täglich;

Funk: ungeeignet, da bei Möbel die Visualisierung von Bedeutung ist;

Presse: BamS wird sonntags gelesen wegen Sport, dann weggeworfen, größere Wirkung bei einer Zeitschrift wie Stern oder Hör Zu;

Das Haus: erreicht Bauherrn - guter Wirkungsgrad, da richtige Zielgruppe;
Lisa, geringe Auflage jedoch evtl. genau die Zielgruppe, die eine Wohnung einrichten will;

4.1 Eine individuelle Lösung ist möglich. Vorschlag:

Medium	Reichweite in Mio.	Nutzerstruktur in %		Kosten je Einheit in €	Tausenderpreis
		Frauen	Männer		
Presse					
1. Zeitungen					
Bild am Sonntag	11,28	41	59	36.000,00	3,10
Süddeutsche Zeitung	1,14	o. A.	o. A.	28.000,00	24,56
2. Zeitschriften					
Focus	4,41	33	67	34.000,00	7,71
Hör Zu	5,76	38	62	48.000,00	8,33
Stern	8,60	45	55	53.000,00	6,16
Lisa Wohnen & Dekorieren	0,25	65	35	9.600,00	38,40
Das Haus	1,92	58	42	42.000,00	21,88
Fernsehen				(17 – 20 Uhr)	
ARD	4,78	55	45	18.500,00	3,87
ZDF	5,76	58	42	20.000,00	3,47
RTL	4,40	56	44	19.000,00	4,32
Pro7	2,20	52	48	14.000,00	6,36
Funk				(6 – 18 Uhr)	
Radio Regenbogen	0,80	50	50	800,00	1,00
SWR3	1,50	49	51	1.500,00	1,00

Der so genannte **Tausenderpreis** (Kosten, um 1.000 Empfänger zu erreichen) liefert einen Anhaltspunkt für die Wirtschaftlichkeit der Werbemittel. Zu berücksichtigen ist ferner:

- Die Werbekampagne soll bundesweit erfolgen.
- Einrichtungsentscheidungen sind in hohem Maße von der Entscheidung der Frauen abhängig.
- Hochsaison für Anschaffungen ist u. a. die Vorweihnachtszeit.

Damit könnte der Mediaplan wie folgt aussehen (siehe unten):

Mediaplan für die Schrankwand "Futura 2010"

Medien	Kosten je Einheit	Nov. 06	Dez. 06	Jan. 07	Anzahl von Schaltungen	Gesamtkosten
ZDF	20.000,00	4	4	0	8	160.000,00
Stern	53.000,00	2	2	0	4	212.000,00
Hör zu	48.000,00	2	1	0	3	144.000,00
Gesamtkosten der Medienschaltung						516.000,00

Winter 2007/08, Aufgabe 2

2.1.1 **Quantitative Daten**
- Marktpotenzial
- Marktvolumen
- Marktanteil
- Sättigungsgrad
- Preise (der Konkurrenz)
- Umsatzentwicklung

Qualitative Daten
- Alter der Kunden
- Geschlecht "
- Familienstand "
- Einkaufsgewohnheiten
- Produktimage

2.1.2 **Primärforschung**
Neue, bisher noch nicht erfasste Daten werden eigens erhoben, z. B. durch
- Befragung
- Beobachtung
- Experiment
- Panelerhebung

Sekundärforschung
Rückgriff auf vorhandenes Datenmaterial
- unternehmensintern (Absatzstatistiken, Außendienstberichte)
- unternehmensextern (Statistisches Bundesamt, IHK, Prognos-Reports, Internet)

2.1.3 Als mittelständisches Unternehmen sollte sich die INNOVA PC GmbH allein schon aus Kostengründen auf eine Sekundärforschung konzentrieren. Da es sich um ein innovatives Erzeugnis handelt (Kombigerät von Notebook und Drucker), über welches es keine bestehenden Marktdaten gibt, geschieht dies in Form einer Marktanalyse.

2.2 **A** Attention
I Interest
D Desire
A Action
= älteste Formel zur Beschreibung der Werbewirkung. Es handelt sich um vier nacheinander eintretende Phasen.

2.3

Stückpreis in EUR	Absatz-menge in Stück	Umsatz	Kosten für Reisende	Kosten für Vertreter	Entscheidung für Absatzmittler
679	40.000	27.160.000,00	12 x 40.000 = 480.000,00	380.240,00	HV
659	60.000	39.540.000,00	480.000 + 230.800 = 710.800,00	553.560,00	HV
639	80.000	51.120.000,00	480.000 + 462.400 = 942.400,00	1.150.200,00	R

Sommer 2008, Aufgabe 1

1

	Einzelunternehmung	KG	GmbH
Haftung	unbeschränkt mit Geschäfts- und Privatvermögen	**Komplementär** ▪ unbeschränkt ▪ unmittelbar ▪ solidarisch **Kommanditist** ▪ nur mit Einlage	nur Gesellschafts-vermögen
Kapitalauf-bringung	Kein Mindestkapital	Kein Mindestkapital	mindestens 25.000,00 EUR
Geschäfts-führung	allein	**bei gew. RG:** ▪ Komplementär allein **bei außergew. RG:** ▪ Zustimmung aller Gesellsch. notwendig	durch Geschäftsführer (i. d. R. Gesellschafter)
Vertretung	allein	**Komplementär:** ▪ jeder allein **Kommanditisten:** ▪ nicht ermächtigt	durch Geschäftsführer (i. d. R. Gesellschafter)

2.1 Als Personengesellschaft die KG; einzige Personengesellschaft ohne Vollhaftung oder GmbH

		KG		GmbH	
		Maier (Komplementär)	Reich (Kommanditist)	Maier (Gesellschafter + Geschäftsführer)	Reich (Gesellschafter)
2.2.1	**Geschäfts-führungs-befugnis**	**Gew. RG:** allein berechtigt und verpflichtet **Außergew. RG:** Zustimmung aller Gesellschafter erforderlich	**Gew. RG:** Von Geschäftsführung ausgeschlossen **Außergew. RG:** Widerspruchsrecht	Gesamtgeschäfts-führungsbefugnis	Nicht ermächtigt
2.2.2	**Vertretungs-befugnis**	Allein für gew. und außergew. RG	Nicht ermächtigt	Gesamt-vertretungsmacht	Nicht ermächtigt
2.2.3	**Haftung**	unbeschränkt, unmittelbar, solidarisch	Nur mit Einlage	Auf Gesellschaftsvermögen beschränkt	

3.1 Bestellung von Prokuristen obliegt der Gesellschafterversammlung.

3.2 Für bestehende Verbindlichkeiten haftet nur das Gesellschaftsvermögen – nicht jedoch der einzelne Gesellschafter.

3.3 Der Arbeitsvertrag ist rechtskräftig zustande gekommen; innerhalb der Geschäftsführung können gewöhnliche Rechtsgeschäfte allein abgeschlossen werden.

Winter 2008/09, Aufgabe 1

1.1 **Direkter Absatz:** Der Hersteller übernimmt die Aufgaben des Vertriebs bis zum Verbraucher in eigener Regie. Dies trifft hier zu auf Gastronomie und Kantinen als Verwender.
Indirekter Absatz: Rechtlich, wirtschaftlich und organisatorisch selbstständige Absatzmittler sind zwischen Hersteller und Konsument eingeschaltet, hier die Getränkemärkte.

1.2
- bei guter Absatzlage kostengünstiger
- weisungsgebunden
- Tätigkeit kann besser kontrolliert werden.
- flexibler einsetzbar, z. B. zur Übernahme verkaufsvor- und verkaufsnachbereitender Aufgaben
- mit dem Produkt sehr gut vertraut
- auf den Absatz der eigenen Produkte konzentriert

1.3
- Das benachbarte Ausland ist für das Unternehmen ein neues Absatzgebiet. Die hierfür erforderlichen Marktkenntnisse sind im Unternehmen nicht vorhanden. Handelsvertreter kennen die jeweiligen Marktbesonderheiten und haben bereits Kontakt zu Kunden.
- Handelsvertreter vertreibt bereits Produkte, zu denen Light-Biere ein willkommenes Komplementärgut wären.
- bei geringeren Umsätzen (Phase des Markteintritts) kostengünstiger
- da provisionsorientiert, kann verstärkter Einsatz erwartet werden

1.4.1 Der kritische Umsatz ist dort, wo die Kosten des Vertreters gleich hoch sind wie jene des Reisenden.

(1.750,00 + 250,00) x 12 + 0,04 x X = 0,08 x X
24.000,00 + 0,04 x X = 0,08 x X
24.000,00 = 0,04 x X   X = 600.000,00 €

1.4.2 Bis zu einem erwarteten Jahresumsatz von 600.000,00 € ist der Einsatz des Handelsvertreters kostengünstiger. Darüber hinaus ist der Einsatz von Reisenden vorteilhafter.

1.4.3 Eine Lieferung auf Kommissionsbasis würde für die Kleinunternehmer die Barrieren deutlich verringern. Das Absatzrisiko läge nach wie vor bei der Dünnbier GmbH als Kommittent und die Kioskbesitzer (Kommissionäre) hätten die Möglichkeit, nicht verkaufte Ware zurückzugeben. Der Vorschlag ist also als positiv zu bewerten.

1.5

Marketing-maßnahme	**Beschreibung der Maßnahme und begründete Stellungnahme**	Ankreuzen	
		geeignet	nicht geeignet
bundesweites Fernsehen	**Maßnahme:** Werbespots bzw. Productplacement **Stellungnahme:** • zu großer Streuverlust, da regional begrenzt • sehr teuer		X
Internet-auftritt	**Maßnahme:** Händlernachweis, Diskussionsforum, aktuell günstige Angebote, Informationen über Events **Stellungnahme:** • unterstützt Bildung einer Community • fehlender Internetauftritt wird inzwischen als Manko empfunden, daher unverzichtbar	X	

Sponsoring	**Maßnahme:** Unterstützung von Sportlern, Künstlern oder von Sport- bzw. kulturellen Veranstaltungen. Werbung als Gegenleistung **Stellungnahme:** • personenbezogenes Sponsoring mit Risiken behaftet (siehe z. B. Doping oder sportliche Misserfolge) • Sponsoring von Ereignissen vorteilhafter • finanzielles Risiko beschränkt	X	
Preisdifferenzierung	**Maßnahme:** Auf abgegrenzten Teilmärkten werden unterschiedliche Preise verlangt. **Stellungnahme:** Ermöglicht Abschöpfen der Konsumentenrente, z. B. räumliche Preisdifferenzierung an touristisch attraktiven Orten am Bodensee.	X	

Sommer 2010, Aufgabe 1

1.1

Gesichtspunkt	KG	GmbH
Formvorschrift für Gesellschaftsvertrag	formlos	notarielle Beurkundung
Haftung für die Verbindlichkeiten der Gesellschaft	• Komplementäre (Vollhafter) haften unbeschränkt, unmittelbar und gesamtschuldnerisch (solidarisch). • Kommanditisten (Teilhafter) haften mit ihrer Einlage.	• Die GmbH haftet als juristische Person mit ihrem Gesellschaftsvermögen. • keine persönliche Haftung der Gesellschafter
Geschäftsführungsbefugnisse bei gewöhnlichen und außergewöhnlichen Rechtsgeschäften	• Gewöhnliche RG: **Vollhafter** hat Einzelgeschäftsführungsbefugnis. **Teilhafter** ist ausgeschlossen. • Außergewöhnliche RG: **Vollhafter** haben Gesamtgeschäftsführungsbefugnis. **Teilhafter** haben Widerspruchsrecht.	• Geschäftsführer haben Gesamtgeschäftsführungsbefugnis für gewöhnliche und außergewöhnliche Rechtsgeschäfte. (Bestimmte Aufgaben dürfen Sie allerdings nicht wahrnehmen, z. B. Prokura erteilen, Jahresabschluss feststellen.)

1.2 Wirkung: konstitutiv, da Kapitalgesellschaft erst durch Eintragung entsteht
Abteilung: B, da Kapitalgesellschaft
Inhalt der Eintragung: Firma, Geschäftssitz, Gegenstand des Unternehmens, Mitglieder des Vorstandes, Prokura, Kapital

1.3 Als alleiniger Geschäftsführer hat Scherer Einzelgeschäftsführungsbefugnis. Auch bei einem außergewöhnlichen Rechtsgeschäft könnte er in diesem Fall alleine entscheiden (siehe 1.1).

1.4 Die GmbH ist eine juristische Person. Die einzelnen Gesellschafter haften nicht persönlich für die Verbindlichkeiten der GmbH. Der Gläubiger muss sich daher an die GmbH wenden.

1.5 Zur Erteilung der Prokura ist ein Beschluss der Gesellschafterversammlung erforderlich. Sie kann nur durch ausdrückliche Erklärung erteilt werden. Die Eintragung ins Handelsregister hat lediglich deklaratorische Wirkung.

Kapitel 2: Leistungsprozesse in der Unternehmung

2.1 Notwendigkeit und Grundsätze der Organisation

1. **Organisation** = Schaffung von Regelungen zur Strukturierung des Betriebes. Damit werden einerseits
   - die Beziehungen der „Elemente" des Betriebes untereinander festgelegt (= Aufbauorganisation, z. B.: Festlegung der Über-/Unterordnung und der Weisungsbefugnis) und andererseits
   - das raum- und zeitorientierte Verhalten der „Elemente" formuliert (= Ablauforganisation, z. B.: Layoutplanung bei Werkstattfertigung, Verhaltensstrategie bei Kundenreklamationen)

2. Ohne strukturierende Regelungen (z. B.: Verhalten bei Kundenreklamationen) blieben die Mitarbeiter ohne Verhaltensvorgaben. Der Betrieb wäre vom Organisationstalent und dem Engagement Einzelner abhängig.

3. Bei der Schaffung des organisatorischen Gleichgewichtes muss er abwägen zwischen
   - **Sicherung der Stabilität durch Schaffung langfristiger Vorschriften** (z. B. Regelungen der aktiven und passiven Stellvertretung)
   - **Wahrung von ausreichender Flexibilität** zur raschen Anpassung an unvorhergesehene Situationen, z. B. Einräumung eines Dispositionsfreiraumes für Einkäufer zur Wahrnehmung von Sonderaktionen der Lieferanten.

4.
   - Der Betrieb ist unabhängig vom Organisationstalent und dem Engagement einzelner Mitarbeiter.
   - Bewährte Abläufe müssen nicht erneut durchdacht werden (*„Das Rad neu erfinden"*).
   - Die beste Lösung wird zur Regel.
   - Rückfragen entfallen.
   - Die Effizienz der Arbeit steigt.
   - Reibungsverluste (z. B. bei Kompetenzüberschreitungen) entfallen, damit angenehmeres Betriebsklima.
   - raschere Einarbeitung neuer Mitarbeiter
   - bessere Abschätzung eigener beruflicher Perspektiven möglich, damit Freisetzung von Motivation

5. **Betriebliche Ziele:**
   - Minimierung der Kosten
   - Maximierung der Leistung
   - Verbesserung des Informations- und Materialflusses innerhalb des eigenen Betriebes und zu anderen Betrieben

   Humane Ziele:
   - Verringerung der geistigen/körperlichen Belastungen
   - Verbesserung der zwischenmenschlichen Beziehungen

6. Stabilität, Flexibilität, Wirtschaftlichkeit

7. a) Schaffung von langfristigen Regelungen
   b) Handeln aus dem Stegreif heraus in unvorhersehbaren Fällen. Dennoch ist die Aktivität nicht kopflos, sondern erfolgt auf der Basis bisheriger Lebens- und Berufserfahrung.
   c) Handeln in Einzelfällen innerhalb eines vorgegebenen organisatorischen Rahmens.

2.2 Organisation als Entscheidungsprozess

1.
- Neuorganisation, z. B. wegen Betriebsgründung, Aufbau einer Filiale
- Reorganisation, z. B.
  - zur Beseitigung aufgedeckter Schwachstellen
  - Rationalisierungs- bzw. Organisationsdruck „von außen“
  - gekaufte Standardsoftware zwingt zu Änderungen im Informations- und Materialfluss
  - Ausscheiden/Neueintritt von Gesellschaftern
  - Änderung der Rechtsform einer Gesellschaft
  - wachsendes Unternehmen verlangt eine Anpassung der Organisation
  - Einführung neuer Produktions- und Arbeitsverfahren
  - Veränderungen im Produktsortiment
  - behördliche oder gesetzliche Auflagen

2. a) + b)

Planung	• Formulierung des Organisationszieles • Analyse der IST-Situation und Aufdeckung der Schwachstellen • Entwurf des Sollkonzeptes. Hierzu gehören auch die Festlegungen hinsichtlich: – eines verantwortlichen Mitarbeiters, der während der Phase der Durchführung die Projektinteressen in allen betroffenen Bereichen vertritt und als Ansprechpartner dient. – der Unterziele, welche in den einzelnen Perioden erreicht werden müssen, um das Gesamtziel zu verwirklichen. – der Maßnahmen, welche hierfür erforderlich sind (z. B. Schulung der Mitarbeiter) – der Vorgaben für das Zeit- und Kostencontrolling • Die Entscheidung schließt die Planungsphase ab. Sie ist eine klare Managementaufgabe. Dadurch erhält die Neuorganisation die notwendige Rückendeckung durch die Betriebsleitung und sie stärkt die Autorität jener, welche die Entscheidung durchzuführen haben.
Durchführung	Innerhalb des vorgegebenen Zeitrahmens wird Neuorganisation durchgeführt.
Kontrolle	Vergleich des Ergebnisses mit den Sollvorgaben aus der Planungsphase

3. a) und b)

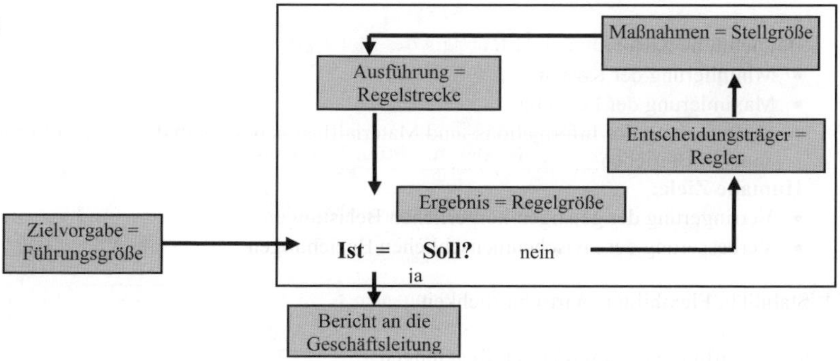

3. c) **Führungsgröße** Sie wird von der Geschäftsleitung als Ziel vorgegeben, z. B. Erhöhung des Marktanteiles auf 20 %.

Regler	Bei laufendem Regelkreis analysiert er die Soll-Ist-Abweichungen und trifft als Entscheidungsträger die erforderlichen Maßnahmen.
Stellgrößen	Maßnahmen, die vom Regler getroffen werden, um das angestrebte Ziel zu erreichen.
Regelstrecke	Durchführung der Maßnahmen
Regelgröße	Messbares Ergebnis der Maßnahmen

2.3 Die Bedeutung der Beschaffung für den betrieblichen Leistungsprozess

1.
- aggressiver Wettbewerb mit Preis-, Know-how- und Kostendruck
- gesättigte Märkte
- globale Orientierung
- kurze Produktlebenszyklen
- Fragmentierung der Nachfrage (= geringe Stückzahlen pro Kundenauftrag)
- differenzierte Nachfrage (= individuelle Kundenwünsche und keine Standardprodukte)
- schlechte Vorhersagbarkeit der Kundenwünsche

2.
- breites Produktionssortiment mit vielen Varianten
- hoher Vertriebsaufwand durch Erstellung differenzierter Angebote
- geringe Losgrößen mit hohem Umrüstaufwand
- hohes Maß an Flexibilität
- kurzfristige Auftragsabwicklung („*Zeitvorteil schlägt Kostenvorteil*")

3. **Versorgung des Unternehmens** mit Gütern und Dienstleistungen
- in **bestgeeigneter Qualität**, Art und Ausführung
- **in der wirtschaftlichsten Menge** (= optimale Losgröße)
- von den **geeignetsten Lieferanten**
- zur **richtigen Zeit** und am **richtigen Ort**
- zum **wirtschaftlich günstigsten Preis**.

4.
- Beschaffungsmarktforschung
- Bedarfserfassung
- Anfrage und Angebotsauswertung
- Verhandlungsführung
- Auftragsvergabe
- Bestellabwicklung
- Terminwesen
- Reklamationsbearbeitung

5. = Planung, Durchführung und Steuerung des Material-, Informations- und Kapitalflusses vom Vorlieferant bis zum Kunden

6.

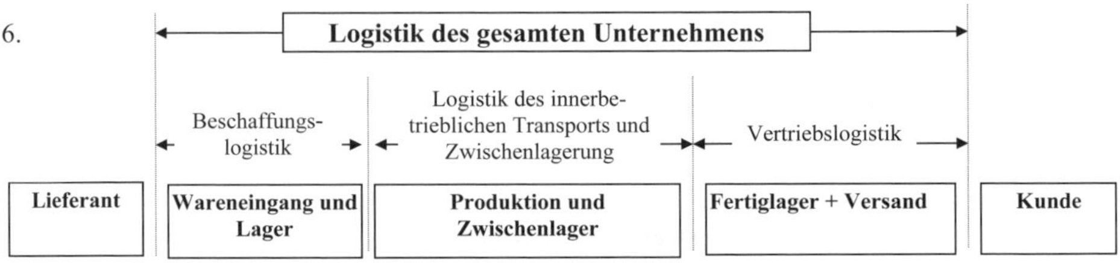

2.4 Ablauf eines Beschaffungsvorganges

1.
1. Einholen von Angeboten
2. Auswerten von Angeboten
3. Bestellabwicklung
4. Terminkontrolle
5. Ware prüfen
6. Belege vergleichen
7. Terminkontrolle beenden
8. Rechnungskontrolle

2.

Absender	**Datenträger**	**Empfänger**
Einkauf	Anfrage	**Lieferant**
Lieferant	Angebot	**Einkauf**
Einkauf	Bestellung	**Lieferant**
Einkauf	Mahnung	**Lieferant**
Einkauf	Wareneingangspapiere	**Lagerhaltung**
Lieferant	Rechnung	**Einkauf**
Lieferant	Warenbegleitpapiere	**Lagerhaltung**

3.

Primärbedarf	Bedarf an verkaufsfähigen Einheiten, in der Regel = Enderzeugnisse. Bei Ersatzteillieferungen auch Baugruppen oder Einzelteile. Der Primärbedarf wird ermittelt aus • vorliegenden Kundenaufträgen • zusätzlichen Bedarfen aufgrund von Erfahrungswerten
Sekundärbedarf	Bedarf an Baugruppen, Teilen und Rohstoffen. Ergibt sich aus Primärbedarf, indem für diesen eine Stücklistenauflösung durchgeführt wird.
Tertiärbedarf	Bedarf an Hilfs- und Betriebsstoffen
Bruttobedarf	Gesamter Primär-, Sekundär- und Tertiärbedarf innerhalb einer Periode
Nettobedarf	Bruttobedarf abzüglich disponierbarer Lagerbestand
Bedarfsgesteuerte Bedarfsermittlung	Verfahren zur Ermittlung des Sekundärbedarfes. Der zukünftige Bedarf wird durch einen **Blick nach vorn** ermittelt, indem für den vorgegebenen Primärbedarf eine Stücklistenauflösung für die nachfolgenden Komponenten durchgeführt wird (siehe unten).
Verbrauchsgesteuerte Bedarfsermittlung	Verfahren zur Ermittlung des Tertiärbedarfes und desjenigen zusätzlichen Primärbedarfes, der nicht durch vorhandene Kundenaufträge abgesichert ist und daher auf Lager geplant wird. Dabei wird der zukünftige Bedarf durch einen **Rückblick auf Vergangenheitswerte** ermittelt. Anwendung verschiedener statistischer Verfahren, wie z. B. gleitende Durchschnitte.
Bedarfsermittlung durch Schätzung	Verfahren zur Ermittlung des Tertiärbedarfes und des zusätzlichen Primärbedarfes, wenn keinerlei statistisch auswertbares Datenmaterial vorhanden ist. Die Schätzung wird gestützt durch Berufserfahrung oder Vergleiche zu ähnlichen Vorgängen (frühere Neueinführung eines anderen Produktes).

4. 1. Ziel: **Sicherung der Verfügbarkeit**
   - in der richtigen Menge
   - in der benötigten Qualität
   - zur richtigen Zeit
   - am rechten Ort

   2. Ziel: **Die Teile sollen so preiswürdig** wie möglich sein.

   3. Ziel: Die **Kosten der Beschaffungsorganisation** sollen so niedrig wie möglich sein.

5. a) Ein Zielkonflikt besteht dann, wenn die Verfolgung **eines** Zieles zwangsläufig zur Vernachlässigung eines weiteren, ebenfalls wünschenswerten Zieles führt - und umgekehrt.

   b) Der Zielkonflikt besteht zwischen dem 2. und 3. Ziel.

Ziel 3 ließe sich erreichen mit möglichst wenig Bestellvorgängen. Zwangsläufige Folge = hohe Beschaffungskosten, damit hohe Lagerbestände und somit hohe Lagerkosten. Dies wiederum = Konflikt zu Ziel 2.

6. Bei der optimalen Bestellmenge erreicht die Summe aus Beschaffungs- und Lagerhaltungskosten ihr Minimum.

7. Mit zunehmender Bestellmenge sinken die Beschaffungskosten.
Mit zunehmender Bestellmenge steigen die Lagerhaltungskosten.

8.

Anzahl der Bestellungen	Bestellmenge	Bestellkosten	Durchschnittlicher Lagerbestand in €	Lagerkosten in €	Gesamtkosten
8	187,5	560	843,75	210,94	770,94
4	**375**	**280**	**1.687,50**	**421,88**	**701,88**
2	750	140	3.375,00	843,75	983,75
1	1 500	70	6.750,00	1.687,50	1.757,50

9. **Bestellpunktverfahren** Nach jeder Entnahme wird geprüft, ob der aktuelle Lagerbestand nunmehr den Meldebestand erreicht oder unterschritten hat. Ist dies der Fall, dann muss nachbestellt werden.

Bestellrhythmusverfahren: In festgelegten Zeitintervallen (z. B. alle 4 Wochen) werden die Vorräte ergänzt.

10.

Bestellpunkt	Zeitpunkt, an welchem bestellt werden muss, um Versorgung während der Wiederbeschaffungszeit sicherzustellen
Meldebestand	Erreicht der Lagerbestand diese Bestandshöhe, dann ist eine neue Bestellung auszulösen.
Wiederbeschaffungszeit	Zeitbedarf für eigene Überlegungszeit (z. B. Liefererauswahl), Durchführung der Bestellung, Laufzeit der Post, Lieferzeit, Zeit für Wareneingangskontrolle und Einlagerung
Sicherheitsbestand	Er dient zur Abdeckung von Bestands-, Bedarfs- und Bestellunsicherheiten, steht nur für unvorhergesehene Ereignisse zur Verfügung und darf daher zur laufenden Disposition nicht verwendet werden.

11. **Lieferzeit** Zeitbedarf zwischen Eintreffen der Bestellung beim Lieferer und dem Eintreffen der Ware beim Besteller

Wiederbeschaffungszeit Beinhaltet den kompletten Zeitbedarf, beginnend mit der Aufdeckung des Bedarfes bis zur Verfügbarkeit der nachbestellten Lieferung

12. **Bestellpunktverfahren**

- sehr sichere Strategie, da geringe Gefahr der Unterdeckung
- geeignet für Güter, bei denen ein hoher Servicegrad verlangt wird
- führt tendenziell zu hohen Beständen
- hoher Kontrollaufwand
- durch ständige Bestandskontrolle geeignet für Güter mit unregelmäßigem Bedarf

Bestellrhythmusverfahren

- Es wird nur in festen Zeitintervallen (= Bestellrhythmus) nachbestellt.
- Gefahr der Unterdeckung bei unregelmäßigem Bedarf
- nur sinnvoll, wenn Lagerabgangsrate relativ konstant
- geringer Verwaltungsaufwand

13. a) Bestellpunktverfahren, da nur durch ständige Bestandskontrolle die Verfügbarkeit bei unregelmäßigem Bedarf gesichert ist
    b) Bestellpunktverfahren, analoge Begründung
    c) Bestellrhythmusverfahren
    d) Bestellpunktverfahren

14. Sie hilft dem Disponenten, seine Aufmerksamkeit auf jene Teile zu konzentrieren, die einen **hohen wertmäßigen Anteil** (= **A-Teile**) am Jahresverbrauch haben. Schon geringe prozentuale Mengeneinsparungen bei diesen hochwertigen Komponenten führen daher zur Einsparung hoher €-Beträge.

15. A-Güter haben einen geringen mengenmäßigen, dagegen einen hohen wertmäßigen Anteil am Jahresverbrauch. C-Güter entsprechend umgekehrt.

16.
- erhöht Transparenz der Materialwirtschaft
- vermeidet Arbeitsaufwand bei Objekten untergeordneter Bedeutung (C-Güter)
- Konzentration der Aktivitäten auf wirtschaftlich bedeutende Objekte (A-Güter), z. B. durch
  - exakte Vergleichsrechnung, ob Eigenproduktion oder Fremdbezug günstiger ist
  - möglichst geringe Lagerbestände
  - bedarfsgesteuerte Disposition
  - konstruktionstechnische oder materialtechnische Änderungen
  - strategische Absicherung durch langfristige Lieferverträge
  - fertigungssynchrone Anlieferung (just in time)

17.

Lagergut	Mengenverbrauch	Verrechnungspreis/Einh.	Bewerteter Verbrauch	% der Menge	% des Wertes	Rang
Stahlrohrgestell	2 500	120,00	300.000	0,83	10,0	3
Tischplatte	20 000	21,00	420.000	6,67	14,0	2
Fußstöpsel	14 000	0,10	1.400	4,67	0,05	13
Seitengestell	7 000	35,00	245.000	2,33	8,17	4
Tischbein	7 000	16,00	112.000	2,33	3,73	8
Querrohr	6 500	11,00	71.500	2,17	2,38	11
Längsverbindung	3 500	27,00	94.500	1,17	3,15	9
Längsrohr	8 000	16,00	128.000	2,67	4,27	7
Lasche	60 000	2,70	162.000	20,0	5,4	5
Vierkantstahlrohr	90 000	1,50	135.000	30,0	4,5	6
Schrauben	70 000	0,08	5.600	23,33	0,19	12
Querverbindung	5 000	18,00	90.000	1,67	3,0	10
Stahlrohrtisch	6 500	190,00	1.235.000	2,17	41,17	1
Summe	300 000		3.000.000	100,00	100,00	

Rang	Artikel	%-Anteil Menge		%-Anteil Wert		ABC-Klasse	%-Anteil Menge	%-Anteil Wert
		einfach	kum.	einfach	kum.			
1.	Stahlrohrtisch	2,17	2,17	41,17	41,17	A		
2.	Tischplatte	6,67	8,84	14,0	55,17	A		
3.	Stahlrohrgest.	0,83	9,67	10,0	65,17	A	32,00	78,74
4.	Seitengestell	2,33	12,00	8,17	73,34	A		
5.	Lasche	20,0	32,00	5,4	78,74	A		
6.	Vierkantrohr	30,0	62,00	4,5	83,24	B		
7.	Längsrohr	2,67	64,67	4,27	87,51	B		
8.	Tischbein	2,33	67,00	3,73	91,24	B	36,17	15,65
9.	Längsverb.	1,17	68,17	3,15	94,39	B		
10.	Querverb.	1,67	69,84	3,0	97,39	C		
11.	Querrohr	2,17	72,01	2,38	99,77	C		
12.	Schrauben	23,33	95,34	0,19	99,96	C	31,84	5,62
13.	Fußstöpsel	4,67	100,01	0,05	100,01	C		

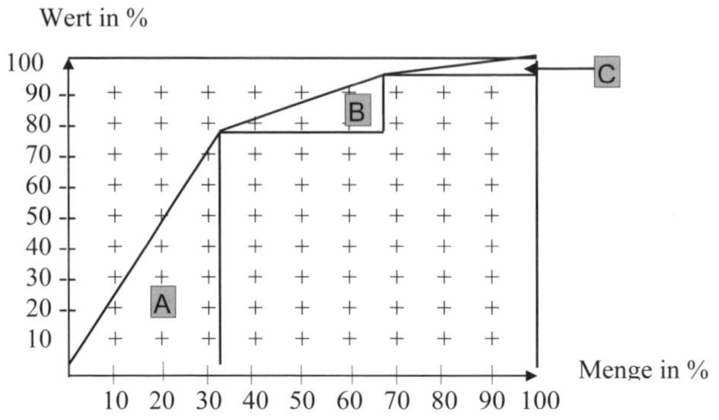

18.
- Produktinnovationen für den Gesamtmarkt bzw. für das eigene Unternehmen
- Kostendruck
- Probleme mit Lieferanten
- Wegfall eines bisherigen oder Entstehung eines neuen Marktes
- wissenschaftliche Erkenntnisse

19.

Unternehmensinterne Quellen	Unternehmensexterne Quellen	
• Informationen von Einkäufern • Lieferantendateien (-karteien) • Erfahrungsaustausch mit Kollegen	• Fachzeitschriften • Inserate in der Fachpresse • Firmenangebote • Marktübersichten von Verbänden • Kataloge, Firmenprospekte • Berufs- und Branchenverzeichnis (*„Gelbe Seiten, CD“*)	• Messekataloge • Messe- und Lieferantenbesuche • Handelsmissionen • IHK • *„Wer liefert was?“* • Internetrecherche

20. a) **Allgemein gehaltene Anfrage**
Bitte um Muster, Katalog, Preisliste, Vertreterbesuch, Warenverzeichnis

b) **Bestimmte Anfrage**
Frage nach Preis, Güte, Beschaffenheit, Lieferzeit, Zahlungsbedingungen usw. für ein genau bezeichnetes Erzeugnis

21. a) **Allgemein gehaltene Anfrage**
Anbahnung einer neuen Geschäftsbeziehung aufgrund einer Empfehlung, eines Messebesuches o. Ä.

b) **Bestimmte Anfrage**
Kunde benötigt für einen Angebotsvergleich (bzw. Aktualisierung der Einkaufsunterlagen) die neuesten Daten zu bestimmten Fremdteilen.

22. **Anfrage**
- Absender = Käufer
- unverbindlich

Angebot
- Absender = Verkäufer
- verbindlich (Ausnahmen!)

23. a)
- Art der Ware (genaue Bezeichnung)
- Beschaffenheit und Güte
- Menge
- Liefer- und Zahlungsbedingungen
- Garantien
- Preis
- Preisnachlässe
- Erfüllungsort und Gerichtsstand

b) Durch die Angabe von Normen (= Vereinheitlichung von Teilen in bezug auf Maße, Materialeigenschaften usw.), Mustern, Proben können umfangreiche Beschreibungen des Erzeugnisses im Rahmen des Angebotes vermieden werden.

24. **Gesetzlich**
- **Unter Anwesenden:** Angebot kann nur angenommen werden, solange das Gespräch dauert (gilt auch am Telefon).
- **Unter Abwesenden**: Wie unter normalen Umständen die Antwort erwartet werden kann (Brief ca. 1 Woche, Fax ca. 24 Stunden)

Vertraglich
Anbieter kann sein Angebot zeitlich befristen (zumeist länger als gesetzliche Bindung). Dann ist er in Bezug auf den Inhalt gebunden, zeitlich jedoch entsprechend der Vorgabe.

25. Einschränkung der Bindungsfrist siehe Nr. 24.
Freiklauseln, z. B.:
- **Preis freibleibend** Menge verbindlich, Preis unverbindlich
- **Solange Vorrat reicht** Menge unverbindlich, Preis verbindlich
- **Unverbindlich/ ohne Obligo** Menge **und** Preis unverbindlich

26. Bindung an Angebot erlischt, wenn
- der Empfänger das Angebot ablehnt.
- das Angebot verspätet angenommen wurde.
- das Angebot nicht innerhalb der festgesetzten Frist angenommen wurde.
- der Empfänger das Angebot abändert (= neuer Antrag).
- der Antragende rechtzeitig widerruft.

27. Angebot widerrufen. Widerruf muss spätestens mit dem Angebot beim Kunden eintreffen. Lösung: Telefon, Fax, eMail.

28. Bindung an das Angebot ist erloschen, da zu spät angenommen. Die Bestellung muss auf mindestens gleich schnellem Weg erfolgen. Firma Kloppt kann nichts unternehmen.

29. a) Es handelt sich um eine bestimmte Anfrage. Das daraufhin erwartete Angebot soll sicher als Entscheidungsgrundlage für einen Angebotsvergleich dienen. Ein unverbindliches Angebot (wie verlangt) bindet aber den Anbietenden nicht und ist daher als Entscheidungsbasis untauglich.
b) Durch die **Vorgabe** von exakten Liefer- und Zahlungsbedingungen bringt sich der Anfragende selbst um einen späteren Verhandlungsspielraum über Preise, Liefer- und Zahlungsbedingungen.
c) Die Angabe der Einkaufsbedingungen in der Anfrage ist rechtlich ohne jede Wirkung. Verweist der Verkäufer im Rahmen seines folgenden Angebotes auf seine Verkaufsbedingungen, dann muss der Anfragende diese entweder akzeptieren oder das Angebot erlischt.

30. Ein festes Schema ermöglicht es, die unterschiedlichen Preise, Preisnachlässe und Nebenkosten einzelner Lieferanten vergleichbar zu machen und den günstigsten Einstandspreis zu ermitteln.

31.

	Anbieter	**Farbwerke Niederrhein**		**Chemiefabrik Rostock**	
	Listeneinkaufspreis		7.480,00		7.590,00
-	Rabatt	12,5 %	935,00	10 %	759,00
=	Zieleinkaufspreis		6.545,00		6.831,00
-	Skonto	2,5 %	163,63	3 %	204,93
=	Bareinkaufspreis		6.381,37		6.626,07
+	Bezugskosten		180,00		230,00
=	Einstandspreis, ges.		6.561,38		6.856,07
	Einstandspreis je kg		16,40		14,90

32. Der quantitative Angebotsvergleich ist nur **ein** Entscheidungskriterium bei der Lieferantenauswahl. Darauf aufbauend gibt es noch einen erweiterten Angebotsvergleich, in welchem zusätzlich noch qualitative Kriterien (siehe Nr. 33) im Rahmen einer Entscheidungsbewertungstabelle zu einer Gesamtbeurteilung zusammengefügt werden.

33.
- Preiswürdigkeit
- Zuverlässigkeit
- Flexibilität
- Kreativität
- Kontinuität
- Marktmacht des Lieferanten
- Qualität seiner Erzeugnisse
- ausreichende Kapazitäten des Lieferanten
- räumliche Nähe
- Gegengeschäfte
- Lieferant übernimmt Bevorratung
- Mindestmengen

34.
- exakte Beschreibung und Klassifikation des Produktes (ggf. erwartete Leistungsdaten, DIN-Normen usw.)
- Preise
- Konditionen (Rabatte, Skonti)
- Aufschläge (Verpackung, Fracht, Versicherung, Mindermengen)
- Liefertermine
- Erfüllungsort
- Garantien

35. Unklare Formulierungen führen zu unnötigen Missverständnissen mit unter Umständen gravierenden Folgen, wenn z. B. gelieferte Ware völlig in Ordnung ist, jedoch nicht dem notwendigen Standard genügt (z. B. Blech zu dünn, Leistungsabgabe des Elektromotors unter Dauerbelastung zu schwach, Laminatboden in Kinderzimmerqualität statt Wohnraumqualität). Jedenfalls wird die Geschäftsbeziehung belastet, möglicherweise entstehen juristische Auseinandersetzungen unter Beiziehung von Gutachten usw.

36.
a) Bis Bahnhof Leipzig
b) Bis Bahnhof Stuttgart
c) Bis Bahnhof Leipzig
d) Bis Bahnhof Leipzig, einschl. Verladekosten
e) Bis Bahnhof Stuttgart
f) Alle Versandkosten
g) Keine Versandkosten
h) Bis Bahnhof Leipzig
i) Bis Bahnhof Stuttgart

37.
a) Kosten der Verkaufsverpackung trägt der Verkäufer.
Kosten der Versandverpackung trägt der Käufer.
b) Mittlere Art und Güte
c) Auf Verlangen sofort
d) Auf Verlangen sofort

38.
a) Rabatt = sofortiger Preisnachlass
Bonus = nachträglicher Preisnachlass
b) Mengenrabatt: Fördert die Abnahme größerer Mengen
Treuerabatt: Fährt zu langfristiger Bindung des Kunden an den Lieferanten und damit zum Aufbau einer Stammkundschaft.
Skonto: Fördert den raschen Rückfluss der Gelder, verringert die Kapitalbindungsdauer und damit das erforderliche Fremdkapital.

39. **Wareneingangsprüfung** prüft die sachliche Übereinstimmung von bestellter und gelieferter Ware. Gegebenenfalls werden auch Stichproben dahingehend unternommen, ob die gelieferte Ware den gestellten Qualitätsanforderungen entspricht.
Die **Rechnungsprüfung**, durchgeführt von der Einkaufsabteilung, vergleicht die gelieferte mit der in Rechnung gestellten Ware. Sie kann nur funktionieren, wenn sämtliche Änderungen, welche die Bestellung betreffen, in der Bestellakte vermerkt werden (z. B. Teillieferungen oder gewünschte Ware ist nicht mehr lieferbar, L. schickt einen gleichwertigen Ersatz mit anderem Preis.)

Die **Rechnungskontrolle** wird grundsätzlich von der Buchhaltung durchgeführt und überprüft die rechnerische Richtigkeit der Rechnung. [Im Sinne einer prozessorientierten Arbeitsteilung können Rechnungsprüfung und Rechnungskontrolle auch von **einer** Stelle wahrgenommen werden.]

2.5 Aufbauorganisation der Lagerhaltung

1. Sie zielt darauf ab, die Elemente (Menschen, Sachmittel, Aufgaben) eines Betriebes zu organisatorischen Einheiten zusammenzufügen (Stelle, Abteilung, Gruppe) und sie anschließend in eine hierarchische Ordnung einzubetten.

2. **Schritt 1:** Aufgabenanalyse
Stufenweise Zerlegung der Gesamtaufgabe nach bestimmten Merkmalen

Schritt 2: Aufgabensynthese
Zusammenfassung der in Schritt 1 gefundenen Teilaufgaben zu größeren organisatorischen Einheiten. Dabei ist die spätere Übertragbarkeit auf eine Person zu berücksichtigen. Eine solche organisatorische Einheit, die auf eine Person übertragen werden kann = Stelle.

*(Schritt 3: Abteilungsbildung
Zusammenfassung mehrerer Stellen nach bestimmten Merkmalen unter einheitlicher Leitung)*

3. Verrichtung, Objekt, Rang, Phase, Zweckbeziehung, Raum

4. 1. Ebene: Gliederung nach Objekten
2. Ebene: Gliederung nach Verrichtung
3. Ebene: Gliederung nach der Phase
4. Ebene: Gliederung nach dem Rang

5. a) Welche Teilaufgaben sind erforderlich?
b) An welchen verschiedenen Objekten werden die erforderlichen Verrichtungen durchgeführt?

6. **Ziel der Aufgabenanalyse** = Schaffung einer umfassenden Ansicht der Gesamtaufgabe, vergleichbar einer Konstruktionszeichnung mit Frontansicht, Seitenansicht und Draufsicht

Ziel der Aufgabensynthese = Zusammenfassung der in der Aufgabenanalyse gefundenen Teilaufgaben zu größeren organisatorischen Einheiten unter dem Aspekt ihrer späteren Übertragbarkeit auf eine Person

7.
- Ware annehmen
- Lagerort festlegen
- Bestände führen
- Warenbegleitpapiere prüfen
- Ware einlagern
- Ausfassen nach Materialliste

8.

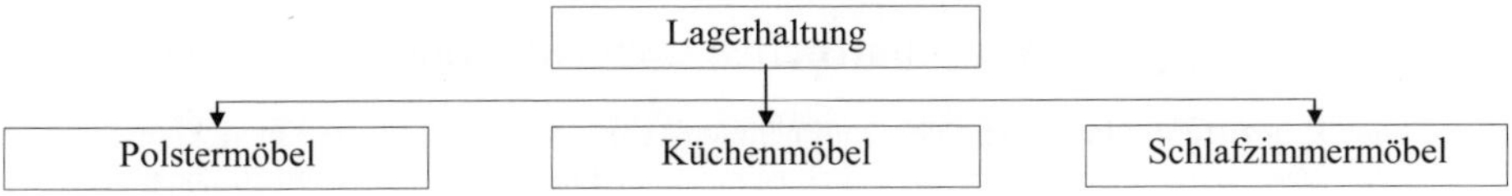

9.

Zentralisation	**Dezentralisation**
= Zusammenfassung von Aufgaben an einem zentralen Ort	= Verteilung der Aufgabenerledigung auf verschiedene Orte (i. d. Regel der Ort des Entstehens)

10. **Auswirkungen der Zentralisation**
    - gute Übersicht über Auslastung des Lagers
    - wirksame Lagerbestandskontrolle und dadurch weniger Schwund/Verderb
    - geringe Redundanz (= Doppellagerung) jener Teile, die im Betrieb an mehreren Stellen benötigt werden und damit geringere Lagerbestände.
    - gute Ausnutzung vorhandener Lagerkapazitäten
    - längere Transportwege

    Auswirkungen der Dezentralisation
    - Lagergut befindet sich „vor Ort“, daher kurze Wege, hohes Maß an Verfügbarkeit
    - kompliziertere Kontrolle des Lagerbestandes
    - wenn Bedarfe von mehreren Stellen nicht zentral gebündelt werden, besteht das Risiko konstenungünstiger Beschaffung durch häufigere Bestellung kleinerer Mengen.
    - insgesamt größerer Bedarf an Lagervolumen und -einrichtungen

11. „**Ordnung**“ herrscht für einen Menschen dann, wenn ein eindeutiger Zusammenhang besteht zwischen Objekt und Lagerort. (Denken Sie an Ihren Kleiderschrank: Socken immer links oben. Ist dieser eine Platz frei, dann sind im ganzen Schrank keine Socken). „**Chaos**“ herrscht dann, wenn die Objekte von Mal zu Mal an einem anderen Ort lagern, weil die Einlagerung nach anderen Kriterien erfolgte, z. B. Minimierung der gemeinsamen Wegstrecke für Transporteinrichtung bei einer verbundenen Ein-/Auslagerung oder Risikoverteilung auf mehrere Regalgassen.

12.
    - Minimierung des erforderlichen Platzbedarfes und damit der Lagerkosten
    - Minimierung der Wegstrecken
    - maximale Verfügbarkeit der Ware auch im Falle eines defekten Transportsystems

13. Jedes Teil hat einen ihm fest zugewiesenen Platz. Ist das Teil nicht da, bleibt der Platz auch frei.

14. Ein Lagerplan enthält Angaben darüber,
    - welche Ware
    - an welchem Ort
    - seit wann lagert.
    - Unter Umständen auch mit Angaben über Gefahrenklasse, Verderblichkeit oder vorgenommene Teilentnahmen

    Häufig werden **„sprechende“** Nummern verwendet, z. B.: III - 5 - 3 - 12 = Lager III, Gasse 5, Ebene 3, Fach 12.

15.
    - Ausgleich von Schwankungen zwischen Beschaffung und Produktion
    - Ausgleich von Schwankungen zwischen Produktion und Absatz
    - Ausnutzung von Vorteilen des Großeinkaufes
    - evtl. notwendige Lagerzeit zwecks Ausreifung (Wein, Bier, Cognac) bzw. aus produktionstechnischen Gründen (langsame Abkühlung)
    - Sicherung der eigenen Produktion gegenüber Störungen bzw. Ausfällen auf der Beschaffungsseite
    - Bereithaltung eines ausreichenden Sortimentes (insbesondere Handel)

2.6 Notwendigkeit wirtschaftlicher Lagerhaltung

1. Lagerkennziffern = Instrument der Unternehmensführung. Sie helfen, die Entwicklung der Lagerbestände und damit auch der Lagekosten zu erkennen, Schwachstellen aufzudecken, damit entsprechende Gegenmaßnahmen ergriffen werden können.
2. a) Meldebestand = Tagesverbrauch x Wiederbeschaffungszeit + Sicherheitsbestand

   b) Ø Lagerbestand = (AB + EB)/2

   Ø Lagerbestand = (AB + 4 Quartalsendbestände)/5

   Ø Lagerbestand = (AB + 12 Monatsendbestände)/13

c) Umschlagshäufigkeit = Absatz in Stück/ Ø Lagerbestand in Stück
   Umschlagshäufigkeit = Wareneinsatz in €/ Ø Lagerbestand in €
d) Ø Lagerdauer = 360 / Umschlagshäufigkeit
e) Lagerzinssatz = Jahreszinssatz x Ø Lagerdauer/ 360
f) Lagerkostensatz = Lagerkosten x 100/ Ø Lagerbestand

3. Sicherheitsbestand sollte immer auf Lager sein. Er dient zum Ausgleich von Unregelmäßigkeiten
   - auf der Beschaffungsseite (Lieferungsverzögerung)
   - auf der Absatzseite (unerwartete Nachfrage)
   - im eigenen Unternehmen (Ausschuss)

4. **Wiederbeschaffungszeit** = Summe der Zeiten für
   - eigene Disposition (z. B. Auswahl des Lieferanten, Festlegen der Beschaffungsmenge)
   - Schreiben der Bestellung
   - Laufzeit der Post
   - Lieferzeit des Lieferanten
   - Zeit für Warenannahme + Wareneingangskontrolle
   - Einlagerung der Ware

   Lieferzeit ist demnach eine Komponente der Wiederbeschaffungszeit.

5. a) Meldebestand = 600 x 8 + 5.000 = **9.800 Stück**
   b) Mindestbestand = 12.000 - 600 x 8 = **7.200 Stück**
   c) Meldebestand = Tagesverbrauch x Wiederbeschaffungszeit + Eiserner Bestand
      14.000 = X x 8 + 6.000 x = **1.000 Stück**
   d) Wiederbeschaffungszeit = **4 Tage**.

6. Die Lagerkosten steigen überproportional, z. B. wegen Kosten für Fremdlager, zusätzlicher Kapitalbedarf jenseits der vereinbarten Kreditlinie.

7. **Raum- und Einrichtungskosten, z. B.**
   - Abschreibungen auf Gebäude, Einrichtunen
   - Instandhaltung und Wartung
   - Energieversorgung, Reinigung
   - Versicherung

   Kosten der Lagerverwaltung
   - Personalaufwendungen
   - Büromaterial
   - Kosten der Kommunikation

   Lagerrisiko
   - Mengenverluste durch Diebstahl, Schwund, Verderb, Zerstörung
   - Wertverluste durch Beschädigung, Preisverfall, technische Veralterung, Modewandel

   Kapitalbindungskosten

   Verzinsung des im Lager gebundenen Kapitals (Lagerbestände + Einrichtung, Gebäude)

8. a) Je größer die durchschnittliche Lagerdauer, desto größer der Lagerzinssatz.
   b) Je größer die Umschlagshäufigkeit, desto
      - kleiner die durchschnittliche Lagerdauer und damit
      - kleiner der Lagerzinssatz
   c) (Gleich bleibenden Warenabsatz vorausgesetzt!)
      Je größer der durchschnittliche Lagerbestand, desto
      - kleiner die Umschlagshäufigkeit
      - größer die Lagerdauer und damit
      - größer der Lagerzinssatz

9. a) Bestände: JA = 10, 1. Q. = 15, 2. Q. = 21, 3. Q. = 21, 4. Q. 24

a)	Ø Lagerbestand	=	(10 + 15 + 21 + 21 + 24)/5	=	**18,2 Stück**
b)	Umschlagshäufigkeit	=	26/18,2	=	**1,43 mal**
c)	Ø Lagerdauer	=	360/ 1,43	=	**251,7 Tage**
d)	Lagerzinssatz	=	9 x 251,7/360	=	**6,3 %**

e) Der Ausdruck **UH = Absatz/ Ø Lagerbestand** hat sich von 2 auf 1,43 verschlechtert. Mögliche Ursachen

- Der **Wert im Zähler ist kleiner** geworden, z. B. durch sinkenden Absatz
- Der **Wert im Nenner ist größer** geworden, z. B.
  - Ladenhüter im Sortiment
  - zu hohe Sicherheitsbestände
  - Beschaffungsmarkt ist unsicherer (längere Wiederbeschaffungszeiten), daher vorsichtigere Disposition mit größeren Beschaffungsmengen.

10.
- **sorgfältige Beschaffungsplanung mit**
  - **bedarfsgesteuerter Disposition** (Bedarfsermittlung) höherwertiger Güter
  - **Berücksichtigung der Ergebnisse** aus der **ABC-Analyse**
  - Ermittlung **optimaler Bestellmenge**
- bei **stetigem** Bedarf **höherwertiger** Erzeugnisse und Erfüllung organisatorischer Voraussetzungen: **fertigungssynchrone Beschaffung** (= just in time)
- **Minimierung des Mindestbestandes**. Daraus sich ergebende Versorgungsrisiken werden abgesichert durch langfristige Lieferverträge. Umfassender Informationsaustausch mit Lieferant, ggf. rechtzeitige Mitteilung des eigenen Produktionsplanes an den Vorlieferanten. Kurz: Einbindung des Lieferanten in die eigene logistische Kette.
- Kontrolle des Bestandes auf **Ladenhüter und deren Aussonderung**
- Verringerung des Lieferbereitschaftsgrades

11.

a)	Ø Lagerbestand	=	(10.000,00 + 18.000,00)/2	=	14.000,00	€
	Umschlagshäufigkeit	=	163.000,00/ 14.000,00	=	11,64	
	Ø Lagerdauer	=	360/ 11,64	=	30,9	Tage
	Lagerzinssatz	=	8 x 30,9 / 360	=	0,69	%
b)	Ø Lagerbestand	=	(63.640,00 + 888.480,00)/13	=	73.240,00	€
	Umschlagshäufigkeit	=	2.084.760,00/ 73240,00	=	28,46	
	Ø Lagerdauer	=	360/28,46	=	12,6	Tage
	Lagerzinssatz	=	10 x 12,6/ 360	=	0,35	%
c)	Ø Lagerbestand	=	277.800,00/ 5	=	45.560,00	€
	Umschlagshäufigkeit	=	582.000,00/ 45.560,00	=	12,77	
	Ø Lagerdauer	=	360/ 12,77	=	28,2	Tage
	Lagerzinssatz	=	8 x 28,2/ 360	=	0,63	%

12. a) <u>Kurve I:</u> Mindestbestand mehrmals unterschritten (riskant, da bei Beschaffungsproblemen Produktionsstillstand droht). In Phase C Rückgang Rohstoffverbrauch, Auffüllung weit vor Erreichen des Mindestbestands, Überschreitung Höchstbestand (progressive Kostensteigerungen). In Phase D Produktionsstillstand (Lieferprobleme, Stillstandskosten, äußerst problematisch).
<u>Kurve II:</u> Höchstbestand einmal überschritten (s. o.), Mindestbestand nie erreicht (Lagerkosten noch senkbar). Insgesamt relativ stabilisierte, gute Lagerhaltung.

b) Durchschnittl. Lagerbestand = 6,5 Mio. €; UH = 78/6,5 = <u>12</u>-mal
Durchschnittl. Lagerdauer = 360/12 = <u>30 Tage</u>

c) 12 < 15: Ungünstig im Vergleich zur Konkurrenz. Kapitaleinsatz und Lagerkosten relativ höher, Gewinn relativ niedriger.

13. Die durchschnittliche Lagerdauer gibt an, wie viele Tage ein Gut im Durchschnitt gelagert wird.

14. Durchschnittlicher Lagerbestand sinkt ⟶ Umschlagshäufigkeit steigt ⟶ durchschnittliche Lagerdauer sinkt ⟶ Lagerzinssatz sinkt.

15. 120.000,00 €

2.7 Ablauforganisation der Lagerhaltung

1.
- **Warenannahme, Wareneingangsprüfung und Einlagerung**
  Sofort:
  - Übereinstimmung der Begleitpapiere mit der Sendung
  - Überprüfung auf sichtbare Schäden

  Nach dem Auspacken:
  - Übereinstimmung der bestellten mit der gelieferten Ware
  - Prüfung auf offene Mängel
  - Qualitätsprüfung (100 % oder Stichproben)
- **Warenpflege**
- **Ausfassen der Ware** (*„Keine Ware ohne Warenentnahmeschein“*)
- **Lagerkontrolle zur Verminderung**
  - des Mengenverlustes durch Diebstahl, Schwund, Verderb
  - des Wertverlustes durch Beschädigung, Preisverfall, Veralterung
- **Führen der buchmäßigen Lagerbestände** (Lagerkarte, DV)
- **Inventur = Abgleich der Buch- mit den Ist-Beständen durch Zählen, Messen, Wiegen, Schätzen**

2.
- Beschreibung
- grafische Darstellung
  - Netzplan
  - Balkendiagramm
  - Ablaufdiagramm

3. Von den vier angegebenen Tätigkeiten (Bearbeiten, Transportieren, Prüfen und Warten) sind nur 2 (Bearbeiten und Prüfen) von wertschöpfender Art. Diese beiden machen zwar 31 % (18 + 13) der untersuchten Arbeitsgänge aus, verbrauchen aber nur 7,8 % (4,7 + 3,1) der Zeit.
Größte Schwachstelle ist „Warten“, die 70,9 % der Durchlaufzeit verbraucht, im Weiteren dann „Transport“ mit 21,3 %.

Lösungsansätze:
- Schaffung einer Kostenstelle „Logistik“, in welcher die Kosten für Transport und Warten erfasst werden.
- Prüfen, ob nicht die Häufigkeit der Leistungswiederholung eine Änderung des betrieblichen Layouts (= Anordnung der Betriebsmittel zueinander) nahelegt. Ziel = Übergangszeit (Transport + Warten) verringern.

4.
- Befragung durch Interview oder Fragebogen
- Beobachtung durch Dauerbeobachtung oder Multimomentaufnahme

Interview:

- persönlicher Kontakt zwischen Interviewer und Mitarbeiter
- Unklarheiten können sofort beseitigt werden.
- großer Zeitaufwand und daher teuer
- Objektivität des Ergebnisses kann beeinflusst sein durch Sympathie/Antipathie zwischen Interviewer und Mitarbeiter.

Fragebogen:

- geringerer Zeitaufwand, da Fragebogen von allen Mitarbeitern zeitgleich ausgefüllt werden kann, daher preisgünstiger
- kein unmittelbares „Nachhaken" möglich
- schlechte Fragestellungen werden erst bei Auswertung aufgedeckt.

Dauerbeobachtung:

- Organisator ist „vor Ort" und beobachtet Arbeitsablauf.
- Ermittelte Daten beschränken sich nur auf beobachtbaren Ablauf.

Multimomentaufnahme:

- Dauerbeobachtung wird ersetzt durch eine Vielzahl von Augenblicksbeobachtungen.
- Aus der Häufigkeit, mit welcher ein bestimmter Vorgang an den Augenblicksbeobachtungen beteiligt ist, schließt man auf dessen Anteil am gesamten Arbeitsumfang.

5. • hinreichend genau • spart Zeit und Kosten

6. **Vorteil:**
Niemand kennt die Schwächen des derzeitigen Arbeitsablaufes besser als der Mitarbeiter, der damit betraut ist. Er kennt auch jene Schwachstellen, die selbst einem Organisator bei Dauerbeobachtung noch verborgen bleiben könnten.
Nachteil:
Muss der Mitarbeiter befürchten, dass die durchzuführende IST-Aufnahme u. U. seinen Arbeitsplatz wegrationalisiert, dann ist mit einer objektiven Selbstaufschreibung nicht zu rechnen. Wichtig daher: Der Mitarbeiter muss auf das Ziel dieser Selbstaufschreibung vorbereitet werden. Vorhandene Ängste sind zu beseitigen.

2.8 Materialbereitstellungsverfahren beurteilen

1. • Bessere **Durchsetzung von Preisvergünstigungen** (Rabatte usw.) gegenüber Lieferant
   • **Aufbau eines Sicherheitsnetzes gegenüber Bedarfsschwankungen** in der Produktion bzw. Absatz. Dieses Netz drückt sich aus in Lagerbeständen, umfangreichen Abstellflächen und zeitlichen Puffern.

2. a) Das Dilemma besteht darin, dass der Vorteil einer Minimierung der Lagerhaltungskosten durch kleine Beschaffungsmengen **zwangsläufig** den Nachteil höherer Beschaffungskosten nach sich zieht durch den Verzicht auf Preisnachlässe für größere Beschaffungsmengen und die häufigeren Bestellvorgänge.
   b) Problemlösung: Ermittlung der optimalen Losgröße. Sie ist dann erreicht, wenn die Summe aus Beschaffungs- **und** Lagerhaltungskosten minimal sind.

3. Ausschließlich notwendige Teile werden zum notwendigen Zeitpunkt in der ausschließlich notwendigen Menge beschafft bzw. produziert. Als wirtschaftlich sinnvoll wird demnach nur jener Lagervorrat betrachtet, der zur Aufrechterhaltung des Produktionsflusses gerade notwendig ist.

Ein Vorrat über dieses Minimum hinaus ist als Hinweis auf unzulängliche Beschaffungslogistik bzw. unwirtschaftliche Produktionsorganisation zu werten.

4. **Merkmale** einer Just-in-time-Produktion:
   - Produktionsabläufe sind zeitlich exakt aufeinander abgestimmt.
   - der Materialabruf erfolgt nach dem Holprinzip (Kanban).
   - kleine Losgrößen
   - u. U. mehrmals tägliche Anlieferung durch Lieferer
   - ständige und automatisierte Fehlerkontrollen mit sofortiger und nachhaltiger Beseitigung der Fehlerursache, um einen kontinuierlichen Materialfluss sicherzustellen

5. Beschaffungsmarktverhältnisse, Absatzmarktverhältnisse, eigenes Erzeugnisprogramm, Auslastung der eigenen Fertigungskapazitäten, Finanzlage

2.9 Transportmöglichkeiten

1.
   - Kosten des Transportsystems
   - Schnelligkeit der Beförderung
   - Dichte des Servicenetzes
   - Sicherheit, Zuverlässigkeit
   - Nebenleistungen (Be-/Entladung)
   - Wert des Gutes
   - Art des zu transportierenden Gutes (Massengut, Schüttgut, Flüssigkeit)
   - Gefahrenklasse
   - Umweltverträglichkeit des Transportsystems

2. a) **Post** schnell, flächendeckend
   b) **Luftweg** schnell, globale Abdeckung
   c) **Wasserweg** preisgünstig, umweltschonend
   d) **Bahn** sicher, umweltschonend, schnell

3. a) Briefe, Pakete, Päckchen
   b) eilbedürftige, hochwertige Güter (z. B. kritische Ersatzteile)
   c) Schüttgut wie Getreide, Schrott, Kies
   d) Massengüter wie Autos, Flüssigkeiten, Stückgüter

4.a)

Kleingut	Kisten, Fässer, Containermiete
Wagenladungen	Große Warenmengen in Güterzügen, Beladung durch Absender, Entladung durch Empfänger
Sammelladungen	Zusammenfassung von Gütern mehrerer Absender zu einer Wagenladung

b) Gewicht, Wert, Entfernung, Beförderungsgeschwindigkeit

5.a)

Päckchen	• Höchstgewicht 2 kg; bestimmte Höchstmaße • Aufschrift „Päckchen“ • keine Haftung der Post bei Verlust oder Beschädigung • Beilage von Briefen erlaubt • Spezialformen: Einschreiben, Nachnahme, Luftpost
Paket	• Höchstgewicht 31,5 kg; keine Maximalgröße: 120 cm x 60 cm x 60 cm • Haftung der Post bei Verlust oder Beschädigung bis 500,00 €
Selbstbucher	• mindestens 500 Pakete/Jahr • günstige Gebühr • Paketvorbereitung im Betrieb

Warensendung	• maximal 500 g • günstige Gebühr • Aufschrift "Warensendung"	• unverschlossen • Beispiel: Filme, Proben, Muster
Nachnahme	• möglich bei Brief, Paket • Aushändigung der Sendung nur gegen Sofortzahlung	

b) **Päckchen:** Keine Haftung
Paket: Post haftet bis 500,00 € Schadenssumme;

6.a)

Güternahverkehr	• im Umkreis von 50 km • erlaubnispflichtig
Güterfernverkehr	• über 50 km • genehmigungspflichtig
Güterlinienverkehr	• fahrplanmäßige Beförderung auf bestimmten Linien • genehmigungspflichtig
Werkverkehr	• Gütertransport mit betriebseigenen Fahrzeugen

b) Im Güterverkehr kein vertraglicher Haftungsausschluss möglich.
Versicherungspflicht für alle Haftungsfälle.

7. DPD = Deutscher Paketdienst UPS = United Parcel Service

2.10 Organisation der Fertigung

1. **Werkstattfertigung**
   - **Verrichtungszentralisation**, d. h. gleichartige Maschinen werden in gesonderten Abteilungen zusammengefasst (z. B. Drehbänke in der Dreherei usw.)
   - **anpassungsfähig** gegenüber veränderten Marktbedingungen
   - **flexibles Transportsystem** zwischen den Werkstätten (z. B. Gabelstapler, Flurfördersysteme)
   - **hoher Bestand an Zwischenlager** zur Sicherung der Kapazitätsauslastung
   - **qualifizierte Arbeitskräfte**
   - **hohes Lohnniveau**
   - **hoher Planungsaufwand** in der Arbeitsvorbereitung für
     - Lösgrößenbestimmung
     - Terminplanung
     - Reihenfolgeplanung
     - Maschinenbelegung
   - guter **Überblick über Auslastung der Maschinen**

   Reihenfertigung
   - Anordnung der Arbeitsplätze nach dem Flussprinzip
   - keine Taktzeit; Arbeitskräfte können Arbeitstempo weit gehend selbst bestimmen.
   - Zwischenlager zwischen den einzelnen Arbeitsstationen
   - einfaches Transportsystem (Rutschen, Schwenkkrane ...)
   - erheblicher Grad der Spezialisierung von Mensch und Maschine
   - hoher Umrüstaufwand
   - Tendenz zu angelernten und ungelernten Arbeitskräften, damit geringeres Lohnniveau

Fließfertigung
- konsequente Fortführung der Reihenfertigung
- aufwändiges, starres Transportsystem zwischen den einzelnen Stationen (Fließband)
- Arbeitsabläufe sind zeitlich exakt aufeinander abgestimmt (Taktzeit).
- keine Zwischenlager
- hohes Maß an Arbeitszerlegung und damit Spezialisierung von Mensch und Maschine

Gruppenfertigung
- Mehrere Personen arbeiten zusammen an einer Arbeitsaufgabe.
- Der Gruppe stehen alle Maschinen und Werkzeuge zur Verfügung, die zur Bewältigung der vollständigen Aufgabe erforderlich sind.
- Innerhalb einer Gruppe ist ein regelmäßiger Arbeitsplatzwechsel möglich. Dadurch ist diese Fertigungsorganisation ein Beitrag zur Humanisierung der Arbeitsbedingungen.
- Teilautonomie ist dann gegeben, wenn der Gruppe noch zusätzliche Aufgaben (Materialdisposition, Einrichtung der Maschinen, Reparaturarbeiten, Kontrolltätigkeiten) übertragen werden.

2. Zentralisation nach der Verrichtung: Werkstattfertigung
Zentralisation nach dem Objekt: Reihenfertigung, Fließfertigung, Fertigungsinsel

3. Wenn die Reihenfolge der Arbeitsgangfolge von Werkstück zu Werkstück stark schwankt, so dass sich eine Anordnung der Betriebsmittel nach einer bestimmten Arbeitsgangfolge nicht ergibt.

Beschaffung:	Wegen der Vielzahl der zu produzierenden Erzeugnisse/Varianten ergeben sich schwankende Bedarfe mit jeweils geringeren Stückzahlen.
Arbeitsvorbereitung:	Da in der Regel nur nach Kundenwunsch gefertigt wird, ergibt sich eine hohe Belastung der Produktionsplanung und der Arbeitsvorbereitung.
Absatz:	Ein hohes Maß an Anpassungsfähigkeit gegenüber sich verändernden Kundenwünschen verlangt Flexibilität und damit Universalmaschinen und Arbeitskräfte auf einem hohen Ausbildungsniveau. In der Regel spezialisieren sich diese Betriebe auf ein bestimmtes Problemfeld („Problemtreue“) mit dem Vorteil, dass neu auftauchende Problemstellungen nicht erst von Grund auf sondern von der Warte eines höheren Vorbereitungsgrades aus gelöst werden können (z. B. Behälterbau, Pumpenherstellung).

4. **Vorteile der Werkstattfertigung im Vergleich zur Fließfertigung**
- Sonderwünsche sind möglich.
- flexible Anpassung an Veränderungen im Produktionsprogramm
- weniger Monotonie, da größerer Arbeitsumfang

Nachteile im Vergleich zur Fließfertigung
- längere Transportwege und -zeiten
- hohe Lohnkosten, da Fachkräfte
- hohe Lagerkosten, da Zwischenlager zur Sicherung der Kapazitätsauslastung

5.

Reihenfertigung	**Fließfertigung**
• Arbeitsplätze nach dem Flussprinzip entsprechend dem Ablauf des Herstellungsprozesses • keine Taktzeit • einfaches Transportsystem • Zwischenlager zur Sicherung der Kapazitätsauslastung • Spezialisierung von Mensch und Maschine • kurze Durchlaufzeit • hoher Umrüstaufwand • Tendenz zu angelernten und ungelernten Arbeitskräften • günstigeres Lohnniveau • geringere Flexibilität als Werkstattfertigung	• Anordnung der Arbeitsplätze nach dem Flussprinzip • Arbeitsabläufe zeitlich exakt aufeinander abgestimmt (Taktzeit) • aufwändiges, starres Transportsystem (Fließband) • keine Zwischenlager • weit gehende Arbeitszerlegung • Spezialisierung von Mensch und Maschine • kürzestmögliche Durchlaufzeit • hoher Umrüstaufwand • umfangreiche Planung und organisatorische Vorbereitung • große Stückzahlen eines ausgereiften Erzeugnisses • an-/ungelernte Arbeitskräfte • günstiges Lohnniveau • geringe Flexibilität • hohe Fixkostenbelastung

6. a) Bearbeitungszentrum
- Werkstücke können in **einer** Aufspannung von mehreren Seiten mit verschiedenen Verfahren (z. B. Bohren, Fräsen) bearbeitet werden.
- Automatischer Werkzeugwechsel ist notwendig.

b) Weiterentwicklung des Bearbeitungszentrums. Die ursprüngliche Kernfunktion der reinen Bearbeitung wird um die Handhabung (Bringen, Einspannen ...) und um Messen/Prüfen zu einem vollständigen Ausführungssystem erweitert. Hinzu kommen ein Bereitstellungssystem, welches für die Zusammenstellung der erforderlichen Werkzeuge, Messgeräte, Spanneinrichtungen usw. des Folgeauftrages sorgt, und ein Steuerungssystem. Schematisch läßt sich das Zusammenwirken dieser Systeme wie folgt darstellen:

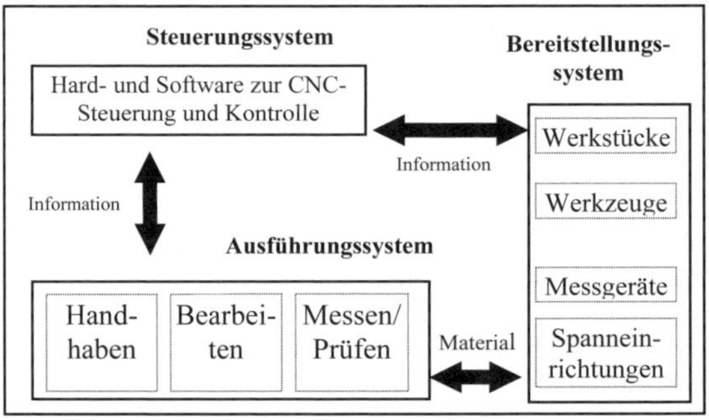

c) Fertigungsinsel
- die Fertigungsinsel kombiniert die Konzeption der flexiblen Fertigungszelle mit jener der Gruppenarbeit.
- räumliche und organisatorische Zusammenfassung aller Betriebsmittel, die zur möglichst vollständigen Herstellung einer Gruppe ähnlicher Werkstücke oder Komponenten erforderlich sind

- Die Mitarbeitergruppe betreibt die Fertigungsinsel in weit gehender Selbstverantwortung (teilautonome Gruppe), indem sie auch organisatorische, planerische und kontrollierende Funktionen übernimmt.
- zu diesen Funktionen gehören z. B.:
  - Material- und Werkzeuganforderung
  - Festlegung der Reihenfolge bei aufeinanderfolgenden Aufträgen und deren Feinterminierung
  - Erstellung der Programme für die CNC-Steuerung
  - Qualitätsprüfung
- Erhebliche Verkürzung der Durchlaufzeit durch
  - Einsparung von Transportzeiten auf Grund der räumlichen Konzentration
  - Aufhebung der strengen Arbeitsteilung zwischen Planung, Ausführung und Kontrolle

2.11 Phasen der Auftragsbearbeitung

1. a) Prüfungen auf
   - **Bonität** (beinhaltet die Prüfung auf Lieferwilligkeit)
   - **Termin** (beinhaltet die Prüfung auf Lieferfähigkeit)
   - **Nutzen**

   b) **Prüfung auf Bonität**:
   Durch Zugriff auf den Kundenstammsatz stehen Vergangenheitsdaten zur Verfügung, mit denen die Bonität des Kunden beurteilt werden kann. Solche Daten sind z. B.:
   - Abwicklung bisheriger Zahlungsverpflichtungen
   - Höhe der bereits bestehenden Forderungen
   - Kreditlimit
   - Volumen des neuen Auftrages

   Prüfung auf Termin
   Prüfung, ob der angegebene Kundenwunschtermin gehalten werden kann. Dies beinhaltet:
   - Prüfung der Beständesituation (falls Fertigbestände vorhanden, dann ist Prüfung beendet)
   - andernfalls Prüfung der Produktions- und Beschaffungszeiten (z. B. anhand mittlerer Durchlaufzeiten)

   Prüfung auf Nutzen
   - Bei starker Marktposition des Verkäufers wird u. U. ein Auftrag nicht akzeptiert, wenn die Preisvorstellung des Kunden nicht zur Erreichung eines bestimmten Mindestdeckungsbeitrages ausreicht.
   - Bei kundenwunschorientierter Fertigung ist eine Vorkalkulation erforderlich, um das Kosten-Nutzen-Verhältnis beurteilen zu können.

2. (1) Erfassung der Kundenaufträge
   (2) Ermittlung des Bedarfes aufgrund der Kundenaufträge
   (3) Ermittlung von Fertigungsvorschlägen durch Berechnung der optimalen Losgröße
   (4) Erfassung der (vorgeschlagenen oder selbst bestimmten) Fertigungsaufträge
   (5) Terminierung

3. **Primärbedarf** = Bedarf an verkaufsfähigen Einheiten, z. B. Enderzeugnisse oder auch Ersatzteile
   Sekundärbedarf = Bedarf der nachgeordneten Komponenten. Er wird ermittelt, indem der Primärbedarf stufenweise über sämtliche Stücklistenpositionen zurückgerechnet wird.

   (Werden dabei die auf den einzelnen Stufen vorhandenen Lagerbestände nicht berücksichtigt handelt es sich um eine Bruttobedarfsrechnung. Erfolgt dabei jeweils ein Abgleich mit den vorhandenen Lagerbeständen, dann spricht man von einer Nettobedarfsermittlung.)
   (Ein **Tertiärbedarf** wäre jener Zusatzbedarf, der sich nicht mit Hilfe der Stücklistenauflösung berechnen lässt, z. B. der Bedarf an Schmieröl, Hilfsstoffen wie Leim, Reinigungsmittel, Kühlmittel usw.)

4. a) Er liefert Aussagen über die Menge und den Zeitpunkt des Sekundärbedarfes
   b) • Stücklistenstruktur und damit verbundene Mengenangaben
      • mittlere Durchlaufzeit
      • disponierbare Lagerbestände
   c) Die gewonnenen Daten werden fortlaufend in der Materialdispositionsdatei eingetragen. Diese enthält pro Komponente jeweils ein Fenster. Der Kopfteil enthält die teilespezifischen Daten, wie z. B. Teilenummer, Teilebezeichnung usw. Pro Bedarf wird eine Zeile im Tabellenteil erstellt mit den Angaben über Kundenauftrag (dessentwegen der Bedarf entsteht), Höhe des Bedarfes und Betriebskalendertag, an welchem der Bedarf auftritt.

5. Die Problemstellung ist im Grunde identisch, beide lassen sich demnach mit demselben Instrumentarium lösen (z. B. Tabelle, Formel). Im Beschaffungsbereich ist ein Ausgleich zu finden zwischen den gegenläufigen Lagerhaltungskosten und den Beschaffungskosten, im Fertigungsbereich zwischen den Lagerkosten und den Umrüstkosten.

6. Die optimale Losgröße im Fertigungsbereich ist erreicht, wenn die Summe der Lagerhaltungskosten und der Umrüstkosten ihr Minimum erreicht haben.

7. Die Terminierung ermittelt unter Berücksichtigung bereits vorhandener Maschinenbelastungen und der verfügbaren Betriebsmittelkapazitäten, an welchem Betriebskalendertag und zu welcher Zeit die Aufträge angestoßen werden müssen, damit der geforderte Endtermin gehalten werden kann.

8. a) **Konstruktionszeichnung** = **Grafische Darstellung** aller Einzelteile eines Erzeugnisses. Sie zeigt ihre Lager zueinander, ihre Funktion, die Maße, evtl. Leistung, Toleranzen, Normen.

   b) Die **Erzeugnisstruktur** zeigt in Form eines **Strukturbaumes** den logischen Aufbau eines Erzeugnisses aus seinen Baugruppen und Einzelteilen.

   c) **Basis-Stückliste** = **Tabellarische Darstellung** aller Baugruppen und Einzelteile zu **einem** Erzeugnis. Sie ist unabhängig von einem Fertigungsauftrag.

   d) **Auftrags-Stückliste**. Sie bezieht sich auf einen Fertigungsauftrag und entsteht dadurch, dass dessen Mengenangaben mit den Daten der Basis-Stückliste multipliziert werden.

   e) Ein **Basis-Arbeitsplan** fest:
      • in welcher **Arbeitsgangfolge**
      • **wo** (Arbeitsplatz, Kostenstelle)
      • mit **welchen Betriebsmitteln** und **Werkzeugen**
      • in welcher **Vorgabezeit**
      • bei welcher **Entlohnung** (Lohngruppe)

- welches **Teil** hergestellt bzw. welche **Baugruppe** bzw. **Enderzeugnis** montiert wird.

Er ist **unabhängig** von einem konkreten Fertigungsauftrag, seine Angaben beziehen sich nur auf die Herstellung **einer** Einheit.

f) Ein **Auftrags-Arbeitsplan** bezieht sich auf einen **Fertigungsauftrag**. Vergleichbar der Auftrags-Stückliste werden hierfür die Daten aus dem Basis-Arbeitsplan (z. B. Belegungszeit des Arbeitsplatzes pro Stück) multipliziert mit den Mengenangaben des Fertigungsauftrages. Damit ergibt sich:
Belegungszeit für Auftrag = Rüstzeit + Stückzeit x Fertigungsmenge

g) Der **Lohnschein** wird erstellt vom DV-System im Rahmen der Erfassung der Fertigungsaufträge. Er wandert mit dem Fertigungsauftrag mit und wird vor Ort ergänzt um die IST-Daten der Produktion, z. B. die Personal-Nr. des Werkers, welcher den Arbeitsgang durchführt, seine IST-Zeit usw.

h) Die **Begleitkarte** wird auch Laufkarte genannt und ist in der Regel eine Kopie des Auftrags-Arbeitsplanes. Sie begleitet den Auftrag durch den Betrieb.
Aufgabe:
- Identifizierung der Werkstücke, daher sind Auftragsnummer, Werkstückbenennung besonders deutlich aufgeführt.
- Transportsteuerung durch deutliche Angabe der Arbeitsgangnummer, Nr. der Kostenstelle und des Kostenplatzes.

i) Der **Materialentnahmeschein** dient zur Erfassung der Materialentnahmen und ist nach Rücklauf Grundlage für die Materialbestandsführung.

j) Die **Terminkarte** ist wie die Begleitkarte eine Kopie des Auftragsarbeitsplanes und dient zur Überwachung des Fertigungsfortschritts. Wesentlicher **Inhalt:**
- Termine für Start und Ende der einzelnen Arbeitsgänge

9. a)

Nr.	Vorgang	Dauer	Vorgänger	Nachfolger	Frühester		Spätester		Gesamtpuffer
					AZ	EZ	AZ	EZ	
1.	Einholung von Angeboten, Angebotsvergleich, Beschluss	25	-	2	0	25	0	25	0
2.	Auftragsvergabe	6	1	4, 7, 9	25	31	25	31	0
3.	Baustelleneinrichtung	1	-	5	0	1	28	29	28
4.	Lieferung der Baustoffe	3	2	6	31	34	35	38	4
5.	Erd- und Kanalarbeiten	9	3	6	1	10	29	38	28
6.	Fundamentierung	2	4, 5	8	34	36	38	40	4
7.	Lieferung Eisenkonstruktion	9	2	8	31	40	31	40	0
8.	Aufstellen Eisenkonstruktion	2	6,7	10	40	42	40	42	0
9.	Lieferung Außenwände u. Dach	3	2	10	31	34	39	42	8
10.	Montage Außenwände u. Dach	3	8,9	11	42	45	42	45	0
11.	Richtfest mit Spanferkel	1	10	12	45	46	45	46	0
12.	Installation	4	11	13	46	50	46	50	0
13.	Festliche Einweihung	1	12	-	50	51	50	51	0

9. b)

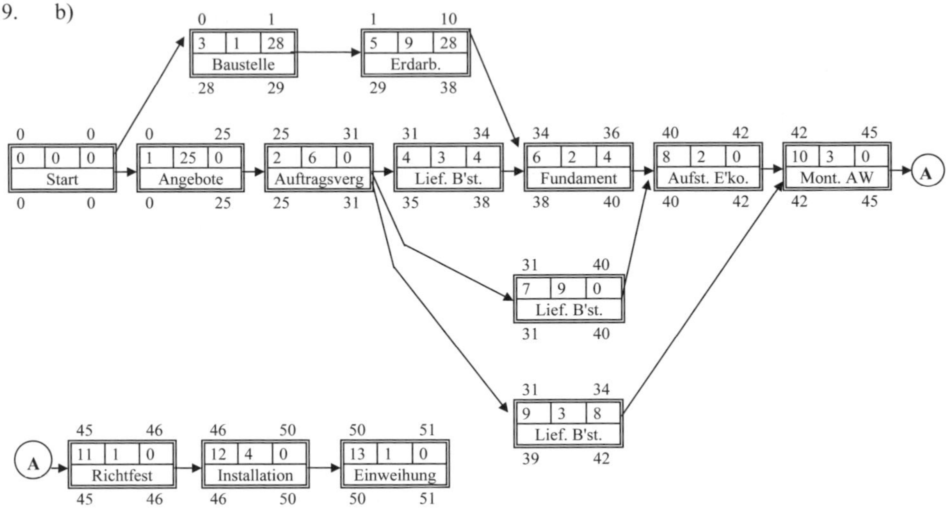

9. c)

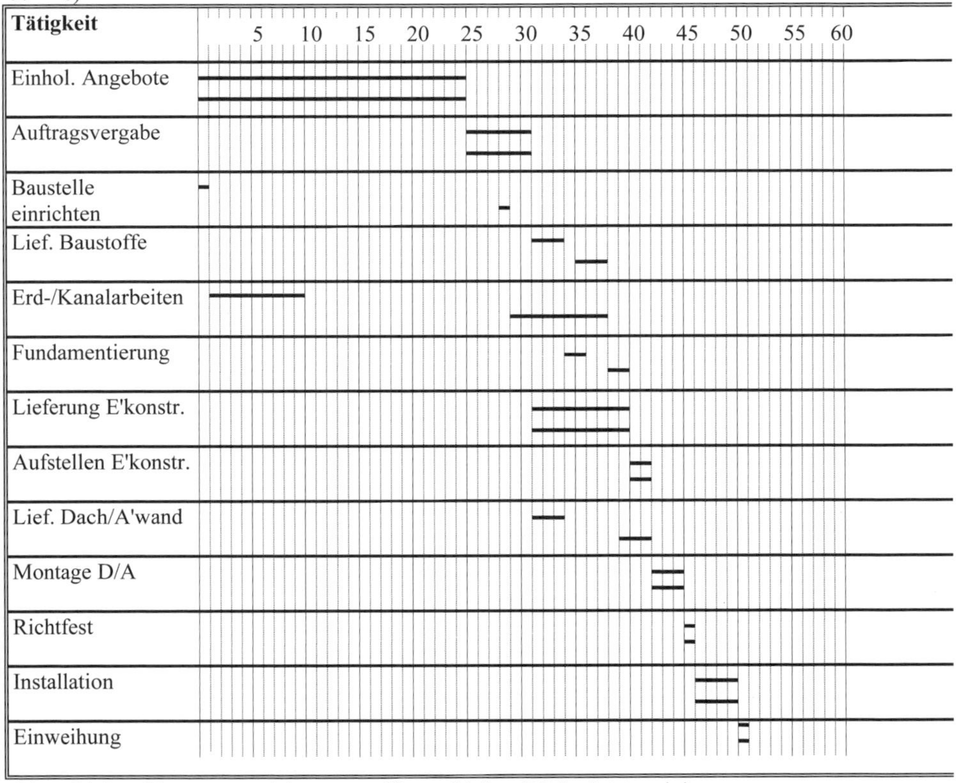

Obere Linie = Vorwärtsterminierung; Untere Linie = Rückwärtsterminierung

10. a) **Vorteile der Netzplantechnik:**
   - anschauliche Darstellung des Projektablaufes
   - Zwang zum Durchdenken des Projektes und Erkennen von logischen Abhängigkeiten
   - Aufdecken von Engpässen (= kritischer Pfad) und Zeitreserven (Puffer)
   - Veranschaulichung der Auswirkung von Terminänderungen
   - Kostenersparnis durch exakte Terminplanung

   b) **Vorgehensweise bei der Erstellung eines Netzplanes**
   (1) Netzplan zeichnen mit Knoten, Verbindungspfeilen und Vorgangsdauer
   (2) Vorwärtsrechnung durchführen (d. h. früheste Termine im Projekt ermitteln)
   (3) FEZ des Gesamtprojektes = SEZ des Gesamtprojektes. Eintragen!
   (4) Rückwärtsrechnung durchführen (d. h. späteste Termine im Projekt ermitteln)
   (5) Gesamtpuffer berechnen und kritischen Pfad festlegen

Prüfungsaufgaben

Sommer 2006, Aufgabe 1

1 **Vergleich für 10 Stück**

	Cell Solar GmbH		**Sunny Solar OHG**		**Solar Balduin e. Kfm**	
	%	**€**	**%**	**€**	**%**	**€**
Listenpreis		2.200,00		1.980,00	Mindestabnahme 100 Stück	
- Rabatt	0	0,00	0	0,00		
= Zielkeinkaufspreis		2.200,00		1.980,00		
- Skonto	3	66,00	0	0,00		
= Bareinkaufspreis		2.134,00		1.980,00		
+ Bezugskosten		42,00		140,00		
= Einstandspreis		2.176,00		2.120,00		
= Einstandspreis/Stück		217,60		**212,00**		

Vergleich für 100 Stück

	Cell Solar GmbH		**Sunny Solar OHG**		**Solar Balduin e. Kfm**	
	%	**€**	**%**	**€**	**%**	**€**
Listenpreis		22.000,00		19.800,00		21.000,00
- Rabatt	0	0,00	0	0,00	5	1.050,00
= Zielkeinkaufspreis		22.000,00		19.800,00		19.950,00
- Skonto	3	660,00	0	0,00	2	399,00
= Bareinkaufspreis		21.340,00		19.800,00		19.551,00
+ Bezugskosten		420,00		140,00		0,00
= Einstandspreis		21.760,00		19.940,00		19.551,00
= Einstandspreis/Stück		217,60		199,40		**195,51**

2 10 Stück: Angebot 2
100 Stück: Angebot 3

3 Z. B.: Innovationsfähigkeit, Kundendienst, Liefererzuverlässigkeit, Qualität, Umweltverträglichkeit, Zusicherung der Entsorgung
Begründung schülerabhängig. Z. B. Produkt ist technisch komplex, es unterliegt einer hohen Innovationsgeschwindigkeit usw.

4.1 Ausgleich für Unregelmäßigkeiten auf Seiten

- der Beschaffung (Lieferungsverzögerungen),
- der eigenen Produktion (Maschinenstörung und damit Produktion von Ausschuss),
- des Absatzes (unerwartete Nachfrage)

4.2 Meldebestand = Sicherheitsbestand + Wiederbeschaffungszeit x Tagesverbrauch
= 50 Stück + 14 Tage x 10 Stück je Tag
= **190 Stück**

4.3 Annahme: 3 Wochen = 15 Arbeitstage (nur an Arbeitstagen erfolgt ein Verbrauch)
Meldebestand = 50 Stück + 15 Tage x 10 Stück je Tag = **200 Stück**

Winter 2007/08, Aufgabe 1

1.1

Rabatt	Preisnachlass, der aus unterschiedlichen Gründen gewährt werden kann, z. B. für Menge, Treue, Wiederverkäufer
Skonto	Preisnachlass für Barzahlung innerhalb einer bestimmten Frist
Bonus	Nachträglich gewährter Rabatt. i. d. Regel für die Erreichung einer bestimmten Umsatzsumme in einer Periode

1.2

frei Bahnhof dort frachtfrei	Verkäufer trägt die Kosten bis zum Bestimmungsbahnhof, Käufer trägt die Kosten für die Entladung und die Zufuhr
unfrei	Verkäufer trägt die Kosten bis zum Versandbahnhof, Käufer trägt die Kosten für Verladung, Fracht, Entladung und Zufuhr
frei Haus	Verkäufer trägt alle Kosten

1.3

Acer Computer GmbH, Aspire 3103 WLMi	☒ entspricht den Erfordernissen ☐ entspricht **nicht** den Erfordernissen
Acer Computer GmbH, Aspire 3628 AWXMi	☐ entspricht den Erfordernissen ☒ entspricht **nicht** den Erfordernissen
Hewlett Packard GmbH	☒ entspricht den Erfordernissen ☐ entspricht **nicht** den Erfordernissen
Fujitsu Siemens Computers GmbH	☒ entspricht den Erfordernissen ☐ entspricht **nicht** den Erfordernissen
MSI Technology GmbH	☐ entspricht den Erfordernissen ☒ entspricht **nicht** den Erfordernissen

1.4

	Acer Aspire 3103 WLMi		**HP Compaq**		**Fujitsu Siemens**	
Listeneinkaufspreis		9.087,00 EUR		8.437,00 EUR		9.087,00 EUR
- Rabatt	30	2.726,10 EUR	20	1.687,40 EUR	0	0,00 EUR
= Zieleinkaufspreis		6.360,90 EUR		6.749,60 EUR		9.087,00 EUR
- Skonto	2	127,22 EUR	2,5	168,74 EUR	0	0,00 EUR
= Bareinkaufspreis		6.233,68 EUR		6.580,86 EUR		9.087,00 EUR
+ Transport		286,00 EUR		377,00 EUR		130,00 EUR
= Einstandspreis		6.519,68 EUR		6.957,86 EUR		9.217,00 EUR

1.5 Qualität, Lieferzuverlässigkeit, Marktanteil, Testergebnisse, Vor-Ort-Service

Sommer 2009, Aufgabe 1

1.1 Durchschn. LB = (Anfangsbestand + 12 Monatsendbestände) / 13

= (900 + 500 + 1.005 + 425 + 845 + 692 + 217 + 217 + 217 + 757 + 334 + 644 + 1.364) / 13

= 8.117 / 13

= 624,38 = 625 Stück

Umschlagshäuf. = Summe Lagerabgänge / durchschn. Lagerbestand

= 3.446 / 625 = 5,51

1.2 Durchschn. LD = 360 / UH = 360 / 5,51 = 65,34 = 66 Tage

1.3 Durchschnittlicher Lagerwert = 625 x 2,95 € = 1.843,75 €
Zins für gebundenes Kapital = 1.843,75 x 4,5 / 100 = 82,97 €

2.1 Mögliche Grunde für die Einholung eines Angebotes:
- Aktualisierung der Einkaufsunterlagen
- Unabhängigkeit von **einem** Lieferanten
- Bisheriger Lieferant scheidet aus (schlechte Qualität, liefert dieses Produkt nicht mehr).
- Aufbau einer stärkeren Verhandlungsposition gegenüber dem bisherigen Lieferer

2.2

Kriterium	Gewichtung	**Organon AG**		**Colmar GmbH**	
		Bewertung	Punkte	Bewertung	Punkte
Preis	40	3	120	4	160
Qualität	30	6	180	4	120
Lieferzeit	10	6	60	4	40
Zuverlässigkeit	10	6	60	3	30
Kulanz	5	6	30	6	30
Service	5	4	20	6	30
Summen	100		470		410

Aufgrund der höheren Punktezahl sollte die Organon AG den Zuschlag erhalten.

Winter 2009/10, Aufgabe 1

1.1

	Inselfertigung	**Fließfertigung**
Anordnung der Betriebsmittel und Arbeitsplätze	• (teil)autonome Gruppenarbeit • räumliche Konzentration aller Betriebsmittel zur vollständigen Herstellung ähnlicher Werkstücke	• Anordnung der Betriebsmittel nach dem Flussprinzip gemäß Arbeitsgangfolge des Herstellungsablaufes • aufwändiges, relativ starres Transportsystem
Qualifizierung der Mitarbeiter	• hohes Maß an Qualifikation erforderlich • weitgehende Selbstverantwortung	• hohes Maß an Spezialisierung von Mensch und Maschine • Tendenz zu angelernten und ungelernten Arbeitskräften
Flexibilität	• sehr flexibel	• wenig flexibel

1.2

	Inselfertigung	**Fließfertigung**
Vorteile	• Hohes Maß an Arbeitszufriedenheit, da die Mitarbeiter auch planerische, organisatorische und kontrollierende Tätigkeiten übernehmen • Einsparung von Transportzeiten aufgrund der räumlichen Konzentration • flexible Anpassung an geänderte Produktionsanforderungen	• keine Zwischenlager • kurze Durchlaufzeiten • geringeres Lohnniveau

1.3.1 siehe nächste Seite

1.3.2 Auf den errechneten Endtermin hat dies keine Auswirkungen, da der Gesamtpuffer von Vorgang „Einrichten der Schulungsräume“ 7 Wochen beträgt.

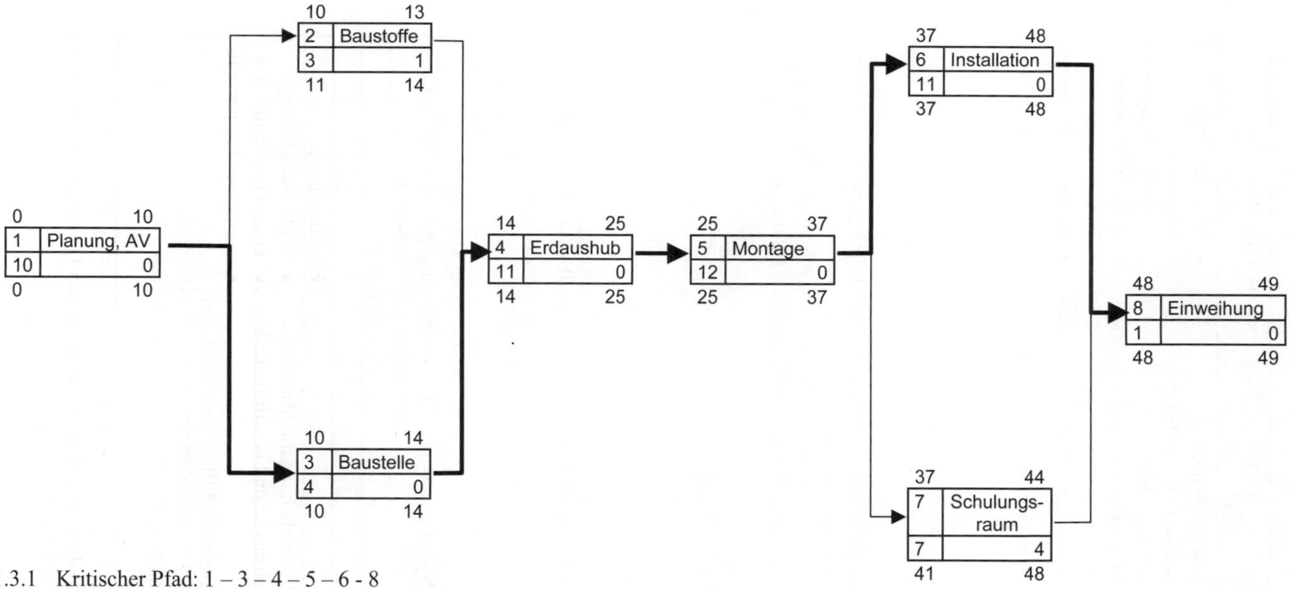

1.3.1 Kritischer Pfad: 1 – 3 – 4 – 5 – 6 - 8

Sommer 2010, Aufgabe 2

2.1

Unternehmensinterne Quellen	Unternehmensexterne Quellen	
• Informationen von Einkäufern • Lieferantendateien • (-karteien) • Erfahrungsaustausch mit Kollegen	• Fachzeitschriften • Inserate in der Fachpresse • Firmenangebote • Marktübersichten von Verbänden • Kataloge, Firmenprospekte • Berufs- und Branchenverzeichnis („*Gelbe Seiten*“)	• Messekataloge • Messe- und Lieferantenbesuche • Handelsmissionen • IHK • Internetrecherche

2.2 Verpackung beschädigt?
Ist die Sendung für unser Unternehmen bestimmt (Lieferschein)?
Sachliche Übereinstimmung (Art und Anzahl) von bestellter mit gelieferter Ware (Lieferschein, Kopie der Bestellung)?

2.3 **Rechtliche Begründung:** Unverzügliche Prüf- und Rügepflicht ist für Kaufleute gesetzlich vorgeschrieben zur Wahrung der Rechtsansprüche.
Wirtschaftliche Begründung: Schlechte Qualität des Zulieferers fällt auf den Ruf des eigenen Unternehmens zurück, da die Kunden das Produkt nur als Ganzes wahrnehmen.

2.4.1

Artikel Nr.	**N1**	**N2**	**N3**	**N4**	**N5**	**N6**	**N7**
Quartalsbedarf (Stück)	850	63	500	150	1.100	750	275
Bezugspreis in EUR	79,00	30,00	26,00	350,00	9,20	23,00	10,20
Beschaffungswert in EUR	67.150	1.890	13.000	52.500	10.120	17.250	2.805
Rang	1	7	4	2	5	3	6

Tabelle 2, nach Rang

Artikel Nr.	**N1**	**N4**	**N6**	**N3**	**N5**	**N7**	**N2**
Beschaffungswert in EUR	67.150	52.500	17.250	13.000	10.120	2.805	1.890
Rang	1	2	3	4	5	6	7
%-Anteil, Wert	40,8	31,9	10,5	7,9	6,1	1,7	1,1
%-Anteil, kumul.	40,8	72,7	83,2	91,1	97,2	98,9	100
ABC-Einteilung	A	A	B	B	B	C	C

2.4.2
- erhöht Transparenz der Materialwirtschaft
- vermeidet Arbeitsaufwand bei Objekten untergeordneter Bedeutung (C-Teile)
- konzentriert die Aktivitäten auf wirtschaftlich bedeutende Objekte (A-Teile), z. B. durch deren
  - exakte Vergleichsrechnung, ob Eigenproduktion oder Fremdbezug günstiger
  - möglichst geringe Lagerbestände
  - bedarfsgesteuerte Disposition
  - konstruktionstechnische oder materialtechnische Änderungen

– strategische Absicherung durch langfristige Lieferverträge
– fertigungssynchrone Anlieferung (just in time)

2.5.1 Marktstärke, Garantie, räumliche Nähe, Gegengeschäfte, Termintreue, Kulanz, DV-Durchdringung

2.5.2 Schülerindividuelle Lösung

Kapitel 3: Übergreifende Funktionen in der Unternehmung

3.1 Maßnahmen in der Personalbeschaffung und -einstellung

1.
- **Quantitative** Personalbedarfsplanung
- **Qualitative** Personalbedarfsplanung
- Planung des **Zeitpunktes** für den Personalbedarf
- Planung des **Einsatzortes**

2. **Quantitative Personalplanung**
Ermittelt die Anzahl der künftigen Mitarbeiter nach Alter und Geschlecht, die zur Bewältigung des Arbeitspensums während einer bestimmten Periode benötigt werden.

Qualitative Personalplanung
Ermittlung des künftigen Personalbedarfes im Hinblick auf dessen
- fachliche (geistiges und körperliches Können, Berufserfahrung)
- methodische (Beherrschung von Abläufen, Entscheidungstechniken usw.) und
- soziale Kompetenzen (Fähigkeit zur Führung und Motivation der Mitarbeiter, Teamarbeit)

3.

	Soll-Personalbestand (= Summe des künftigen Einsatz- und Reservebedarfes)
-	Ist-Personalbestand lt. Stellenbesetzungsplan
=	Netto-Personalbedarf (Neubedarf)

4. Der quantitative Personalbedarf hängt ab von:

- produzierter und verkaufter Menge (je mehr, desto größer der Personalbedarf)
- technischer Ausstattung (je höher, desto geringer der Bedarf)
- Fertigungsprogramm (geringes Maß an Variantenvielfalt und Differenzierung erlaubt hohen Automatisierungsgrad und damit geringeren Personalbedarf)
- Qualität der Aufbau- und Ablauforganisation (je besser die Organisation der Abläufe, desto geringer die Reibungsverluste, Doppelarbeiten usw. und damit geringerer Personalbedarf)
- allgemeine wirtschaftliche und politische Entwicklung (optimistische/pessimistische Zukunftseinschätzungen, Verbesserung/Verschlechterung des Standortes auf Grund gesetzlicher oder tariflicher Rahmenbedingungen wie z. B. Ladenöffnungszeiten, Lohnnebenkosten usw.)

5. Hierzu gehören:

- Beobachtung und Analyse des Arbeitsmarktes (= Personalmarketing)
- Personalbewerbung
- Personalauswahl
- Einstellung

6. a) Möglichkeiten der **unternehmensinternen** Personalbeschaffung
   - Beförderung oder Versetzung von Mitarbeitern
   - Mehrarbeit

   b) Möglichkeiten der **unternehmensexternen** Personalbeschaffung
   - Einstellung neuer Mitarbeiter
   - Personalleasing

7.

Vorteile	**Nachteile**
• Motivationssteigerung, da Aufstiegsperspektiven • Qualifikation bekannt, daher geringeres Risiko der Fehlbesetzung • kürzere Einarbeitungszeit • geringere Kosten der Personalbeschaffung	• „Seilschaften“ verhindern u. U. unliebsame aber notwendige Entscheidungen. • Betriebsblindheit • Mehrkosten durch Stellenbesetzung im Nachrückverfahren • Karriereneid von Kollegen

8.
- Vermittlung durch Arbeitsämter/ private Stellenvermittler
- Schule („Schnupperlehre“)
- Stellenanzeigen
- Werbung durch zufriedene Mitarbeiter
- spezielle Vermittler (Headhunter)
- „Blindbewerbungen“

9. **Instanzenbild = Einordnung in Aufbauorganisation**
- Tätigkeitsbezeichnung
- Sachgebiet
- Überordnung
- Unterordnung
- Befugnisse

Aufgabenbild = Beschreibung der Arbeit
- Arbeitsplatz
- Arbeitsmittel, -unterlagen, Vorschriften
- Beschreibung der regelmäßigen und gelegentlichen Tätigkeiten

Leistungsbild = Anforderungen an Stelleninhaber
- Beschreibung des Bewerberprofils, welches die Stelle vom Mitarbeiter verlangt, z. B. Kontaktfähigkeit, Verhandlungsstärke, Durchsetzungsfähigkeit, Führungsqualitäten, Fremdsprachen usw.

10. Er informiert pro Abteilung über
- die Anzahl der Stellen
- die Bezeichnung der Stellen
- die Lohn- und Gehaltsstufen
- die Kompetenzen einer Stelle

11. Die Personalauswahl umfasst folgende Teilschritte:
- Sammlung und Auswertung von Bewerbungsunterlagen
- Durchführung und Auswertung von Eignungstests
- Bewerbungsgespräch
- Entscheidung für einen bestimmten Mitarbeiter

12. Zu einer Bewerbung gehören
- Bewerbungsschreiben
- Lebenslauf mit Lichtbild
- Kopien der Schul- und Betriebszeugnisse
- Referenzen (z. B. bei Führungskräften)
- bei Bedarf ärztliche Untersuchung (z. B. auf Grund der Sicherheitsregeln für Bildschirmarbeitsplätze)

13. Sie dienen einer Vereinheitlichung der Bewerberunterlagen und unterstützen damit einen gerechten Bewerbervergleich.

14. **Bewerbungsunterlagen** geben einen ersten Eindruck über die einzustellende Person, über ihre Grundhaltung (Gewissenhaftigkeit, Sauberkeit), Systematik in der Planung der beruflichen Laufbahn, berufliches Engagement, Interesse an der Stelle.

Eignungstests erlauben Aussagen über die Intelligenz, die Allgemeinbildung, das Fachwissen, die Konzentration, Ausdauer und Persönlichkeit des Bewerbers.

15. **Das Bewerbungsgespräch**
    - verschafft dem **Arbeitgeber** einen Eindruck über die Person des Bewerbers, seine Sprache, Haltung, berufliche Interessen, Fertigkeiten, Fähigkeiten, Fachkenntnisse, bisherige berufliche Entwicklung, Motive für die Bewerbung zu dieser Stelle, wahrgenommene Fortbildungsmöglichkeiten, beruflichen Ziele und Wünsche, außerberufliche Interessen, persönliche Lage (heikel!).
    - informiert den **Bewerber** über den Arbeitsplatz, die an ihn gestellten Anforderungen, die Arbeitsbedingungen, die Entlohnung usw. Wem ist er direkt unterstellt, wer ist ihm unterstellt? Anzahl der Arbeitskollegen, personales Spannungsfeld, Umgangsstil, konkrete Entwicklungsmöglichkeiten.

16. Inhalte eines **Anstellungsvertrages:**
    - Grundbezahlung, ggf. Erfolgsbeteiligung
    - Dauer des Arbeitsverhältnisses
    - Arbeitszeit
    - Urlaub
    - Kündigungsfrist
    - Pensionsplan
    - evtl. sonstige Vergünstigungen (Auto, Wohnung)

3.2 Aufgaben der Personalverwaltung

1. Aufgaben der Personalverwaltung = Erledigung aller Routineaufgaben, welche durch die Beschäftigung von Mitarbeitern entstehen. Hierzu gehören:
    - das Führen der Personalakten
    - die Erfassung, Verarbeitung und Pflege der Personaldaten
    - die Erstellung und Auswertung der Personalstatistik

2. a) Personalakten = Sammlung der Unterlagen über einen Mitarbeiter
   b) Bewerbungsunterlagen, Zeugnisse, Beurteilungen, Arbeitsvertrag, Nachweis von Fortbildungsmaßnahmen usw.

3. **Operative Aufgaben** (am Beispiel der Entlohnung)
    - Ermittlung der Bruttolöhne und -gehälter, -provisionen und Ausbildungsbeihilfen auf der Basis von Leistungsnachweisen (Stückzahlen, Minuten), Anwesenheitszeiten, Umsätzen
    - Berechnung von Zeitrückständen und -überhängen bei Gleitzeitregelungen
    - Ermittlung der Lohn- und Kirchensteuer, der Sozialabgaben, vermögenswirksamer Leistungen und der Nettolöhne

   Meldungen, z. B.
    - Benachrichtigung der Mitarbeiter über Lohn- und Gehaltsänderungen
    - Bescheinigungen über Jahreseinkommen usw. für Finanzamt
    - Meldungen an IHK über Ausbildungsverhältnisse
    - Aufforderungen an Vorgesetzte zur Mitarbeiterbeurteilung
    - Aufforderungen an Mitarbeiter zum Besuch von Fortbildungsveranstaltungen im Rahmen einer systematischen Weiterbildung

4. a) Automatische Verarbeitung personenbezogener Daten in Unternehmen mit ständig mindestens 5 Mitarbeitern

   b) Er
   - führt ein Verzeichnis der personenbezogenen Dateien, deren Zweck und Empfänger
   - überwacht die ordnungsgemäße Anwendung der Programme
   - schult das Personal, das mit der Verarbeitung personenbezogener Daten betraut ist, bezüglich der Vorschriften des BDSG.
   - wirkt mit bei der Auswahl jener Mitarbeiter, die in der Verarbeitung dieser Daten tätig sind.

5.
   1. **Benachrichtigungsrecht,**
      falls Daten erstmals zur Person des Betroffenen gespeichert werden
   2. **Auskunftsrecht**
      Der Betroffene kann immer Auskunft über die zu seiner Person gespeicherten Daten verlangen, auch darüber, an wen seine Daten regelmäßig übermittelt werden.
   3. **Berichtigungsrecht**
      Sind sie unrichtig, kann er deren Berichtigung verlangen.
   4. **Recht auf Sperrung,**
      - wenn sie vom Betroffenen bestritten werden und sich weder die Richtigkeit noch deren Unrichtigkeit feststellen lässt.
      - wenn ihre Kenntnis nicht mehr erforderlich ist.
   5. **Löschungsrecht**
      - **Können gelöscht werden**, wenn ihre Kenntnis nicht mehr erforderlich ist.
      - **Sind zu löschen**, wenn
        - ihre Speicherung unzulässig war.
        - die Richtigkeit von Daten über gesundheitliche Verhältnisse, strafbare Handlungen, Ordnungswidrigkeiten ... nicht bewiesen werden kann.

6.
   - Personalstruktur (weiblich/männlich, Arbeiter/Angestellte, ungelernt/angelernt/gelernt usw.)
   - betriebliche Alterspyramide als eine der Grundlagen für die Personalbedarfsplanung
   - Personalbestand gegliedert nach Abteilungen
   - Dauer der Betriebszugehörigkeit
   - Fort- und Weiterbildungen
   - Personalbewegungen
   - Betriebsunfälle
   - Krankenstände

3.3 Grundlagen der Mitarbeiter- und Unternehmensführung

1. Siehe Stofftelegramm

2. a) Stabliniensystem
   b) Teamorganisation
   c) Einliniensystem
   d) Mehrliniensystem
   e) Matrixorganisation

3. Siehe Stofftelegramm

4. a) **Formelle Kommunikation** = bewusst gewollte und geplante Kommunikationsbeziehungen der Aufbau- und Ablauforganisation
   Informelle Kommunikation = Kommunikationsbeziehungen innerhalb des Unternehmens, die sich ergeben aufgrund nachbarschaftlicher Beziehungen, Freundschaften, gleicher Vereinszugehörigkeit usw.

b) **Vorteile der informellen Kommunikation**
   (1) Befriedigung sozialer Bedürfnisse (Gruppenzugehörigkeit, Anerkennung)
   (2) Positive informelle Beziehungen stärken das „Wir"-Gefühl und fördern die gegenseitige Hilfsbereitschaft, z.B. in Engpasssituationen.
   (3) Arbeitsleistung harmonisierender Gruppen ist besser, da rascherer Informationsfluss, „Mitdenken" im Aufgabenfeld des anderen.

   Nachteile der informellen Kommunikation
   (1) Formale Informationswege werden umgangen.
   (2) Pflege der informellen Beziehungen kostet produktive Arbeitszeit.
   (3) Disharmonien senken die Arbeitsleistung, da die Energie der Mitarbeiter vergeudet wird in Konflikten und deren Lösung.
   (4) Vorenthalten von Informationen, „Auflaufen lassen" von Mitarbeitern

5. Siehe Stofftelegramm
6. Siehe Stofftelegramm

3.4 Die Bedeutung der Umwelt- und Gesundheitsfaktoren für die Leistungsfähigkeit

1. **Leistungsfähigkeit**
   (Was einer kann.)
   Sie hängt ab von
   – Alter, Geschlecht, Gesundheitszustand
   – Kenntnisse, Fertigkeiten
   – geistige/ körperliche Gewandtheit
   – Tagesform

   Leistungsbereitschaft
   (Was einer will.)
   Sie hängt ab von
   – Motivation
   – Aufstiegschancen
   – persönliche Entfaltungsmöglichkeit
   – Über-/ Unterforderung

2. **Innere Arbeitsbedingungen:** Bedingungen, die in der Person des Mitarbeiters begründet sind
   Äußere Arbeitsbedingungen: Bedingungen, die sich aus dem Arbeitsumfeld ergeben

3. **Arbeitsform**
   – Überwiegt geistige oder körperliche Arbeit?
   – Welchen Belastungen (geistig/körperlich) ist die Arbeitskraft ausgesetzt?
   – Unter welchen äußeren Arbeitsbedingungen (Lärm, Schmutz, Nässe) muss die Arbeit verrichtet werden?

   Gestaltung des Arbeitsplatzes
   – Abwechslung in der Körperhaltung
   – ergonomische Gestaltung der Werkzeuge, Arbeitsgeräte, deren Lage zueinander, Greifraum...
   – Beleuchtung, Maßnahmen zur Lärmminderung
   – Sauberkeit und Ordnung zur Verringerung der Unfallgefahr

   Arbeitszeitregelung
   – Beginn, Dauer, Ende, Regelmäßigkeit der täglichen Arbeitszeit
   – Lage und Dauer der Pausen
   – gleitende Arbeitszeit

   Umweltfaktoren
   – Luft, Licht, Akustik, Farbe, Raumgestaltung

4. Wissenschaft, die sich mit der menschengerechten Gestaltung des Arbeitsumfeldes beschäftigt. Ziel ist es demnach, die Arbeitsabläufe und Arbeitsmittel an die von der Natur vorgegebenen Eigenschaften des Menschen anzupassen.

5.
- **technische Auslegung des Arbeitsplatzes**, Arbeitshöhe, Sitzhöhe, Greifraum usw.
- **physiologische Verbesserungen** durch Maßnahmen zur Verringerung der Muskelbelastung, der Umgebungseinflüsse, Beleuchtung, Klima, Lärm
- Schaffung einer **psychologisch angenehmen Atmosphäre** durch farbliche Gestaltung, Musik, Pflanzen

6. Luft, Licht und Akustik (Lärmpegel) gehören zu den physiologischen Umweltfaktoren, d. h. sie wirken sich auf das körperliche Wohlbefinden aus.

Luft:	„Verbrauchte" Luft hat geringeren Sauerstoffanteil. Folge: Müdigkeit, Konzentrationsschwäche, „Atemnot"
Licht:	Gutes Licht verbessert Schärfe-Anpassung des Auges an Entfernungen und erhöht Kontrastschärfe. Geringere Ermüdung, bessere Konzentration.
Akustik:	Zu hoher Lärmpegel behindert Kommunikation (ständige Rückfragen), führt zu Nervosität und Gereiztheit.
Farbe:	gehört zu den psychologischen Umweltfaktoren, berührt daher das seelische Wohlbefinden. Signalwirkung bestimmter Farben: Kalte Farben (grün, blau) = beruhigend, dämpfend; warme Farben (rot, orange, gelb) = anregend.
Raumgestaltung:	• Verbesserung des Raumklimas • zeitliche und räumliche Verkürzung der Kommunikationswege • Förderung der informalen Beziehungen

7.
- Gewerbeordnung
- Arbeitsstättenverordnung
- Unfallverhütungsvorschriften der Berufsgenossenschaften
- Sicherheitsregeln für Büroarbeitsplätze
- Sicherheitsregeln für Bildschirmarbeitsplätze

8. Die Sicherheitsregeln für Bildschirmarbeitsplätze enthalten Regelungen über folgende Arbeitsmittel:

Arbeitsstuhl
- Rückenlehne (ca. 50 cm über Sitzhöhe), horizontal und in der Höhe verstellbar
- gepolsterte Sitzfläche, atmungsaktiv, rutschfest, vorn abgerundet
- verstellbare Sitzhöhe (zwischen 40 und 54 cm)
- selbstarretierende Rollen

Tastatur
- vom Bildschirmgerät getrennt aufstellbar
- ausreichend Platz zur Auflage der Handballen vor der Tastatur
- Neigungswinkel $< 15^0$
- ausreichender Tastenabstand

Bildschirm
- flimmerfrei durch Bildwiederholfrequenz von mind. 70 Hz.
- Höhe der Großbuchstaben mindestens 2,6 mm
- strahlungsarmer Bildschirm, entspiegelte Bildschirmoberfläche
- Bevorzugung von dunkler Schrift auf hellem Grund

- Auflösung größer als 640 x 480 Pixel (= Bildpunkte)
- optimaler Augenabstand = 70 cm.

Bildschirm-Arbeitstische
- Tischflächen müssen eine flexible Anordnung der Arbeitsmittel zulassen.
- nicht glänzende Oberfläche
- Höhe = 72 cm bei nicht höhenverstellbaren Arbeitstischen

9.
- gilt in allen Bereichen (auch öffentlicher Dienst)
- Anwendungszwang, d. h. die EU-Länder müssen sie in nationale Gesetze und Verordnungen umsetzen.
- Hard- und Software werden in die Arbeitsumgebung einbezogen.
- gültig für Arbeitnehmer, die für einen nicht unwesentlichen Teil ihrer Arbeit ein Bildschirmgerät benutzen
- Pflicht zur Durchführung von Arbeitsplatzanalysen
- umfassende Unterweisung der Arbeitnehmer über alle gesundheits- und sicherheitsrelevanten Fragen und Maßnahmen
- regelmäßige Unterbrechung der Bildschirmarbeit durch Pausen und andere Tätigkeiten
- Recht auf qualifizierte Augenuntersuchung

10.
- körperliche und seelische Ausgeglichenheit der Mitarbeiter
- harmonisches Arbeitsumfeld und Betriebsklima
- positive Einstellung der Mitarbeiter zum Arbeitsplatz und zum Unternehmen
- weniger Fluktuation und Fehlzeiten
- leichtere Identifikation der Mitarbeiter mit den Zielen des Unternehmens
- leistungsfördernde Motivation der Mitarbeiter

3.5 Tätigkeiten am Arbeitsplatz

1. **Verbesserung der Effektivität:**
- ABC-Analyse der Tätigkeiten
- Prioritäten setzen

Verbesserung der Effizienz:
- systematische Zeitplanung
- Nutzung moderner Kommunikationstechniken
- Delegation von Aufgaben
- Verbesserung des Informationsflusses

2. Beschreibung
- der Arbeitsaufgaben
- der Arbeitsabläufe
- der Arbeitsumstände (räumliche Verhältnisse, Beleuchtung...)
- der verwendeten Arbeitsmittel (Geräte, Maschinen)
- der Arbeitsunterlagen (Zeichnungen, Muster ...)

3.
- Bestandteil einer Stellenbeschreibung
- Basis zur Formulierung einer Stellenausschreibung
- Grundlage für gerechte Arbeitsbewertung und für Beurteilungen

3.6 Verfahren der Arbeitsbewertung

1.
- Anforderungen des Arbeitsplatzes (objektive Faktoren)
- Leistung der Arbeitskraft (subjektive Faktoren)
- soziale Aspekte

2. Zum Teil vom Arbeitgeber, in hohem Maß jedoch vom Staat, z. B. durch Steuerklasse, Freibeträge, Abzugsfähigkeit der Sonderausgaben und außergewöhnlichen Belastungen, Kindergeld.

3. a) **Summarische Verfahren:** Der Arbeitsplatz als Ganzes wird mit katalogisierten Richtbeispielen verglichen. Bei Übereinstimmung ist Zugehörigkeit zu einer Lohngruppe festgelegt.

Analytische Verfahren: Arbeitsplatz wird anhand mehrerer Anforderungsmerkmale (Hauptgruppen = Können, Belastung, Verantwortung, Umgebungseinflüsse) getrennt bewertet. Summe der berechneten Teilarbeitswerte (TAW = Rangstufe * Wichtefaktor) = Gesamtarbeitswert, welcher wieder die Lohngruppe bestimmt.

b)

	Analytisches Verfahren	**Summarisches Verfahren**
Vorteile	• Bewertung für beide Teile durchschaubar und damit nachvollziehbar • exaktere und gerechtere Bewertung wird möglich. • geeignet, den sozialen Frieden zu sichern	• einfaches Verfahren • Richtbeispiele erleichtern Einordnung
Nachteile	• geringer Bewertungsspielraum zur Einordnung	• zu global • subjektive Einflüsse in Bewertung möglich • keine Berücksichtigung ausgeprägter Einzelmerkmale

3.7 Maßnahmen zur Personalbeurteilung

1. Personalbeurteilung ist Voraussetzung für:
- Planung des Arbeitseinsatzes
- Auswahl von Mitarbeitern bei Beförderungen, Versetzungen
- gerechte Entlohnung/ Vergütung
- Steuerung der beruflichen Weiterbildung
- Perspektivplanung von Nachwuchskräften

2.
- **Summarische Beurteilung:**
  Der Mitarbeiter wird im ganzen beurteilt, in der Regel in freier Formulierung.

- **Analytische Beurteilung:**
  Der Beurteilende ist gezwungen, sich zu bestimmten, vorgegebenen Beurteilungskriterien zu äußern, indem er vorgegebene Kriterien in Ziffern benotet, ankreuzt oder frei formulierte Antworten gibt.

3.
- Beurteilung ist für beide Parteien eher nachvollziehbar.
- objektiver
- Beitrag zur Sicherung des sozialen Friedens

- Zwang zu tieferem Nachdenken, da zu ganz bestimmten Kriterien ausdrücklich Stellung bezogen werden muss
- bessere Vergleichbarkeit von verschiedenen Beurteilungen

4. (1) Vorgegebene Beurteilungskriterien (Leistung, Können...) sind von vornherein mit bestimmten Wichtefaktoren entsprechend ihrer Bedeutung bewertet.
   (2) Für die Einzelbeurteilung werden Beurteilungskennziffern vergeben, je nachdem, in welchem Maße die zu beurteilende Person dieses Beurteilungskriterium erfüllt.
   (3) Produkt aus Beurteilungskennziffer und Wichtefaktor berechnen
   (4) Summe aus diesen Produkten ermitteln
   (5) Leistungskennziffer = Produktsumme / Summe der Wichtefaktoren

5.
   - Person des Beurteilenden ist
     – zu streng – zu nachsichtig – zu vorsichtig.
   - Vorurteile des Beurteilenden gegenüber dem Beurteilten (wegen Ähnlichkeit mit anderen Personen, Kleidung, Aussehen)
   - Halo-Effekt, d. h. ein isoliertes Merkmal erhält Überbetonung und prägt entscheidend das Gesamturteil.
   - Mitarbeiter höherer Lohngruppen werden tendenziell wohlwollender beurteilt als Mitarbeiter unterer Lohngruppen.

6. Das Mitbestimmungsrecht liegt nicht im Zustimmungsrecht, ob überhaupt Beurteilungsgrundsätze eingeführt werden, sondern darin
   - mit welchem **Verfahren**
   - mit welchen **Kriterien** und
   - mit welcher **Gewichtung**

   die Beurteilungen durchgeführt werden.

7.
   - Einheitlichkeit der Beurteilungen in ihrem Aufbau
   - einfache Durchführung und
   - Vergleichbarkeit der Ergebnisse

8.
   - **Einfaches Zeugnis:**
     – enthält Angaben über Art und Dauer der Beschäftigung
   - **Qualifiziertes Zeugnis:**
     – enthält zusätzlich Angaben über Führung und Leistung

9.
   - **Zeugniswahrheit und Klarheit:**
     – Aussagen müssen objektiv sein.
     – Berechtigte Aussagen günstiger und ungünstiger Art sollen enthalten sein.
     – Einmalige Ereignisse günstiger/ungünstiger Art sind nicht typisch und daher nicht aufzunehmen.

   - **Wahrung der Interessen Dritter**:
     – Künftiger Arbeitnehmer muss über wahre Begebenheiten informiert werden, sofern sie für ihn von Bedeutung sind.

   - **Wahrung der Interessen des Mitarbeiters:**
     – Berufliches und wirtschaftliches Fortkommen des Mitarbeiters darf nicht unnötig behindert werden.
     – Zeugnisse sollen objektiv, jedoch wohlwollend verfasst sein.

10. Die Bedeutung des Arbeitszeugnisses wächst, insbesondere in Zeiten hoher Arbeitslosigkeit. Einerseits müssen Zeugnisse wahr sein. Unwahre Zeugnisse können zur Haftung und damit zu Schadenersatzpflichten des Zeugnisausstellers führen. Andererseits muss es laut Entscheidungen des Bundesarbeitsgerichts und des Bundesgerichtshofes von verständigem Wohlwollen getragen sein und darf das weitere Fortkommen des Arbeitnehmers nicht unnötig erschweren. Dies schafft eine Konfliktsituation. Die Verwendung eines Zeugniscodes erweist sich als Lösung. Hinter augenscheinlich positiven Formulierungen verbirgt sich eine fein abgestufte Notenskala, beginnend mit *„**stets** zu unserer **vollsten** Zufriedenheit“* = 1 bis *„... **bemühte** sich, ...“* = 6.

11. a) Personalentwicklung = alle Maßnahmen zur Förderung der beruflichen Qualifikation der Mitarbeiter

b)

Hierzu gehören	
• die Ausbildung (= Erstausbildung in einem Beruf) • die Fortbildung (= Erhaltung und Erweiterung beruflicher Kenntnisse und Fertigkeiten)	• die Weiterbildung (= Erwerb zusätzlicher Qualifikationen) • Lernen am Arbeitsplatz (learning by doing)

12.

Erwartungshaltungen der ...		
Unternehmensleitung	**Mitarbeiter**	**Gesellschaft**
• Sicherung des Bestandes an Fach- und Führungskräften • Anpassung der Mitarbeiterqualifikation an veränderte Marktanforderungen • Gewinnung von Nachwuchskräften • Unabhängigkeit vom Arbeitsmarkt • Erhöhung der Arbeitszufriedenheit im Unternehmen auf Grund der verbesserten Chance zur Selbstverwirklichung der Mitarbeiter	• Anpassung der persönlichen Qualifikation an Anforderungen des Arbeitsplatzes • Grundlage für berufliche Karriere • Verbesserung der beruflichen Mobilität • Sicherung des Arbeitsplatzes und damit den Einkommens • Chance zur Selbstverwirklichung	• Abdeckung des Bildungsbedarfes, welcher nicht durch das staatliche Bildungswesen abgedeckt wird. • Steigerung des Humankapitals • Verbesserung des Standortes • Verringerung der Arbeitslosigkeit

13.

Möglichkeiten der Personalentwicklung	
unternehmensintern	**unternehmensextern**
• Training-on-the-job (am Arbeitsplatz) • eigene (Vorgesetzte/ Mitarbeiter) oder externe Referenten **Merkmal**: • exakt abgestimmt auf eigenes Unternehmen und auf die Bedürfnisse der Teilnehmer • kostenintensiv, insbesondere bei kleinen Gruppen oder bei Einzelförderung	• gewerbliche Veranstalter • Verbände • überbetriebliche Schulungszentren **Merkmal:** • Anwesenheit von Teilnehmern anderer Unternehmen unterstützt Erfahrungsaustausch • eher geeignet für generelle Themenstellungen

3.8 Aktuelle Entwicklungen für den Arbeitsplatz

1. **Belastungen**
   - Tendenz zu höheren Qualifikationsanforderungen der Stelleninhaber
   - ständiger Zwang zur Fort- und Weiterbildung
   - intensivere Belastung der Arbeitskraft, da der kreative, planerische Anteil der Arbeit im Verhältnis zur (entspannenderen) Routinearbeit zunimmt (Beispiel: CAD)
   - Verringerung der sozialen Kontakte, da die Informationen nicht mehr in Form von Hardware (Ordner usw.) transportiert werden müssen. Vielmehr verharrt der Mitarbeiter an seinem Platz und besorgt sich die Informationen über Datennetze.
   - neue Anforderungen an die Arbeitskraft: Kommunikations- und Darstellungsfähigkeit, Entscheidungsbereitschaft, abstraktes, problemlösendes und vernetztes Denken
   - Freisetzung von Arbeitskräften
   - Herausforderung an Politik, Tarifpartner, Gesellschaft, neue Modelle zur Verteilung der Arbeit und der Arbeitszeit zu finden

   Entlastungen
   - **Entlastung von monotonen Routinearbeiten**, z. B. Tippen von Mahnschreiben mit jeweils geringen inhaltlichen Unterschieden
   - **Unterstützung in komplexen Entscheidungsaufgaben** mit hohem Rechenaufwand, z. B. bei der Bestimmung der optimalen Losgröße unter Berücksichtigung mengenabhängiger Rabattstaffelungen und Beschaffungskosten
   - Integrierte Softwaresysteme (z. B. Microsoft Business Solutions) fördern die Schaffung von Arbeitsplätzen mit **höherer Eigenverantwortung** auf Grund eines höheren Planungs-, Handlungs-, Entscheidungs- und Kontrollspielraumes.
   - Durch Schaffung von Computer-Netzwerken und Einsatz neuer Kommunikationstechniken **verbessern sich die Qualität und die Geschwindigkeit, in der entscheidungswichtige Informationen zur Verfügung stehen**. Folglich verbessert sich auch Qualität der Entscheidungen und damit die Marktposition des Unternehmens gegenüber den Wettbewerbern.
   - Schaffung von Arbeitsplätzen, bei denen eine persönliche Anwesenheit des Mitarbeiters im Unternehmen nicht mehr erforderlich ist. Weniger Berufsverkehr, Verdienstmöglichkeiten für Mütter von Kleinkinder bei weitestgehend freier Zeiteinteilung (= „Telearbeit").
   - Ohne intensive Nutzung neuer Technologien wäre der international notwendige Standard an Produktqualität, Schnelligkeit, Flexibilität, Termintreue und Preiswürdigkeit nicht zu halten, die Betriebe und die Volkswirtschaft insgesamt auf Dauer nicht konkurrenzfähig.

2.
   - hoher Planungsaufwand
   - hohe Zahl an Transportvorgängen zwischen den spezialisierten Arbeitsplätzen
   - hoher Kontrollaufwand
   - einseitige körperliche Beanspruchung, damit größerer Erholungsbedarf, lange Fehlzeiten und hohe Fluktuationsrate
   - hohes Maß an Spezialisierung auf eng begrenzten Arbeitsumfang vermindert langfristig die Anpassungsfähigkeit und Umstellungsfähigkeit des Mitarbeiters (zum Nachteil des Mitarbeiters **und** des Unternehmens)
   - Da Arbeitskraft leicht ersetzbar ist, fürchtet diese um die Sicherheit seines Arbeitsplatzes.
   - Selbsteinschätzung der Arbeitskraft in Bezug auf seine Fähigkeiten und das Belastungsprofil des Arbeitsplatzes klaffen auseinander. Bedürfnisse der Selbstachtung und Anerkennung werden verletzt.
   - Gebundenheit an einen eng begrenzten Arbeitsplatz verhindern die Befriedigung sozialer Bedürfnisse.

3. **Job Rotation = Arbeitsplatzwechsel**
= geplanter, wechselseitiger Tausch der Arbeitsplätze. Ziel = Unterbrechung der Monotonie, die sich aus der ständigen Wiederholung gleichartiger Arbeitsabläufe ergibt. Der Wechsel erfolgt in der Regel innerhalb der gleichen Hierarchieebene.
Job Enlargement = Arbeitserweiterung
Mehrere bisher getrennte Teilarbeitsvorgänge mit jeweils kurzen Taktzeiten werden zu neuen, inhaltlich umfangreicheren Arbeiten zusammengefasst. Damit wird eine komplette Bearbeitungsstufe abgeschlossen. Für den Mitarbeiter entsteht ein überschaubares, abgerundetes Arbeitsfeld.
Job Enrichment = Arbeitsbereicherung
Sie geht noch einen Schritt weiter. Nicht nur operative Tätigkeiten werden zu einem reicheren Arbeitsfeld zusammengefasst. Das Arbeitsfeld wird noch um dispositive Inhalte (Planen, Führen, Kontrollieren) erweitert. Damit übernimmt der Mitarbeiter teilweise Aufgaben der vormals höheren Unternehmensebene.

4. **Vorteile**
- Reduzierung der einseitigen Belastung
- besserer Überblick der Arbeitskraft über den Gesamtablauf
- Verminderung der sozialen Isolation durch die Gebundenheit an einen eng begrenzten Arbeitsplatz
- Förderung der Flexibilität der Arbeitskraft und damit des Ausbildungsniveaus

Nachteile
- Risiko der Fehlleistung durch Wechsel in andere Arbeitsbereiche
- Erhöhung des planerischen und organisatorischen Aufwandes
- höhere Einarbeitungskosten und verstärkte Entwöhnungseffekte

5.a)
- Mitarbeiter übernimmt die ganzheitliche Bearbeitung von Vorgängen.
- Damit wird er unabhängiger von der (bei Arbeitsteilung notwendigen) Zusammenarbeit mit anderen.
- Die Gebundenheit an den Büroarbeitsplatz hinsichtlich Arbeitsort und Arbeitszeit kann zum Teil aufgegeben werden bis hin zu Telearbeit.

b)
- Maschinen und Anlagen können besser genutzt werden.
- steigende Produktivität
- Verkürzung der Amortisationszeit
- Produktionsspitzen und -flauten lassen sich besser ausgleichen.
- Kundenindividuelle Ansprechzeiten lassen sich bedarfsgerechter gestalten.
- Wegfall teurer Überstunden
- Schaffung neuer Arbeitsplätze durch Förderung von Teilzeitarbeit

6.

Gegenstand der Standardisierung	Mögliche Vorteile hieraus
Arbeitsabläufe (z. B. wie soll bei mangelhafter Lieferung verfahren werden?)	Festlegung auf ein Standardverfahren garantiert, dass eventuelle Rechtsansprüche nicht an Formfehlern scheitern.
Ergonomische Vorgaben zur Gestaltung von Büro- bzw. Bildschirmarbeitsplätzen	Einhaltung geprüfter und bewährter Vorgaben unterstützt die Arbeitssicherheit und damit die Gesundheit der Mitarbeiter
Hardware- und Softwarekomponenten von Computern	Die „Kompatibilität" sichert die Möglichkeit, Komponenten verschiedener Hersteller zu einem individuellen Gesamtsystem zusammenzufügen und minimiert das Risiko von Fehlinvestitionen.

7. Ständige, kontinuierliche Verbesserung in allen Bereichen, also nicht nur die Verbesserung der Produkte sondern auch aller Abläufe und Prozesse beginnend von der Entwicklung über die Herstellung bis zum Vertrieb der Produkte.

8.

	Kaizen	**Innovation**
Zeitlicher Rahmen	stetig und ununterbrochen	kurzfristig und sprunghaft
Ziel	Streben nach detaillierter Verbesserung von Produkt und Prozess	Streben nach großen Fortschritten in kurzer Zeit
Basis	auf bestehenden Systemen und Technologien aufbauend	ständige Suche nach und Entwicklung von neuen Technologien
Personaleinsatz	jeder Mitarbeiter und jede Führungskraft	Spezialisten, Konstrukteure
Erforderliche Eigenschaften	• Anpassungsfähigkeit • Kollektivgeist • Leistungsbereitschaft	• Kreativität • Individualität • individuelle Leistung
Devise	Erhaltung und Verbesserung	Abbruch und Neuaufbau
Investitionsmittel	geringer Kapitalbedarf	hoher Kapitalbedarf
Erfolgschance	gleich bleibend hoch	abrupt und unbeständig
Bewertungskriterien	Produktivitäts- und Qualitätskennzahlen	ergebnisorientierte Kennzahlen (z. B. Umsatz, Kosten, Deckungsbeitrag)

9. **(1) Managementorientierter Verbesserungsprozess**
Konzentration auf komplexe Problemstellungen in den Bereichen Planung, Steuerung, Organisation, Entscheidungsfindung, Einführung neuer Produkte usw.

(2) Gruppenorientierter Verbesserungsprozess
Vorrangig ist hier die Arbeit in Qualitätszirkeln und Kleingruppen. Mitarbeiter suchen nach Verbesserungen im eigenen Arbeitsbereich, insbesondere in Bezug auf Arbeits- und Bewegungsvereinfachung, Arbeitserleichterungen, Verbesserung des Arbeitsablaufes und des Materialflusses.

(3) Personenorientierter Verbesserungsprozess
Die kleinen Verbesserungsmöglichkeiten am Arbeitsplatz werden dem Vorschlagswesen zugeleitet. Diese Vorschläge beziehen sich zumeist auf:

- Vereinfachung der eigenen Arbeit
- Einsparungen an Energie, Material
- Verbesserung der Produktqualität
- Verbesserung der Maschinen, Vorrichtungen, Werkzeuge
- Ideen für neue Produkte

3.9 Investition und Finanzierung

1. **Finanzierung** = Maßnahmen der Kapitalbeschaffung und Sicherung der Zahlungsfähigkeit; berührt die Passivseite der Bilanz.
Investition = Maßnahmen zur Verwendung der finanziellen Mittel für Sachgüter; berührt die Aktivseite der Bilanz.

2. Alle Investitionen setzen Finanzierungsvorgänge voraus. Andererseits führt Kapitalzufluss zur Verwendung dieser Mittel bei der Anschaffung von Sachgütern.

3. **Investitionsanlässe:**
   - Unternehmensneugründung
   - Erweiterungsinvestition
   - Ersatzinvestition
   - Rationalisierungsinvestition

   Finanzierungsanlässe:
   - Finanzierung des Anlagevermögens bei Gründung und des laufenden Umlaufvermögens
   - Kapitalerhöhung wegen Expansion

4. - die **Branche**, in welcher das Unternehmen tätig ist (beratendes Dienstleistungsunternehmen oder Handwerksbetrieb mit umfangreichen Maschinen- und Fahrzeugpark)
   - die **Größenordnung** des Unternehmens (Bäckerei oder Brotfabrik)
   - die **Umschlagshäufigkeit** des Umlaufvermögens. Je geringer die Umschlagshäufigkeit, desto länger die Kapitalbindungsdauer und höher der Kapitalbedarf. Die Kapitalbindungsdauer wird beeinflusst durch das Zahlungsziel des Lieferanten, dem des Kunden, der Lagerdauer im eigenen Unternehmen und der Durchlaufzeit in der Fertigung.
   - den **laufenden Geschäftskosten**, wie z. B. Löhne, Energiekosten, Zinsen
   - saison- oder konjunkturbedingte **Schwankungen der Nachfrage**

5. Übereinstimmung in der Fristigkeit zwischen Aktiv- und Passivseite der Bilanz

langfristige Investitionen z. B. Sachanlagen	⟷	**langfristige Mittel** Eigenkapital, Grundschuldkredite
kurz- und mittelfristige Investitionen z. B. Vorräte	⟷	**kurz- und mittelfristige Mittel** z. B. Kontokorrentkredit

6. a) Innen- und Außenfinanzierung betrachten die Thematik unter der Fragestellung: *„Woher kommt das Geld?“*

   Innenfinanzierung: Das Kapital stammt aus dem Leistungsprozess der Unternehmung.
   Außenfinanzierung: Das Kapital wird dem Unternehmen von außen (Eigenkapital durch Anteilseigner oder Fremdkapital durch Gläubiger) zugeführt.

   b) Eigenfinanzierung und Fremdfinanzierung betrachten die Finanzierung unter dem Aspekt: *„Welche Rechtsstellung hat der Kapitalgeber?“*

   Eigenfinanzierung: Das Kapital gehört den Unternehmensinhabern.
   Fremdfinanzierung: Das Kapital gehört Gläubigern des Unternehmens (z. B. Banken, Lieferanten)

7. a) Offene und stille Selbstfinanzierung
   b) Beteiligungsfinanzierung, Fremdfinanzierung, Sonderformen Leasing und Factoring

8. a) Selbstfinanzierung = Nichtausschüttung von Gewinnen
   b) Eigenkapital
   c) **Vorteile:**
   - keine Zins-, Tilgungs- bzw. Dividendenverpflichtung
   - erhöhte Sicherheit (Rücklagen = Eigenkapital)
   - Unabhängigkeit von Kapitalgebern

Nachteile:

- nur in Gewinnzeiten möglich
- Gesellschafter müssen bereit sein, auf Gewinnentnahmen zu verzichten.
- begrenztes Finanzierungsvolumen, da Gewinne zunächst erwirtschaften werden müssen
- Bei stiller Selbstfinanzierung wird Aussagekraft der Bilanz verwässert.
- Vertuschung von Verlusten durch Auflösung stiller Rücklagen möglich

9. **Offene Selbstfinanzierung:**
   - aus der Bilanz ersichtlich
   - bei Einzelunternehmung, OHG und KG: Gutschrift des nicht ausgeschütteten Gewinns auf Kapitalkonten der Gesellschafter
   - bei Kapitalgesellschaften: Gutschrift des Gewinns auf Rücklagenkonten

   Stille Selbstfinanzierung
   - erzielte, jedoch in Bilanz nicht ersichtliche Gewinne (stille Rücklagen = stille Reserven)

10. **Vorteile der stillen Selbstfinanzierung**
    - bei der AG kein Hauptversammlungsbeschluss über die Rücklagenbildung nötig
    - Stabilisierung des Gewinns (in guten Zeiten Bildung, in Verlustzeiten Auflösung stiller Rücklagen)

    Nachteile der stillen Selbstfinanzierung
    - Verwässerung der Bilanz
    - Vertuschen von Verlusten durch Auflösung der stillen Rücklagen

11. **Unterbewertung der Aktiva**, z. B.
    - durch zu hohe Abschreibungen
    - Anstieg der Grundstückswerte über die Anschaffungskosten

    Überbewertung der Passiva, z. B.
    - überhöhte Rückstellungen
    - überhöhter Ansatz von Verbindlichkeiten in ausländischer Währung

12. **Bildung stiller Rücklagen** bedeutet Gewinnverringerung und damit Minderung gewinnabhängiger Steuern, geringere Gewinnentnahme möglich.
    Auflösung stiller Rücklagen in späteren Jahren bedeutet Gewinnerhöhung und damit Steuermehrbelastung, somit „zweischneidiges Schwert".
    Per Saldo: Kein Steuergewinn, nur Steuerverschiebung in die Zukunft, damit Zinsvorteil

13.
    - Abschreibungen werden als Kostenbestandteil in die Selbstkosten einkalkuliert.
    - Die Selbstkosten (+ Gewinnzuschlag) bestimmen den Verkaufserlös.
    - Über die Einnahmen aus Verkaufserlösen fließen demnach auch Beträge zurück, die auf die Einbeziehung der Abschreibungen in die Selbstkosten zurückgehen.
    - Diese Beträge stehen für Ersatz- und Erweiterungsinvestitionen zur Verfügung.

14. a) 0,50 €
    b) Nach Ablauf von 10 Jahren summieren sich die Abschreibungsrückflüsse auf 500.000,00 €. Damit ist eine Ersatzbeschaffung nicht möglich, da der Wiederbeschaffungswert der Anlage in diesem Zeitraum sicherlich gestiegen ist. Die kalkulatorischen Abschreibungen müssen sich daher am Wiederbeschaffungswert orientieren.

15. a) **Umfinanzierung** = Kapitalumschichtungen und damit Änderung der Zusammensetzung der Passiva

b) **Möglichkeiten**
- Umschichtung innerhalb des Eigenkapitals (aus Kommanditeinlage wird Komplementäreinlage)
- Umschichtung innerhalb des Fremdkapitals (kurzfristiger Kredit wird in Darlehen umgewandelt)
- Umschichtung von Fremd- und Eigenkapital oder umgekehrt.

16. a)
- Einbringung von Kapital durch Gesellschafter
- Eigenkapital steigt
- für Kapitalgeber ist eine Beteiligung am Gewinn bzw. Verlust damit verbunden.

b)

Einzelunternehmung	Einbringen von Geld-, Sach- oder Rechtswerten (Kapital) durch den Einzelunternehmer. Aus Privatvermögen wird Eigenkapital
OHG	Kapitalerhöhung durch bisherige Gesellschafter oder Aufnahme neuer Gesellschafter
KG	Kapitalerhöhung durch bisherige Gesellschafter oder Aufnahme neuer Gesellschafter (Kommanditisten oder Komplementäre)
AG	Kapitalerhöhung (Erhöhung des gezeichneten Kapitals) durch Ausgabe (= Emission) junger Aktien
GmbH	Erhöhung der Geschäftsanteile durch bisherige Gesellschafter bzw. Aufnahme neuer Gesellschafter

17.

Vorteile	**Nachteile**
• hohe Sicherheit durch Zufluss an Eigenkapital • keine Tilgung notwendig • erhöhte Kreditwürdigkeit • keine Zinszahlungen notwendig	• mehr oder weniger starke Einengung der Entscheidungsbefugnisse, da Kapitalgeber Mitspracherechte erlangt • evtl. Verschiebung der Mehrheitsverhältnisse • bei gutem Geschäftsgang evtl. teuerer als Fremdfinanzierung (Gewinnanteile höher als Zinszahlungen bei Fremdfinanzierung)

18. **Leasing** = mittel- und langfristige Vermietung oder Verpachtung von Anlagegütern durch Hersteller oder Leasinggesellschaft

19. **Direktes Leasing:** Hersteller ist zugleich Leasinggeber.
Indirektes Leasing: Rechtlich selbstständiges Unternehmen (nicht Hersteller) ist Leasinggeber.

20.

	Operate Leasing	**Financial-Leasing**
Laufzeit	i. d. R. max. 1 Jahr	40 - 90 % der üblichen Nutzungsdauer
Kündigung	kurzfristig kündbar	unkündbare Grundmietzeit
Investitionsrisiko	trägt Leasinggeber	trägt Leasingnehmer
Anzahl der Leasingnehmer	mehrere Leasingnehmer nacheinander	i. d. R. nur durch einen Leasingnehmer
Nach Ablauf der Leasingzeit	Rückgabe an Leasinggeber, der i. d. R. an andere weiterverleast	Alternativen nach Ablauf der Grundmietzeit: • Rückgabe • günstiges Anschlussleasing • Kauf

21. **Vorteile**

- Einsparung hoher Anschaffungskosten, damit geringer Liquiditätsentzug
- laufende Anpassung an den neuesten Stand der Technik
- keine weiteren Kreditsicherheiten erforderlich
- keine Fremdfinanzierung notwendig
- Liquiditätsbelastung langfristig vorhersehbar
- konstante Beträge
- Leasingrate steuerlich voll absetzbar

Nachteile

- hohe Dauerbelastung mit fixen Leasingraten
- Leasinggegenstände nicht frei verfügbar
- Bindung während Grundmietzeit gefährlich, da in Zeiten schlechter Geschäftsgänge eine notwendige Fixkostenreduzierung nicht möglich ist.

22. a) Vorteile des Darlehens:

- keine unkündbare Grundmietzeit (Fesselung an Fixkosten)
- freie Verfügbarkeit der finanzierten Anlage

b)

Kreditkauf						Leasing	
Jahr	**Zins**	**Tilgung**	**Geldabfluss**	**Abschreibung**	**Gesamtaufwand**	**%-Satz**	**Mietzahlung**
1	13.000,00	40.000,00	53.000,00	25.000,00	38.000,00	46	92.000,00
2	10.400,00	40.000,00	50.400,00	25.000,00	35.400,00	36	72.000,00
3	7.800,00	40.000,00	47.800,00	25.000,00	32.800,00	36	72.000,00
4	5.200,00	40.000,00	45.200,00	25.000,00	30.200,00	4	8.000,00
5	2.600,00	40.000,00	42.600,00	25.000,00	27.600,00	4	8.000,00
6	---	---	---	25.000,00	25.000,00	4	8.000,00
7	---	---	---	25.000,00	25.000,00	4	8.000,00
8	---	---	---	25.000,00	25.000,00	4	8.000,00
Su.	39.000,00	200.000,00	239.000,00	200.000,00	239.000,00		276.000,00

c) **Verteilung des Aufwandes:** Bei Kredit gleichmäßiger auf gesamte Nutzungsdauer verteilt. Bei Leasing sind rd. 85 % des ausgabewirksamen Gesamtaufwandes auf die ersten drei Jahre verteilt.

Liquiditätsentzug: Damit ist bei Leasing auch der Liquiditätsentzug in der unmittelbaren Zukunft erheblich höher als bei Kreditkauf.

Gesamtbelastung: bei Kredit geringer

Investitionsrisiko: durch vertragliche Bindung besonders hoch während der Grundmietzeit, danach geringer. Auch bei Kreditkauf nicht risikolos.

23. a) **Factoring** = Verkauf von Forderungen aus Lieferungen und Leistungen durch den Lieferanten an ein Finanzierungsinstitut

b) (1) Warenlieferung auf Ziel, damit entsteht die Forderung
(2) Factoring-Vertrag zwischen Lieferer und Factoring-Institut
(3) Ankauf der Forderung durch Factoring-Institut
(4) Factoring-Institut zahlt Forderungsbetrag nach Abzug von Provision und Zinsen.
(5) Bei Fälligkeit zieht Factoring-Institut den Forderungsbetrag vom Schuldner ein.

c) **Finanzierungsfunktion:** Die Forderungen werden vor ihrer Fälligkeit gekauft. Lieferant hat sofort den Gegenwert in Geld unter Vorweg-Abzug von Zinsen.
Delkrederefunktion: Factor übernimmt Risiko der Forderungsausfälle. Als Risikoausgleich erhält er eine Delkredereprovision.

Dienstleistungsfunktion: Factor übernimmt alle Arbeiten, die mit Eintreibung und Verwaltung der Forderungen zusammenhängen (Debitorenbuchhaltung, Mahnwesen)

d)

Vorteile	Nachteile
• Verbesserung der Liquidität • Arbeitsentlastung • Abwälzung des Forderungsausfallrisikos	• Zahlung von Zinsen und Provision an den Factor • Mögliche Verärgerung von Kunden, da „radikales" Einziehen von Forderungen • Factor kauft nur Forderungen mit guter Bonität • Kunde könnte möglicherweise sensibel reagieren, da Daten aus der Geschäftsverbindung (Lieferant ⟷ Kunde) an Dritten gelangen. • Kunde könnte Forderungsverkauf als Zeichen mangelnder Liquidität (und damit schlechter Geschäftslage) des Lieferanten oder als Misstrauen in seine Bonität auffassen.

24. **Bilanzielle Konsequenzen:**
- Forderungsbestand sinkt
- liquide Mittel steigen

Kostenrechnerische Konsequenzen:
- kalkulatorische Wagnisse sinken = Verbesserung des Betriebsergebnisses, Verschlechterung des neutralen Ergebnisses
- höhere Kosten (Provisionen) = Verschlechterung des Betriebsergebnisses
- weniger Verwaltungsaufwand = Verbesserung des Betriebsergebnisses

3.10 Möglichkeiten der Fremdfinanzierung

1.
- Inanspruchnahme des vom Lieferer gewährten Zahlungszieles
- kurzfristig
- Verzicht auf Skontoabzug ist sehr teuer.
- Grundlage: Kaufvertrag
- Sicherheit: Eigentumsvorbehalt
- gelegentlich auch in Form von Geschäftsausstattung in Verbindung mit langfristigen Lieferverträgen, insbesondere von Brauereien an Gastwirtschaften

2.

0 — 10. Tag — 30. Tag → Tage

63.700,00 oder 65.000,00

$$p = \frac{100 \times 360 \times Z}{K \times T} = \frac{100 \times 360 \times 1.300,00}{63.700,00 \times 22} = \mathbf{33,4\ \%}$$

Solange die Bedingungen der Bank besser sind als 33,4 %, ist es sinnvoller, einen kurzfristigen Kredit aufzunehmen und den Vorteil des Skontoabzuges auszunutzen.

3. **Darlehen**
- Auszahlung einer bestimmten Kreditsumme
- in der Regel zeitlich befristet
- Tilgung lt. Kreditvertrag
- Zinssatz günstiger und abhängig von Sicherheit und Darlehensdauer

Kontokorrentkredit
- Kredit **kann** innerhalb eines vereinbarten Rahmens beansprucht werden.
- Höhe des Betrages daher schwankend
- jederzeit kündbar, in der Regel jedoch unbefristet
- relativ hoher Zinssatz

4. a) **Fälligkeitsdarlehen:** Tilgung des Gesamtbetrages auf einmal bei Fälligkeit

Kündigungsdarlehen: Tilgung des Gesamtbetrages auf einmal nach Kündigung

Abzahlungsdarlehen: (= Ratendarlehen) Tilgung in gleichbleibenden Raten bei fallendem Zinsanteil, also insgesamt fallende Beträge

Annuitätendarlehen: Tilgung in Annuitäten (A. = gleichbleibende Summe aus Zins + Tilgung). Um den Betrag der ersparten Zinsen wird Tilgung erhöht.

b) Tilgung des Gesamtbetrages auf einmal.

c) Nicht kündbar durch den Kreditgeber vor Vertragsablauf

d) **Vorteile:**
- nur laufende Zinsbelastung, keine Tilgung
- Gesamtbetrag des Darlehens steht während der Laufzeit zur Verfügung

Nachteile
- hohe Liquiditätsbelastung bei Gesamttilgung
- insgesamt höhere Zinsbelastung

5. a) Alternative 1 = Fälligkeitsdarlehen
Alternative 2 = Kündigungsdarlehen
Alternative 3 = Abzahlungsdarlehen = Ratendarlehen
Alternative 4 = Annuitätendarlehen

b) **Alternative 3: Ratendarlehen**

Jahr	Anfangsschuld	Zinsen	Tilgung	Rate	Restschuld
1	120.000,00	12.000,00	12.000,00	24.000,00	108.000,00
2	108.000,00	10.800,00	12.000,00	22.800,00	96.000,00
3	96.000,00	9.600,00	12.000,00	21.600,00	84.000,00
4	84.000,00	8.400,00	12.000,00	20.400,00	72.000,00
5	72.000,00	7.200,00	12.000,00	19.200,00	60.000,00
6	60.000,00	6.000,00	12.000,00	18.000,00	48.000,00
7	48.000,00	4.800,00	12.000,00	16.800,00	36.000,00
8	36.000,00	3.600,00	12.000,00	15.600,00	24.000,00
9	24.000,00	2.400,00	12.000,00	14.400,00	12.000,00
10	12.000,00	1.200,00	12.000,00	13.200,00	---
Summen		66.000,00	120.000,00	186.000,00	---

Alternative 4: Annuitätendarlehen

Jahr	Anfangsschuld	Zinsen	Tilgung	Annuität	Restschuld
1	120.000,00	12.000,00	8.000,00	20.000,00	112.000,00
2	112.000,00	11.200,00	8.800,00	20.000,00	103.200,00
3	103.200,00	10.320,00	9.680,00	20.000,00	93.520,00
4	93.520,00	9.350,00	10.650,00	20.000,00	82.870,00
5	82.870,00	8.290,00	11.710,00	20.000,00	71.160,00
6	71.160,00	7.120,00	12.880,00	20.000,00	58.280,00
7	58.280,00	5.830,00	14.170,00	20.000,00	44.110,00
8	44.110,00	4.410,00	15.590,00	20.000,00	28.520,00
9	28.520,00	2.850,00	17.150,00	20.000,00	11.370,00
10	11.370,00	1.140,00	11.370,00	20.000,00	---
Summen		72.510,00	120.000,00	192.510,00	---

c) Fälligkeitsdarlehen 120.000,00 €
Kündigungsdarlehen 120.000,00 €
Ratendarlehen 66.000,00 €
Annuitätendarlehen 72.510,00 €

6. a)

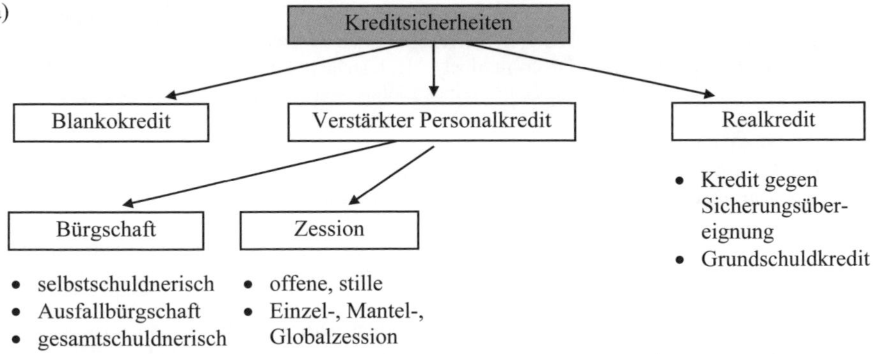

b) **Personalkredite:** Kreditsicherung durch eine/mehrere Personen
Realkredite: Kreditsicherung durch eine Sache

7. a),b),c)
Kreditvertrag Vertrag zwischen **Schuldner** und **Gläubiger**, **formfrei**, i. d. R. schriftlich
Bürgschaftsvertrag Zwischen **Bürge** und **Gläubiger**, **schriftlich**. **Formfrei, falls HGB-Kaufmann** Bürgschaft im Rahmen seines Handelsgeschäftes abgibt

8. **Selbstschuldn. B.** Bürge verzichtet auf Einrede der Vorausklage.
Ausfallbürgschaft: Bürge hat Recht auf Einrede der Vorausklage. Dies bedeutet, der Gläubiger muss zunächst alle Rechtsmittel gegen den Schuldner erfolglos eingesetzt haben.

9. Falls der Schuldner bei Fälligkeit der Leistung nicht zahlt, kann sich die Bank sofort an den Bürgen wenden. Er haftet wie Schuldner selbst.

10. **Vorteile für Bürgen:** Bei Inanspruchnahme hat der Bürge einen Ausgleichsanspruch gegenüber den anderen Bürgen
Vorteile für Gläubiger: Bei Ausfall eines Bürgen sind weitere vorhanden, damit höhere Sicherheit

11.
- Bürgschaftsvertrag kann auch mündlich abgeschlossen werden.
- stets selbstschuldnerisch

12. a) **Zession** Forderungsabtretung
Zessionar Gläubiger
Zedent Schuldner

b) **Offene Zession:** Zession wird an Drittschuldner mitgeteilt. Dieser kann mit befreiender Wirkung nur an Kreditgeber (Zessionar) zahlen.

Stille Zession: Drittschuldner erfährt nichts von der Zession, zahlt also an den Kreditnehmer (Zedent).

c)
- Zedent verwendet Zahlungseingänge zweckentfremdet.
- Forderungen evtl. frei erfunden, nicht mehr existent, mehrfach abgetreten

d) **Vorteil:** Drittschuldner kann befreiend nur an Zessionar bezahlen.
Nachteil: Heikel, da Drittschuldner u. U. falsche Schlüsse über Kreditfähigkeit und wirtschaftliche Stabilität seines Lieferanten zieht und diesen fälschlicherweise wechselt.

e) **Einzelzession:** Abtretung einer einzelnen Forderung
Mantelzession: Abtretung bestimmter Forderungen. Beglichene sind durch neue zu ersetzen. Einreichung einer Debitorenliste.
Globalzession: Abtretung sämtlicher gegenwärtiger und zukünftiger Forderungen gegenüber bestimmten Kunden (z. B. A bis H oder bestimmte Branchen)

f) Bei der **Mantelzession** ist eine ständige Aktualisierung der eingereichten Debitorenliste notwendig, da bezahlte Forderungen laufend durch neue zu ersetzen sind.
Bei der **Globalzession** werden alle gegenwärtigen und künftigen Forderungen gegenüber bestimmten Kunden/ -gruppen abgetreten.

13. Gläubiger wird Eigentümer (bedingtes Eigentum)
Schuldner bleibt Besitzer (Besitzkonstitut)

14. **Vorteil für Gläubiger:** Aufbewahrung entfällt, Recht auf Absonderung im Konkursfall
Vorteil für Schuldner: Nutzung der übereigneten Sachen im Betrieb weiterhin möglich

15.
- Sache anderweitig bereits übereignet
- Sache evtl. an gutgläubigen Dritten weiterveräußert
- Beschädigung/ Zerstörung der Sache
- hoher Wertverfall eines gebrauchten Anlagegutes, daher u. U. schwer zu verwerten

16. Im Grundbuch eingetragene Belastung eines Grundstücks mit einer bestimmten Geldsumme zu Gunsten des Berechtigten. Bei Nichtzahlung kann der Gläubiger die Versteigerung bewirken und sich hieraus befriedigen. Eintrag der Grundschuld im Grundbuch.

17.
- Rangsicherung
- schnelle Kreditaufnahme möglich (kein Zeitverlust durch Eintragung)

18. a) **Buchgrundschuld:** Einigung und Eintragung im Grundbuch
Briefgrundschuld: Einigung und Eintragung im Grundbuch + Ausstellung eines Grundschuldbriefes
b) **Fremdgrundschuld:** Berechtigter ist Kreditgeber.
Eigentümergrundschuld: Berechtigter ist der Eigentümer selbst.

19. Sie entsteht nach Rückzahlung des Darlehens bzw. durch vorsorglich eingetragene Grundschuld zu Gunsten des Eigentümers zwecks Rangsicherung.

20. Im Falle einer Zwangsversteigerung des Grundstückes werden Forderungen in der Reihenfolge des Ranges befriedigt. Je weiter vorne im Rang, desto höher demnach die Sicherheit für den Gläubiger.

21. Sparkasse Goggelshausen: Volle Befriedigung in Höhe von 200.000,00 €.
    Volksbank Hasenbüttel: Erstattung von 130.000,00 €
    Defizit: 20.000,00 €. Firma Teufel & Co. geht völlig leer aus.

22. **Grundstücke, Gebäude:** Grundschuld
    Forderungen: Zession
    Maschinen, Betr.- und Geschäftsausstattung, Fuhrpark: Sicherungsübereignung

Prüfungsaufgaben

Sommer 2006, Aufgabe 2

1.1 Jede Stelle bezieht Anweisungen nur von einer übergeordneten Stelle und berichtet ihrerseits auch nur an diese.
- Klarer Instanzenaufbau
- Abgegrenzte Zuständigkeiten
- Starke Kontrolle nach unten.

1.2 Im Brandfall muss schnell und schlagkräftig gehandelt werden. Dazu ist eindeutige Anordnungsbefugnis und klare Kompetenzabgrenzung erforderlich.

2.1 Kooperativer Führungsstil

2.2 Der Vorgesetzte beteiligt die Mitarbeiter am Entscheidungsprozess, bezieht ihr Wissen/ihren Rat mit ein und stellt abschließend ein Meinungsbild her. Vorherrschend ist die Denkweise: *„Was ist die beste Lösung?“*
Selbstständige Arbeit der Mitarbeiter, offener Informationsaustausch untereinander, Mitarbeiter werden ermutigt eigene Ideen in den Entscheidungsprozess einzubringen, konstruktive Kritik erwünscht, Mitarbeiter haben relativ viel Entscheidungsfreiheit.

2.3 - Motivation der Mitarbeiter führt zu stärkerer Identifikation mit den Unternehmenszielen
- Förderung kreativer Prozesse/Forschungsergebnisse
- höhere Arbeitszufriedenheit steigert die Wirtschaftlichkeit (Fluktuation/Krankenstand)

3 **Vorschlagswesen:**
Verbesserungsvorschläge der Mitarbeiter werden mit finanziellen Anreizen gefördert (Erfolgsprämien)
Kontinuierlicher Verbesserungsprozess (KVP):
Die Verbesserung erfolgt nicht in großen Innovationsschüben, vielmehr in kleinen, kontinuierlichen Schritten, an denen die Mitarbeiter ständig aktiv mitwirken.

Winter 2008/09, Aufgabe 2

2.1 1 Finanzierung aus Rücklagen: Innen- und Eigenfinanzierung
2 Bankdarlehen: Außen- und Fremdfinanzierung

2.2

Bilanzposition	**Art der Kreditsicherung**	**Kurze Erläuterung**
Grundstücke und Gebäude	Grundschuld	Im Grundbuch eingetragene Belastung des Grundstücks mit einer bestimmten Geldsumme zugunsten des Berechtigten, hier der Bank. Keine persönliche Haftung, nur Grundstück haftet.
Maschinen und Fuhrpark	Sicherungs-übereignung	Gläubiger erhält bestimmte Sachen ohne Übergabe übereignet (Gl. wird Eigentümer, S. bleibt Besitzer.)
Forderungen	Zession	Abtretung der Forderung an den Kreditgeber

2.3 Abzahlungsdarlehen: Tilgungsanteil bleibt konstant, Zinsanteil sinkt, dadurch fallende Gesamtrate

Anuitätendarlehen: Gesamtrate (Annuität) bleibt konstant, da fallender Tilgungsanteil durch steigenden Zinsanteil ausgeglichen wird.

2.4

Raten-nummer	Darlehen EUR	6 % p. a. Zinsen EUR	Tilgungsanteil EUR	Annuität EUR
1	250.000,00	3.750,00	12.250,00	16.000,00
2	237.750,00	3.566,25	12.433,75	16.000,00
3	225.316,25	3.379,74	12.620,26	16.000,00

2.5.1

Rechnungsbetrag	20.000,00 €
- 2 % Skonto	400,00 €
Überweisungsbetrag	19.600,00 €

$$\text{Kreditzins} = \frac{19.600,00 \times 9 \times 20}{100 \times 360} = 98,00\ €$$

Skontoertrag	400,00 €
- Zinsaufwand	98,00 €
Vorteil bei Zahlung mit Skonto	**302,00 €**

2.5.2

$$\text{effekt. Jahreszins} = \frac{400 \times 100 \times 360}{19.600,00 \times 20} = 36,73\ \%$$

Sommer 2009, Aufgabe 2

1.1 Fluktuationsquote = Abgänge x 100 / aktueller Personalbestand
= 15 x 100 / 200 = 7,5 %

1.2 Geplante Zugänge insgesamt = 11 Mitarbeiter
Geplante Abhänge 25 + 15 = 40 Mitarbeiter

Aktueller Personalbestand	200 Mitarbeiter
+ geplante Zugänge	11 Mitarbeiter
= Brutto-Personalbedarf	211 Mitarbeiter
- aktueller Personalbestand	200 Mitarbeiter
= Personalunterdeckung	11 Mitarbeiter
+ geplante Abgänge (zu ersetzen)	40 Mitarbeiter
- geplante Übernahmen (Auszubildende)	5 Mitarbeiter
= Netto-Personalbedarf	47 Mitarbeiter

2 Bewerbungsschreiben, Schul- und Arbeitszeugnisse, Lebenslauf, Ergebnisse aus Bewerbungstests und Vorstellungsgespräch

3.1 **Management by Exception**: Die Führungskraft behält sich die Entscheidungskompetenz für Ausnahmefälle (außergewöhnliche Ereignisse). Die Verantwortung für gewöhnliche Entscheidungen wird delegiert.

Management by Delegation: Zwischen den Mitarbeitern und der Führungskraft findet eine Arbeitsteilung statt. Der Führungskraft verbleibt die Führungsverantwortung, dem Mitarbeiter die Handlungsverantwortung.

3.2 Abteilung Einkauf/Verkauf – Management by Delegation
In diesen Bereichen ist rasches Handeln erforderlich. Diese Managementtechnik sorgt dafür, dass die Entscheidungen dort gefällt werden, wo die fachliche Kompetenz hierfür vorhanden ist. Das Management wird entlastet, die Motivation der Mitarbeiter gefördert durch die Selbstwahrnehmung höherer Entscheidungsbefugnis.

Abteilung Finanzbuchhaltung – Management by Exception
Die Handlungsfreiheit der Mitarbeiter für die gewöhnlichen Vorgänge bleibt erhalten. Toleranzgrenzen bzw. Ausnahmefälle, welche das Eingreifen der Führungskraft erfordert, müssen klar definiert werden. Damit sichert sich die Geschäftsleitung das Führungswissen im sensiblen Bereich der Finanzbuchhaltung.

Winter 2009/10, Aufgabe 2

2.1.1

	Vorschlag Herr Metzger	**Vorschlag Herr Kurz**
Kapitalherkunft	Außenfinanzierung	Innenfinanzierung
Kapitalgeber	Eigenfinanzierung	Eigenfinanzierung

2.1.2

	Vorschlag Herr Metzger	**Vorschlag Herr Kurz**
Vorteile	• hohe Sicherheit durch Zufluss an Eigenkapital • keine Tilgung notwendig • erhöhte Kreditwürdigkeit • keine Zinszahlung • langfristig verfügbar	• keine Zins- und Tilgungsverpflichtung • erhöhte Sicherheit • Unabhängigkeit von Kapitalgebern
Nachteile	• neuer Kapitalgeber erhält Mitspracherecht • Verringerung der eigenen Entscheidungsbefugnisse • Finanzkraft des neuen Gesellschafters evtl. beschränkt	• Gewinne müssen zunächst erwirtschaftet werden • Gesellschafter müssen auf Gewinnentnahmen verzichten

2.2

Grundstücke/Gebäude	Grundschuld	Im Grundbuch eingetragene Belastung des Grundstücks mit einer bestimmten Geldsumme zugunsten des Berechtigten
Maschinen Geschäftsausstattung	Sicherungs-übereignung	Gläubiger erhält bestimmte Sachen ohne Übergabe übereignet
Forderungen	Zession	Kreditnehmer tritt eigene Forderungen gegenüber Dritten an den Kreditgeber ab

2.3.1 Leasing = mittel- oder langfristige Vermietung oder Verpachtung von Anlagegütern durch einen Hersteller oder eine Leasinggesellschaft.

2.3.2

Vorteile	**Nachteile**
• Einsparung hoher Anschaffungskosten, damit geringerer Liquiditätsentzug • laufende Anpassung an den neuesten Stand der Technik • keine weiteren Kreditsicherheiten erforderlich • keine Fremdfinanzierung notwendig • Liquiditätsbelastung langfristig vorhersehbar • konstante Beträge • Leasingrate steuerlich voll absetzbar	• hohe Dauerbelastung mit fixen Leasingraten • Leasinggegenstände nicht frei verfügbar • Bindung während der Grundmietzeit gefährlich, da in Zeiten schlechter Geschäftsgänge eine notwendige Fixkostenreduzierung nicht möglich ist

Kapitel übergreifende Prüfungsaufgaben

Winter 2005/06, Aufgabe 1

1.1

Geschäftshaus:	Hypothek oder Grundschuld
Büro- und Geschäftsausstattung:	Sicherungsübereignung
Geschäftswagen:	Sicherungsübereignung
Forderungen:	Zessionskredit / Factoring

1.2 **Kreditart:** Hypothek oder Grundschuld
Begründung: - günstige Zinsen / Kreditkosten
- langfristig

Laufzeit: I. d. R. 10 – 15 Jahre
Begründung: Bei kürzerer Laufzeit wäre angesichts der Darlehenshöhe die Tilgungsbelastung sehr hoch.

1.3 Die Pflicht zur Zahlung von Zins und Tilgung

2.1 Ermittlung des Kreditbedarfs:

Rechnungsbetrag	22.954,08 €
- 3 % Skonto	688,62 €
	22.265,46 €

Finanzierungskosten: $z = \frac{k \cdot p \cdot t}{(100 \cdot 360)} = \frac{22.265,46 \cdot 6,75 \cdot 20}{(100 \cdot 360)}$

$= \mathbf{83,50\ €}$

2.2

Skonto	688,62 €
Zinsen	83,50 €
	605,12 €

= Ersparnis bei Kreditaufnahme und Bezahlung innerhalb der Skontofrist

2.3 $p = \frac{z \cdot 100 \cdot 360}{(k \cdot t)} = \frac{688,62 \cdot 100 \cdot 360}{(22.265,46 \cdot 20)} = 55,67\%$

oder: 20 Tage - 3 %
360 Tage - x % $X = 3 \cdot 360 / 20 = 54\ \%$

3.1 Hohe Kapitalbindung, hohe Lagerkosten, hohes Lagerrisiko (Mode- und/oder Geschmackswandel der Kunden)

3.2 Durchschnittlicher Lagerbestand: DLB = (10+20+6+14+10+13+10+6+9+13+7+5+11) / 13
= 134 / 13 = 10 Stück

Umschlagshäufigkeit = Wareneinsatz / durchschnittl. Lagerbestand
= 91 / 10 = 9

Durchschnittliche Lagerdauer = 360 Tage / UH
= 360 / 9 = 40 Tage

3.3 Das Ergebnis ist schlechter als. der Branchendurchschnitt.
Begründung:
Die errechnete Umschlagshäufigkeit bezieht sich auf ein bestimmtes Produkt, nämlich Kaffeeservice „White Dream“. Es darf bezweifelt werden, dass die Branchenkennzahl sich ebenfalls auf dieses Produkt bezieht. Insofern sind die beiden Werte kaum vergleichbar. Wären sie es dennoch, dann ergäbe sich folgende Begründung:

- Höherer eiserner Bestand. Damit wird – bei gleichem Wareneinsatz – die Umschlagshäufigkeit geringer.
- Branchenzusammensetzung ist anders strukturiert (mehr Schnelldreher) als eigenes Sortiment.

Winter 2005/06, Aufgabe 2

1.1 Fluktuationsquote $= \frac{\text{Abgänge} \cdot 100}{\text{aktueller Personalbestand}} = \frac{90 \cdot 100}{1\,890}$

$= \mathbf{4{,}8\ \%}$

1.2 Brutto-Personalbedarf für die neue Fertigungsstätte: 8 + 7 5 + 9 + 1 0 = 102

Zukünftiger Brutto-Personalbedarf	102
- aktueller Personalbestand	0
Personalunterdeckung	102
+ zu ersetzende Abgänge: Fluktuation, 5 % von 102 =	5
- feststehende Zugänge: Übernahme aus Ausbildungsverh.	10
= Netto-Personalbedarf (Zusatzbedarf)	97

2.1 Stellenbeschreibungen, Arbeitsplatzbeschreibungen

2.2 - interne Beschaffungswege, d.h. innerhalb des Betriebes,
z.B.: - innerbetriebliche Stellenausschreibung, Versetzungsmaßnahmen
- betriebliche Aufstiegsplanung; Umschulungsmaßnahmen
-externe Beschaffungswege, d. h. außerbetrieblich,
z. B.: - Stellenanzeigen
- Auswertung von Stellengesuchen, Agentur für Arbeit, ...

3.1

Vorteile	Nachteile
• Aufteilung und evtl. Beschränkung der Haftung • größere Kapitalbasis • Entlastung bei Geschäftsführung und Vertretung	• Gewinnteilung • Absprache bei Geschäftsführung und Vertretung • Streitigkeiten

3.2

Merkmale	KG	GmbH
Kapital	Kein Mindestkapital	Mindestens 25.000,00 € Stammkapital
juristische Person	nein	ja
Anzahl der Gesellschafter	Mindestens ein Komplementär und ein Kommanditist	Mindestens 1 Gesellschafter
Geschäftsführung und Vertretung	**Nur Komplementäre:** **Geschäftsführung:** • Bei gewöhnlichen Rechtsgeschäften jeder allein berechtigt und verpflichtet. • Außergewöhnliche RG benötigen die Zustimmung aller Gesellschafter, auch die der Kommanditisten **Vertretung:** Jeder allein, gewöhnliche und außergewöhnliche RG	Durch Geschäftsführer. Gesamtgeschäftführungsbefugnis und Gesamtvertretungsmacht
Haftung	Komplementäre: Unbeschränkt, unmittelbar, solidarisch Kommanditisten: Nur mit der Einlage	Keine persönliche Haftung, nur Gesellschaftsvermögen haftet.

Winter 2006/07, Aufgabe 2

1.1

	Komplementär	Kommanditist
Haftung	• unbeschränkt • unmittelbar • solidarisch	• nur mit seiner Einlage (vor Eintragung ins HR volle Haftung)
Geschäftsführung	• bei gewöhnlichen Rechtsgeschäften jeder alleine berechtigt und verpflichtet • bei außergewöhnlichen Rechtsgeschäften Zustimmung aller Gesellschafter erforderlich	• von Führung ausgeschlossen • Widerspruchsrecht bei außergewöhnlichen Rechtsgeschäften
Vertretung	• Jeder hat das Recht, gewöhnliche und außergewöhnliche Rechtsgeschäft vorzunehmen.	• Zur Vertretung nicht ermächtigt
Gewinnverwendung	• erhöht Eigenkapital	• Ausschüttung
Privatentnahmen	• möglich	• nicht möglich

1.2 a) Beteiligungsfinanzierung, Eigenfinanzierung, Außenfinanzierung
b) Fremdfinanzierung, Außenfinanzierung
c) Selbstfinanzierung, Innenfinanzierung, Eigenfinanzierung

1.3

	Vorteile	**Nachteile**
Aufnahme weiterer Kommanditisten	• zusätzliches Eigenkapital • erhöht Kreditwürdigkeit • Unabhängigkeit von Fremdkapitalgebern • keine Zins- und Tilgungsbelastung	• Beteiligung am Gewinn • Kapitalgeber erhält Mitsprache (bei außergewöhnlichen Rechtsgeschäften)
Bankkredit	• relativ kurzfristig zu erhalten • keine Änderung der Eigentümerverhältnisse	• Sicherheiten erforderlich • gewinnunabhängiger Liquiditätsentzug durch Zins und Tilgung
Nichtausschüttung von Gewinnen	• zusätzliches Eigenkapital • erhöht Kreditwürdigkeit • Unabhängigkeit von Fremdkapitalgebern • keine Zins- und Tilgungsbelastung • steht unbegrenzt zur Verfügung	• nur in Gewinnzeiten möglich • Gesellschafter müssen bereit sein, auf Gewinnausschüttung zu verzichten. • begrenztes Finanzierungsvolumen, da Gewinne zunächst erwirtschaftet werden müssen

2.1

Vermögensart	**Art der Kreditsicherung**
Grundstücke und Gebäude	Grundschuld
Maschinen	Sicherungsübereignung
Forderungen	Zession

2.2 Bei der Sicherungsübereignung wird die Bank Eigentümer der Maschine, während die KG Besitzer bleibt und die Maschine weiterhin nutzen kann.

3.1

Jahr	**Darlehen am Jahresanfang**	**Tilgung**	**Zinsen**	**Mittelabfluss**	**Darlehen am Jahresende**
1	144.000,00	24.000,00	9.000,00	33.000,00	120.000,00
2	120.000,00	24.000,00	7.500,00	31.500,00	96.000,00
3	96.000,00	24.000,00	6.000,00	30.000,00	72.000,00

3.2 Annuitätendarlehen: gleich bleibende Annuität (Summe aus Zins + Tilgung), abnehmende Zinsen, zunehmende Tilgung

Sommer 2007, Aufgabe 1

1.1 Infrage kommt die Kommanditgesellschaft (KG) mit Peter Ritter als Komplementär und Joachim Faust als Kommanditisten.

	Peter Ritter	Joachim Faust
Haftung	• unbeschränkt • unmittelbar • solidarisch	nur mit Kommanditeinlage
Vertretung	Einzelvertretungsbefugnis für gewöhnliche und außergewöhnliche Rechtsgeschäfts	zur Vertretung nicht ermächtigt
Geschäftsführung	Einzelgeschäftsführung bei gewöhnlichen Rechtsgeschäften. (außergewöhnl. RG bedürfen der Zustimmung aller Gesellschafter)	von Geschäftsführung ausgeschlossen

1.2 Innenverhältnis: Abschluss des Gesellschaftsvertrages
Außenverhältnis: Geschäftsaufnahme durch Ritter
HR-Eintragung ist deklaratorisch (rechtsbezeugend).

2.1

	Autohaus Vogt	Autohaus 2000 GmbH
Listeneinkaufspreis	54.000,00	48.250,00
./. Rabatt	4.860,00	0,00
= Zieleinkaufspreis	49.140,00	48.250,00
./. Skonto	1.474,20	1.206,25
= Bareinkaufspreis	47.665,80	47.043,75
+ Bezugskosten	150,00	0,00
= Einstandspreis	47.815,80	47.043,75

2.2 Bisher gefahrene Automarke, räumliche Nähe zum Händler, Serviceleistung, Kulanz (Formulierung der Erläuterungen schülerabhängig);

3.1

Jahr	Kreditkauf			Leasing	Vorteil	
	Tilgung	Zinsen	Summe			
1	8.695,00	2.538,94	11.233,94	12.005,50	K:	771,56
2	8.695,00	1.904,21	10.599,21	11.136,00	K:	536,79
3	8.695,00	1.269,47	9.964,47	11.136,00	K:	1.171,53
4	8.695,00	634,74	9.329,74	11.136,00	K:	1.806,26
Summe	34.780,00	6.347,36	41.127,36	45.413,50	K:	4.286,14

Der Kreditkauf ist um 4.286,14 EUR günstiger als das Leasingangebot.

3.2 Die Bank wird Eigentümer, die KG bleibt unmittelbarer Besitzer.

Sommer 2007, Aufgabe 2

1 Produktgruppe Bergsport: Nach zunächst fallenden Umsätzen folgt im dritten Jahr ein sprunghafter Anstieg und eine Stabilisierung auf dem erhöhten Niveau.

Produktgruppe Outdoor:	Zunächst leicht steigende Tendenz; Im dritten Jahr markanter Einbruch mit weiterhin kontinuierlichem Umsatzrückgang (entgegen der weltweiten Tendenz);

2 Angesichts des begrenzten finanziellen Spielraums und der allgemein verfügbaren Marktdaten empfiehlt sich eine Marktanalyse (einmalig und zeitpunktbezogen). Als mögliche Datenbasis kann auf eigene Umsatzstatistiken, Auswertung der Berichte des Außendienstes und Statistiken von Branchenverbänden usw. zurückgegriffen werden.

3 Zu I: Intensive und an Zielgruppen orientierte Werbung zum Aufbau eines Markennamens; Sponsoring von entsprechenden Events;

Zu II: Ausbau des Versandhandels über das Internet; Vertrieb nicht nur über eigene Sportfachgeschäfte, sondern auch über selbstständige Händler;

4 Konzentration der Beschaffungsaktivitäten auf die wirtschaftlich bedeutenden A-Güter z. B. durch

- Suche nach anderen Beschaffungsquellen für das Rohmaterial (z. B. Asien)
- Konstruktions-, materialtechnische oder fertigungstechnische Änderungen
- Anlieferung just-in-time

5 Meldebestand = Mindestbestand + Tagesverbrauch · Lieferzeit
= 20 + 10 · 7 = **90 Stück**

6

Umschlagshäufigkeit:	314.000,00 / 39.250,00 = **8 mal**
Durchschnittliche Lagerdauer:	360 / 8 = **45 Tage**
Lagerzinssatz:	8 · 45 / 360 = **1 %**
Lagerzins:	8 % des durchschnittlichen Lagerbestandes 8 · 39.250,00 / 100 = **3.140,00 EUR**

Sommer 2008, Aufgabe 2

1.1

Vorteile externer Personalbeschaffung	Nachteile externer Personalbeschaffung
▪ Größere Bewerberauswahl ▪ Neue Ideen und Impulse ▪ Notwendige, aber unliebsame Entscheidungen können von externen Mitarbeitern eher durchgesetzt werden, da keine Rücksichten eingefordert werden ▪ Kein Karriereneid bisheriger Arbeitskollegen	▪ Einarbeitungszeit notwendig ▪ Höhere Kosten der Stellenbesetzung ▪ Qualifikation nicht vollständig bekannt, daher Risiko der Fehlbesetzung ▪ Motivation der bisherigen Kollegen wird nicht belohnt, Risiko der Kündigung

1.2 Aufgrund der Kombination von unterschiedlichen Übungen (Fallstudie, Gruppendiskussion, Rollenspiel, Präsentation) werden diverse Qualifikationen und Kompetenzen der Bewerber erfasst. Durch die Vielzahl von Beobachtern, die beim AC eingesetzt werden, wird das Ergebnis der Verhaltensbeurteilung objektiver.

1.3.1 Führung im Ausnahmefall.
Herr Bergmann legt als Einkaufsleiter für jeden seiner Mitarbeiter den zu bewältigenden Aufgabenbereich genau fest. Im Rahmen dieses Aufgabenbereichs darf der Mitarbeiter eigenständig handeln und Entscheidungen treffen. Als Ausnahmefall kann für

Einkaufsverhandlungen z. B. ein bestimmter Nettowert festgelegt werden. Wird dieser überschritten, dann ist die Zustimmung des Vorgesetzten erforderlich.

1.3.2 Vorteil aus Mitarbeitersicht: z. B.
- Der Mitarbeiter kann sich im Rahmen seines Aufgabengebietes beweisen und seinen Kompetenzbereich ausnutzen.
- Bei außergewöhnlichen Entscheidungen (Ausnahmefall) kann sich der Mitarbeiter auf seinen Vorgesetzten berufen.
- Gibt dem Mitarbeiter Entscheidungssicherheit in seinem Verhalten.

Vorteil aus Sicht des Vorgesetzten: z. B.
- Entlastung von Routineaufgaben
- Geringer Kontrollaufwand

2.1 Durch die frühzeitige Bestellung ist unnötig viel Kapital im Lager gebunden.

2.2 Meldebestand = 42 Stück x 8 Tage + 42 Stück x 4 Tage = 504 Stück.

2.3 Beim Bestellrhythmusverfahren wird in bestimmten Zeitabständen (z. B. alle 30 Tage) bestellt. Geeignet bei relativ konstanten Lagerabgangsraten.

3

Vorteile der Werkstattfertigung	Nachteile der Werkstattfertigung
▪ anpassungsfähig gegenüber veränderten Marktbedingungen ▪ guter Überblick über Auslastung der Maschinen ▪ hohe Qualifikation der Arbeitskräfte	▪ Hohes Lohnniveau ▪ Hoher Planungsaufwand in der Arbeitsvorbereitung durch Lösgrößenbestimmung, Reihenfolgeplanung, Terminplanung, Maschinenbelegung, Transportplanung

4.1 Umschlagshäufigkeit: Wareneinsatz / Durchschn. Lagerbestand
1.341 / 298 = **4,5 mal**
Durchschnittliche Lagerdauer = 360 / UH = 360 / 4,5 = **80 Tage**

4.2 Die Umschlagshäufigkeit liegt deutlich unter dem Branchendurchschnitt.
Mögliche Ursachen:
- Geringerer Absatz bei branchentypischem Lagerbestand
- Zu hohe Lagerbestände bei branchentypischem Absatz

Kapitel 1: Einführung in die Systematik der Buchführung

1.1 Bedeutung und Notwendigkeit des Rechnungswesens

1. a) Lückenlose und geordnete Aufzeichnung aller wertverändernden Geschäftsfälle

   b)
   - Jahreserfolg durch Gegenüberstellung der Aufwendungen und Erträge
   - Vermögens- und Schuldverhältnisse durch Gegenüberstellung des Vermögens und der Schulden
   - Datenbasis zur Kalkulation der Selbstkosten und der Verkaufspreise
   - Beweismittel für mögliche Rechtsstreitigkeiten mit Lieferanten, Kunden usw.

   c)
   - frühere Perioden
   - andere Betriebe/Filialen/Sparten/Muttergesellschaft
   - Planvorgaben
   - Branche

1.2 Vermögen und Schulden der Unternehmung erfassen

1.
   - Einhaltung gesetzlicher Vorschriften
   - Feststellung der Bestände am Bilanzstichtag
   - Soll-Ist-Bestandsvergleiche

2. a) **Stichtagsinventur:** Zeitnahe körperliche Bestandsaufnahme (10 Tage vor oder nach dem Bilanzstichtag)

   Permanente Inventur: Laufende Inventur mittels Lagerkartei (Lagerbestandsdatei). Mindestens einmal jährlich körperliche Bestandsaufnahme dennoch notwendig (beliebiger Zeitpunkt).

   b) **Körperliche Inventur:** Mengenmäßige Aufnahme aller körperlichen Vermögensgegenstände durch Zählen, Messen, Wiegen und Schätzen.

   Buchinventur: Aufnahme der nicht-körperlichen Gegenstände (Forderungen, Bankguthaben, Schulden) aufgrund buchhalterischer Aufzeichnungen und Belege.

   c) **Inventur:** **Tätigkeit** der Aufnahme und Bewertung der Bestände

   Inventar: Bestands**verzeichnis**, das alle Vermögensteile und Schulden am Bilanzstichtag enthält (= Ergebnis der Inventur).

3. A. Vermögen B. Schulden C. Ermittlung des Reinvermögens

4. a) **Anlagevermögen:** Gegenstände, die dauerhaft im Geschäftsbetrieb verbleiben, wie z. B. Gebäude, Maschinen, Werkzeuge

   Umlaufvermögen: Gegenstände, die ständig umgesetzt, be- oder verarbeitet werden, wie z. B. Lagervorräte an Rohstoffen/ Heizöl, Forderungen, Guthaben bei Kreditinstituten

   b) **Langfristige Schulden** = Schulden mit einer Laufzeit > 4 Jahre.

   Kurzfristige Schulden = Schulden mit einer Laufzeit <= 4 Jahre

5.

	5.1	5.2	5.3	5.4
Vermögen	**245.000,00**	**80.000,00**	120.000,00	**150.000,00**
Anlagevermögen	70.000,00	50.000,00	**70.000,00**	**45.000,00**
Umlaufvermögen	**175.000,00**	30.000,00	50.000,00	105.000,00
Eigenkapital	95.000,00	**25.000,00**	40.000,00	50.000,00
Fremdkapital	150.000,00	55.000,00	**80.000,00**	100.000,00

6. a) **A. Vermögen**

1. Grundstücke		600.000,00 €
2. Gebäude		350.000,00 €
3. Fuhrpark		
1 Bagger „Liebherr“	150.000,00 €	
1 LKW „Daimler-Benz“	90.000,00 €	
1 LKW „Magirus“	120.000,00 €	
1 Schaufellader „Caterpillar“	220.000,00 €	
1 VW-Transporter	18.000,00 €	
1 PKW	55.000,00 €	653.000,00 €
4. Geschäftsausstattung (lt. Anlage 1)		70.000,00 €
5. Kundenforderungen (lt. Anlage 2)		54.500,00 €
6. Guthaben bei Kreditinstituten		
- Kreissparkasse	4.360,00 €	
- Volksbank	7.990,00 €	12.350,00 €
7. Kasse		1.270,30 €
Summe des Vermögens		1.741.120,30 €

B. Schulden

1. Hypothekendarlehen Kreissparkasse	900.000,00 €
2. Liefererverbindlichkeiten (lt. Anlage 3)	72.800,00 €
Summe der Schulden	972.800,00 €

C. Ermittlung des Reinvermögens

1. Summe des Vermögens	1.741.120,30 €
2. Summe der Schulden	972.800,00 €
3. Reinvermögen (= Eigenkapital)	768.320,30 €

Radolfzell, 31. Dezember 19..

b) **Anlagevermögen:** Grundstücke, Gebäude, Fuhrpark, Geschäftsausstattung
Umlaufvermögen: Kundenforderungen, Guthaben bei Banken, Kasse

1.3 Bilanz aus dem Inventar ableiten

1.

Aktiva	Bilanz zum 31.12.		Passiva
I. Anlagevermögen		*I. Eigenkapital*	768.320,30
Grundstücke	600.000,00	*II. Fremdkapital*	
Gebäude	350.000,00	Hyp'darlehen	900.000,00
Fuhrpark	653.000,00	Vbl. aus Lief.	72.800,00
Geschäftsausst.	70.000,00		
II. Umlaufvermögen			
Forderungen	54.500,00		
Bankguthaben	12.350,00		
Kasse	1.270,30		
	1.741.120,30		1.741.120,30

2. **Inventar:** Ausführliche Aufstellung der Vermögensteile und der Schulden in Staffelform
Bilanz : Kurzgefasste Gegenüberstellung von Vermögen und Kapital in Kontenform

3. Bei Gründung + Ende jedes Geschäftsjahres

4. **Linke Seite :** Aktiva; enthält Vermögensteile
Rechte Seite: Passiva; enthält Eigen- und Fremdkapital

5. **Gliederung des Vermögens:** Flüssigkeit (= Liquidität). Je näher die Position am Bargeld („flüssiger"), desto später erfolgt die Nennung der Position.
Gliederung des Kapitals: Fälligkeit (= Fristigkeit). Je kurzfristiger die Fälligkeit, desto später erfolgt die Nennung der Position.

6. Grundstücke ⟶ Lagereinrichtungen ⟶ Fuhrpark ⟶ Waren ⟶ Forderungen ⟶ Bankguthaben ⟶ Bargeld

1.4 Wertveränderungen in der Bilanz

Geschäftsvorfall	**Welche Bilanzpositionen?**	**Aktiv? Passiv?**	**Zu Ab?**	**Art des Grundfalles**
Barabhebung vom Bankkonto	*Bank* *Kasse*	*Aktiv* *Aktiv*	*Ab* *Zu*	*Aktivtausch*
Kauf eines LKW gegen Bankscheck	**Fuhrpark** **Bank**	**Aktiv** **Aktiv**	**Zu** **Ab**	**Aktivtausch**
Kunde begleicht Forderung durch Banküberweisung	**Forderung** **Bank**	**Aktiv** **Aktiv**	**Ab** **Zu**	**Aktivtausch**
Aufnahme eines Darlehens, Gutschrift auf Bankkonto	**Darlehen** **Bank**	**Passiv** **Aktiv**	**Zu** **Zu**	**Aktiv-Passiv-Mehrung**
Umwandlung eines kurzfristigen Bankdarlehens in ein langfristiges Darlehen	**Kurzfr. Darlehen** **Langfr. Darlehen**	**Passiv** **Passiv**	**Ab** **Zu**	**Passivtausch**
Tilgung eines Darlehens durch Überweisung vom Bankkonto	**Darlehen** **Bank**	**Passiv** **Aktiv**	**Ab** **Ab**	**Aktiv-Passiv-Minderung**
Kauf eines Lieferwagens durch Aufnahme eines Darlehens	**Fuhrpark** **Darlehen**	**Aktiv** **Passiv**	**Zu** **Zu**	**Aktiv-Passiv-Mehrung**

2. a) Einkauf von Rohstoffen auf Ziel
b) Darlehensrückzahlung durch Banküberweisung
c) Einzahlung des Kassenbestandes bei der Bank
d) Umwandlung einer Verbindlichkeit in eine Darlehensschuld

1.5 Konten aus der Bilanz ableiten und Geschäftsfälle buchen

1.

Daten	Seite des Kontos	
	Soll	Haben
Anfangsbestände eines Aktivkontos	x	
Abgänge eines Passivkontos	x	
Schlussbestand eines Aktivkontos		x
Zugänge eines Aktivkontos	x	

Schlussbestand eines Passivkontos	x	
Zugänge eines Passivkontos		x
Anfangsbestand eines Passivkontos		x
Abgänge eines Aktivkontos		x

2.

Geschäftsvorfall	**Welche Bilanzposition?**	**Aktiv? Passiv?**	**Zu? Ab?**	**Welche Seite ist zu buchen? SOLL**	**HABEN**
Barabhebung vom Bankkonto, 500,00 €	*Bank* *Kasse*	*Aktiv* *Aktiv*	*Ab* *Zu*	 *500,00*	*500,00*
(1) Kauf von Waren bar, 900,00 €	**Waren** **Kasse**	**Aktiv** **Aktiv**	**Zu** **Ab**	**900,00** 	 **900,00**
(2) Kunde zahlt Rechnung per Bank, 1.500,00 €	**Bank** **Ford.**	**Aktiv** **Aktiv**	**Zu** **Ab**	**1.500,00** 	 **1.500,00**
(3) Kauf von 5 Schreibtischen auf Ziel, 7.500,00 €	**G'Ausst.** **Verbindl.**	**Aktiv** **Passiv**	**Zu** **Zu**	**7.500,00** 	 **7.500,00**
(4) Aufnahme eines Darlehens, bar, 20.000,00 €	**Darlehen** **Kasse**	**Passiv** **Aktiv**	**Zu** **Zu**	 **20.000,00**	**20.000,00**
(5) Wir zahlen Liefererrechnung durch Banküberweisung, 4.500,00 €	**Bank** **Verbindl.**	**Aktiv** **Passiv**	**Ab** **Ab**	 **4.500,00**	**4.500,00**

2. b) und c)

S	Geschäftsausst. H
AB40.000,00	
(3) 7.500,00	

S	Eigenkapital H
	AB 42.000,00

S	Waren H
AB20.000,00	
(1) 900,00	

S	Darlehen H
	AB 25.000,00
	(4) 20.000,00

S	Forderungen H
AB 8.000,00	**(2) 1.500,00**

S	Verbindlichkeiten H
(5) 4.500,00	AB 7.500,00
	(3) 7.500,00

S	Bank H
AB 4.000,00	**(5) 4.500,00**
(2) 1.500,00	

S	Kasse H
AB 2.500,00	**(1) 900,00**
(4) 20.000,00	

3. a)	Waren	an	Kasse	1.000,00
b)	Verbindlichkeiten aus LuL	an	Bank	500,00
c)	Bank	an	Fuhrpark	8.000,00

d)	Darlehen		an	Bank	10.000,00
e)	Waren		an	Verbindl.	1.500,00
f)	Vbl. aus Lieferungen		an	Darlehen	5.000,00
g)	Postgiro		an	Forderungen	2.000,00
h)	Bank		an	Darlehen	20.000,00
i)	Bank		an	Kasse	500,00
j)	Kasse		an	Bank	1.000,00
k)	Postgiro		an	Bank	5.000,00
l)	Geschäftsausstattung		an	Bank	3.500,00
m)	Bank	20.000,00			
	Kasse	20.000,00	an	Grundstücke	40.000,00
n)	Bank	2.000,00			
	Kasse	500,00	an	Forderungen	3.000,00
o)	Darlehen	20.000,00	an	Fuhrpark	8.000,00
				Bank	12.000,00
p)	221 Waren	4.000,00	an	Verbindlichkeiten	2.500,00
				Kasse	1.500,00
q)	280 Bank	1.200,00			
	282 Kasse	300,00	an	Geschäftsausst.	1.500,00

1.6 Bestandskonten abschließen

S	Geschäftsausst.		H
AB	40.000,00	**SB**	**47.500,00**
(3)	7.500,00		
	47.500,00		47.500,00

S	Eigenkapital		H
SB	**42.000,00**	AB	42.000,00
	42.000,00		42.000,00

S	Waren		H
AB	20.000,00	SB	20.900,00
(1)	900,00		
	20.900,00		20.900,00

S	Darlehen		H
SB	**45.000,00**	AB	25.000,00
		(4)	20.000,00
	45.000,00		45.000,00

S	Forderungen		H
AB	8.000,00	(2)	1.500,00
		SB	**6.500,00**
	8.000,00		8.000,00

S	Verbindlichkeiten		H
(5)	4.500,00	AB	7.500,00
SB	**10.500,00**	(3)	7.500,00
	15.000,00		15.000,00

S	Bank		H
AB	4.000,00	(5)	4.500,00
(2)	1.500,00	**SB**	**1.000,00**
	5.500,00		5.500,00

S	Kasse		H
AB	2.500,00	(1)	900,00
(4)	20.000,00	**SB**	**21.600,00**
	22.500,00		22.500,00

Aktiva	Schlussbilanz zum 31.12. ..		Passiva
Geschäftsausstattung	47.500,00	Eigenkapital	42.000,00
Waren	20.900,00	Darlehen	45.000,00
Forderungen	6.500,00	Verbindlichkeiten	10.500,00
Bankguthaben	1.000,00		
Kasse	21.600,00		
	97.500,00		97.500,00

1.7 Geschäftsfälle auf Ergebniskonten buchen

1. a) Haben-Seite
   b) Aufwandskonten
   c) Aufwendungen → Soll-Seite
      Erträge → Haben-Seite
   d) Saldo eines Aufwandskontos: Haben-Seite
      Saldo eines Ertragskontos: Soll-Seite
   e) Gewinn- und Verlustkonto
   f) Haben-Seite
   g) Soll-Seite

2. a) und b)

S	Gehälter		H
1)	25.200,00	GuV	49.800,00
8)	24.600,00		
	49.800,00		49.800,00

S	Umsatzerlöse		H
GuV	65.000,00	2)	43.000,00
		7)	22.000,00
	65.000,00		65.000,00

S	Mieten		H
3)	800,00	GuV	1.400,00
9)	600,00		
	1.400,00		1.400,00

S	Zinserträge		H
GuV	280,00	4)	250,00
		10)	30,00
	280,00		280,00

S	Postgebühren		S
6)	120,00	GuV	120,00

H	Provisionserträge		H
GuV	23,00	5)	23,00

S	GuV		H
Gehälter	49.800,00	U'erl.	65.000,00
Mieten	1.400,00	Zinserträge	280,00
Postgeb.	120,00	Diskontertr.	23,00
EK	13.983,00		
	65.303,00		65.303,00

S	Eigenkapital		H
SB	263.983,00	AB	250.000,00
		GuV	13.983,00
	263.983,00		263.983,00

3.

a)	Aufwend. f. Kommun.	740,00	an	Bank	740,00
b)	Zinsaufwendungen	400,00	an	Bank	400,00
c)	Bank	500,00	an	Mieterträge	500,00
d)	Löhne	7.500,00	an	Bank	7.500,00
e)	Steuern	1.200,00	an	Postgiro	1.200,00
f)	Beiträge	250,00	an	Bank	250,00
g)	Büromaterial	70,00	an	Kasse	70,00
h)	Bank	120,00	an	Zinserträge	120,00
i)	Rechtskosten	850,00	an	Bank	850,00
j)	Versicherungsbeiträge	730,00	an	Bank	730,00

1.8 Wareneinkäufe und Warenverkäufe buchen

1. a)

S	**Waren**		**H**
AB	10.000,00	SB	8.000,00
Vbl.	50.000,00	A. f. W.	52.000,00
	60.000,00		60.000,00

S	**Aufwend. f. Waren**		**H**
Waren	52.000,00	GuV	52.000,00
	52.000,00		52.000,00

S	**Umsatzerlöse**		**H**
GuV	90.000,00	Ford.	90.000,00
	90.000,00		90.000,00

S	**Schlussbilanz**		**H**
...	...	...	...
...	...	...	...
Waren	8.000,00		

S	**GuV**		**H**
A. f. W.	52.000,00	UE	90.000,00
Übr. A.	400.000,00	Übr. E.	650.000,00
Reing.	288.000,00		
	740.000,00		740.000,00

b)

1.	Waren	50.000,00	an	Verbindlichkeiten	50.000,00
2.	Forderungen	90.000,00	an	Umsatzerlöse	90.000,00
3.	Schlussbilanz	8.000,00	an	Waren	8.000,00
4.	Aufw. f. Waren	52.000,00	an	Waren	52.000,00
5.	GuV	52.000,00	an	Aufw. f. Waren	52.000,00
6.	Umsatzerlöse	90.000,00	an	GuV	90.000,00

1.9 Bedeutung der Abschreibung

Buchungssätze

1.	Abschreibungen	10.000,00	an	Betriebsausstattung	10.000,00
2.	Abschreibungen	40.000,00	an	Fuhrpark	40.000,00

Verständnisfragen

1.
   - Abschreibungen berücksichtigen durch die **Haben-Buchung auf dem entsprechenden Anlagekonto die Wertminderungen** bei Anlagegütern. Das Anlagevermögen wird somit richtig ausgewiesen. Gleichzeitig wird der **Wertverlust durch eine Aufwandsbuchung** erfasst.
   - Abschreibungen werden **in die Verkaufspreise einkalkuliert** und fließen somit in Form von liquiden Mitteln in das Unternehmen zurück. Mit diesen Abschreibungsrückflüssen können wiederum die Neuanschaffungen finanziert werden.

2. Abschreibungen sind Aufwendungen und verringern somit den Gewinn.

3. Damit wird verhindert, dass Abschreibungssätze willkürlich zu hoch angesetzt werden in der Absicht, den Gewinn unangemessen zu verkürzen. Dies würde nämlich eine Verschiebung der gewinnabhängigen Steuern in die Zukunft bedeuten.

1.10 Jahresabschluss

1. a) - c)

S	**Grundst. u. Geb.**		H
AB	340.000,00	SB	340.000,00

S	**Aufw. f. Waren**		H
Waren	17.000,00	GuV	17.000,00

S	**Betriebs- u. Gesch'ausst.**		H
AB	170.000,00	Abschr.	17.000,00
		SB	153.000,00
	170.000,00		170.000,00

S	**Mieten**		H
3)	1.500,00	GuV	1.500,00

S	**Waren**		H
AB	40.000,00	SB	46.000,00
1)	23.000,00	Aufw. f. W.	17.000,00
	63.000,00		63.000,00

S	**Zinsaufwendung**		H
4)	1.800,00	GuV	1.800,00

S	**Forderungen**		H
AB	84.000,00	2)	8.000,00
5)	44.000,00	SB	120.000,00
	128.000,00		128.000,00

S	**Versicherungsbeiträge**		H
7)	900,00	GuV	900,00

S	**Bank**		H
AB	85.000,00	3)	1.500,00
2)	8.000,00	4)	1.800,00
		6)	3.000,00
		7)	900,00
		SB	85.800,00
	93.000,00		93.000,00

S	**Abschreibungen**		H
BuG	17.000,00	GuV	17.000,00

S	**Kasse**		H
AB	12.000,00	SB	15.000,00
6)	3.000,00		
	15.000,00		15.000,00

S	**Umsatzerlöse**		H
GuV	44.000,00	5)	44.000,00

S	**Eigenkapital**		H
SB	392.800,00	AB	387.000,00
		GuV	5.800,00
	392.800,00		392.800,00

S	**GuV**		H
Aufw. f. Wa.	17.000,00	Umsatzerl.	44.000,00
Mieten	1.500,00		
Zinsaufw.	1.800,00		
Vers.	900,00		
Abschr.	17.000,00		
EK	5.800,00		
	44.000,00		44.000,00

S	**Vbl. geg. KI**		H
SB	240.000	AB	240.000

S	**Vbl. aus LL**		H
SB	127.000,00	AB	104.000,00
		1)	23.000,00
	127.000,00		127.000,00

A	**Schlussbilanz**		P
G. u. Geb.	340.000,00	EK	392.800,00
Betr. u. GA	153.000,00	Vbl. g. KI	240.000,00
Waren	46.000,00	Vbl. a. LL	127.000,00
Ford.	120.000,00		
Bank	85.800,00		
Kasse	15.000,00		
	759.800,00		759.800,00

Buchungssätze

Geschäftsvorfälle

1.	Waren	23.000,00	an	Verbindlichkeiten	23.000,00
2.	Bank	8.000,00	an	Forderungen	8.000,00
3.	Mieten	1.500,00	an	Bank	1.500,00
4.	Zinsaufwendungen	1.800,00	an	Bank	1.800,00
5.	Forderungen	44.000,00	an	Umsatzerlöse	44.000,00
6.	Kasse	3.000,00	an	Bank	3.000,00
7.	Versicherungsbeiträge	900,00	an	Bank	900,00

Abschlussbuchungen

1.	Schlussbilanz	46.000,00	an	Waren	46.000,00
	Aufwendungen f. Waren	17.000,00	an	Waren	17.000,00
2.	Abschreibungen	17.000,00	an	Betriebs- u. Gesch'A.	17.000,00

Kapitel 2: Umsatzsteuer mit Prozentrechnen

2.1 Umsatzsteuer

1.	Handelswaren	14.500,00			
	Vorsteuer	2.755,00	an	Vbl.	17.255,00
2.	Forderungen	62.832,00	an	Umsatzerlöse	52.800,00
				USt.	10.032,00
3. a)	Umsatzsteuer	14.000,00	an	Vorsteuer	14.000,00
	Umsatzsteuer	7.000,00	an	Bank	7.000,00
b)	Umsatzsteuer	7.000,00	an	Schlussbilanz	7.000,00

Verständnisfragen

1. a) <u>Vorsteuer:</u> Forderung gegenüber dem Finanzamt (Aktivkonto). Entsteht bei Eingangsrechnungen. Sollbuchung.
   <u>Umsatzsteuer:</u> Verbindlichkeit gegenüber dem Finanzamt (Passivkonto). Entsteht bei Ausgangsrechnungen. Haben-Buchung.

   b)
   - Lieferungen und Leistungen gegen Entgelt
   - Eigenverbrauch

   c) Endverbraucher (Privatmann)

2. a) Summe Vorsteuerbuchungen > Summe Umsatzsteuerbuchungen
   b) Aktivposten (Forderung gegenüber dem Finanzamt)
   c) Summe Umsatzsteuerbuchungen > Summe Vorsteuerbuchungen
   d) Passivposten (Verbindlichkeit gegenüber dem Finanzamt)

3. Keinen! Es handelt sich um durchlaufende Posten, somit kein Einfluss auf Gewinn oder Verlust.

4. a) Aktivkonto b) Passivkonto

5. Zahllast eher üblich. Begründung: Die Verkaufserlöse übersteigen die Einkaufspreise, da eine Wertschöpfung stattfindet. Somit übersteigt üblicherweise die Umsatzsteuer (Basis: Nettoverkaufserlöse) die Vorsteuer (Basis: Nettoeinkaufspreise).

6. Der Unternehmer soll grundsätzlich nicht mit Umsatzsteuer (Mehrwertsteuer) belastet werden, da er nicht Endverbraucher ist (Ausnahme: Eigenverbrauch). Ihm in Rechnung gestellte USt. (= seine Vorsteuer) erhält er vom Finanzamt zurückvergütet. Umsatzsteuer, die er in Rechnung stellt, muss er ans Finanzamt abführen, so dass per Saldo keine erfolgsmäßige Auswirkung erfolgt.

7. Sie ist i. d. R. monatlich beim Finanzamt einzureichen (innerhalb von 10 Tagen nach Ablauf des Monats). Bestimmter Vordruck, auf dem die Zahllast bzw. der Vorsteuerüberhang ermittelt wird.

2.2 Prozentrechnung

1.

	a)	**b)**	**c)**	**d)**
Ursprünglicher Preis	230,00	**1.250,00**	**1.600,00**	900,00
Nachlass in %	12,5	-	**22**	-
Nachlass in €	**28,75**	-	352,00	-
Erhöhung in %	-	15	-	**15**
Erhöhung in €	-	187,50	-	**135,00**
Neuer Preis	**201,25**	**1.437,50**	1.248,00	1.035,00

2.

Gewinn 1	**169.397,99**	**€**
+ 4 %	6.775,92	€
Gewinn 2	176.173,91	€
- 8 %	14.093,91	€
Gewinn 3	162.080,00	€

3. a)

Rohbaumwolle	**3.000,00 kg**	100 %	
- Waschen, Kämmen	500,00 kg	16 2/3 %	
	2.500,00 kg	83 1/3 %	100 %
- Spinnen	50,00 kg		2 %
	2.450,00 kg	100 %	98 %
+ Ausrüsten	36,75 kg	1,5 %	
	2.486,75 kg	101,5 %	

b) 513,25 : 3.000 x 100 = 17,1 %

Kapitel 3: Zahlungsverkehr mit Zinsrechnen

3.1 Zahlungsmöglichkeiten unterscheiden, abwickeln und buchen

1.
- Kunde füllt zweiteiligen Formularsatz aus und unterschreibt.
- Bei Bank abgeben
- Bank bucht Betrag zu Lasten des Kundenkontos.
  - Original behält die Bank als Nachweis.
  - Belastungskopie erhält Kunde mit Kontoauszug.
  - Empfänger erhält erforderliche Information auf Kontoauszug

2 a) **Einzelüberweisung**: **Ein** Betrag wird an **einen** Empfänger überwiesen. Zweiteiliges Durchschreibeformular.
Sammelüberweisung: **Viele** Beträge an **verschiedene** Empfänger mit nur einem unterschriebenen Überweisungsauftrag

b)
- Zeitersparnis (nur eine Unterschrift)
- Geldersparnis (nur eine Buchungsgebühr)

3.

Fallbeispiel	**Einzelüberweisung (E) oder Lastschrift (L)**	**Begründung**
Heizölrechnung über 950,00 €. Auf der Rechnung steht eine Kontoverbindung.	**E**	Einmalige Zahlung
Telefonrechnung	**L**	Regelmäßig, schwankender Betrag

4. a) Beim Lastschriftverfahren hat es die Versicherungsgesellschaft in der Hand, die Abbuchung zu veranlassen. Darüber hinaus ändern sich gelegentlich die Beträge (Änderung der Rabattklasse, Beitragsrückerstattung).
b) Er kann die Kontobelastung innerhalb von 6 Wochen widerrufen.
c) Er muss stets wissen, wann welche Zahlungen fällig werden, damit sein Konto das erforderliche Guthaben aufweist. Mangelnde Deckung wegen nachlässiger Kontoführung hat zur Folge, dass die Lastschrift nicht eingelöst wird. Schadet Ruf d. Kontoinhabers.

5. Vorteile:
- keine Zielüberschreitung
- bei unregelmäßigen Beträgen kein Arbeitsaufwand für Zahlungspflichtigen
- kein Mahnaufwand für Empfänger wegen Terminversäumnis

6. a) Kreditkartenorganisation (z. B. VISA, EUROCARD...), Kreditkarteninhaber, Vertragsunternehmen (z. B. Hotel, Kaufhaus)

b) **Vorteile**
- **kurzfristiger Kredit** bis zur monatlichen Abrechnung
- ausführliche und **übersichtliche Monatsabrechnung**
- bequemes **Zahlen per Unterschrift**
- **sicher**, da Kartenorganisation das Risiko des Missbrauchs bei Diebstahl trägt

Nachteile
- in Deutschland noch relativ **geringe Verbreitung**
- feste Jahreskosten
- **verführt zu Mehrausgaben**, da Konto erst später (u. U. nach Lohnzahlung) belastet wird.
- daher **Risiko der Überschuldung**

- häufig verbunden mit Versicherungsschutz auf Reisen
- Kautionserlass bei Mietwagen, Ferienwohnungen usw.
- mangelnde Übersicht über laufende Außenstände

7. a) Der Benutzer benötigt:
   - Telefonanschluss mit
   - Modem bzw. ISDN
   - Endgerät (z. B. PC)
   - t-online-Dienste

   b)
   - Kontostände abfragen
   - Bestellungen (Überweisungen, Daueraufträge) aufgeben
   - Umsätze abfragen
   - Mitteilungen senden
   - Mitteilungen empfangen

   c) Es gibt mehrere Sicherheitsvorkehrungen, u. a. ein PIN = 5-stellige persönliche Identifikationsnummer.

8.

	POS	POZ
Gemeinsamer Ablauf	ec-Karte wird durch Kartenleser an Ladenkasse gezogen und danach die persönliche Geheimnummer eingetippt.	
Besonderheit	Betrag wird automatisch direkt vom Konto des Zahlungspflichtigen abgebucht	Lastschrift wird erstellt und der Bank des Zahlungspflichtigen übermittelt.
Sicherheit für Händler	Zahlung ist garantiert, auch wenn nicht die erforderliche Deckung vorhanden ist.	Geringer, da Bank die Möglichkeit hat, die Einlösung der Lastschrift zurückzuweisen
Kosten für Händler	teuerer	günstiger

9.

	Badische Porzellanmanufaktur AG			**Eiermann GmbH**		
a)	Forderungen	666,40		Waren	560,00	
	Umsatzerlöse		560,00	Vorsteuer	106,40	
	Umsatzsteuer		106,40	Verbindlichkeiten		666,40
b)	Bank	666,40		Verbindlichkeiten	666,400	
	Forderungen		666,40	Bank		666,40
c)	Für Verkäufer und Käufer wie unter b)					

3.2 Zinsrechnung

1. a) 16 T., z = 6,40 b) 92 T., z = 58,27 c) 28 T., z = 46,20

2. a) 67 T., k = 16.559,23 b) 126 T., k = 13.752,97 c) 29 T., k = 13.438,62

3. z = 176,00 €/ 66 Tage/ p = **12 %**

4.

Mieteinnahmen: 1.800,00 x 12 =				21.600,00 €
- Kosten:				
Hausaufwendungen: 600,00 x 4	=	2.400,00		
Hyp.zinsen: 8 % aus 150.000,00	=	12.000,00		14.400,00 €
Reinertrag = z				7.200,00 €

$$p = \frac{7.200,00 \times 100}{250.000,00} = \underline{\mathbf{2,88\ \%}}$$

5. Zinsanteil = 315,00 - 126,00 = 189,00 €/ t = 90; Rückzahlung: **13.06.**

6.

Mieteinnahmen: 3.400,00 x 12 =		40.800,00 €
- Kosten:		
Hyp.zinsen I: 7 % aus 110.000,00 =	7.700,00	
Hyp.zinsen II: 8 % aus 50.000,00 =	4.000,00	
Jährl. Abschreibungen	8.000,00	
Jährl. Reparaturen	2.600,00	
Jährl. Abgaben: 480,00 x 4 =	1.920,00	24.220,00 €
Reinertrag = z		16.580,00 €

$$k = \frac{16.580,00 \times 100}{4} = \underline{\mathbf{414.500,00\ €}}\ \text{Eigenkapital}$$

7. 360 Tage - 9 %
100 Tage - X % X = 2,5 % (angepasster Zinssatz)

2,5 % - 62,50 €
100 % - X € <u>X = 2.500,00 €</u> (= k)

8. 2 Monate - 2 %
12 Monate - X % X = <u>12 %</u>

9. a) Zinsertrag der zweiten Anlage = 24.720,00 €

$$p = \frac{24.720,00 \times 100 \times 360}{412.000,00 \times 240} = 9\ \%$$

b) 12 Monate - 9 %
4 Monate - X % X = 3 %

103 % - 412.000,00 €
100 % - X € <u>X = 400.000,00 €</u>

10. 360 Tage = 8 % 100,933.. % = 93.314,89 €
42 Tage = x % 100 % = x €
x = 0,933.. % x = **<u>92.452,00 €</u>**

11. 360 Tage = 9 % 96 % = 7.968,00 €
120 Tage = x % 100 % = x €
x = 3 % + 1 % = 4 % x = **<u>8.300,00 €</u>** Darlehen

Zinsen: 9 %, 120 Tage aus 8.300,00 € = **<u>249,00 €</u>**
Bearbeitungsgebühr: 1 % aus 8.300,00 € = **<u>83,00 €</u>**
Effektiver Zinssatz: 120 Tage = 4 %
360 Tage = x %= **<u>12 %</u>**

12. 360 Tage - 12 %
    90 Tage - X % X = 3 %

    97 % - 77.600,00 €
    100 % - X € X = **80.000,00 €**

13. $p = \dfrac{1{,}5 \times 100 \times 360}{98{,}5 \times 46} =$ **11,9 %** Bankkredit sinnvoll!

    Alternativrechnung:
    35.800,00 - 537,00 (1,5 % Skonto) = 35.263,00 €

Zinsen Bankkredit: $z = \dfrac{35.263 \times 11 \times 46}{100 \times 360} =$	495,64 €
- Skontoabzug	537,00 €
Vorteil bei Bankkreditaufnahme	**41,36 €**

14. a) $p = \dfrac{2 \times 100 \times 360}{98 \times 20} =$ **36,73 %**

    b) $p = \dfrac{2{,}5 \times 100 \times 360}{97{,}5 \times 16} =$ **57,69 %**

Kapitel 4: Personalaufwendungen

1.	Forderungen an Mitarbeiter	800,00	an	Kasse	800,00

2. a)

Bruttogehalt		4.100,00
+ Vermögenswirksame Leitung des Arbeitgebers		20,00
= Steuer- und sozialversicherungspflichtiges Gehalt		4.120,00
Abzüge		
- Lohnsteuer	730,00	
- Kirchensteuer	58,40	
- Solidaritätszuschlag	40,15	
- Krankenversicherung (7,9 % von 3.750,00)	296,25	
- Rentenversicherung (9,95 % von 4.120,00)	409,94	
- Pflegeversicherung (0,975 % von 3.750,00)	36,56	
- Arbeitslosenversicherung (1,4 % von 4.120,00)	57,68	
- Sparrate	40,00	
- Vorschussverrechnung	300,00	
Summe Abzüge		1.968,98
Nettogehalt (Auszahlungsbetrag)		**2.151,02**

b) **Ermittlung des Arbeitgeberanteils**

Krankenversicherung (7,0 % von 3.750,00)	262,50
Rentenversicherung (wie AN-Anteil)	409,94
Pflegeversicherung (wie AN-Anteil)	36,56
Arbeitslosenversicherung (wie AN-Anteil)	57,68
Summe Arbeitgeberanteil	766,68

c) **Buchung der Zahlung der fälligen Sozialversicherungsanteile**

Vbl. gg. SV (766,68 + 800,43)	1.567,11	an	Bank	1.567,11

d)

Gehälter	4.120,00	an	Bank	2.151,02
			Vbl. g. FA	828,55
			Vbl. g. SV	800,43
			Vbl. a. VwL	40,00
			Ford. an MA	300,00
AG-Anteil zur SV	766,68	an	Vbl. g. SV	766,68

e) Buchen der Überweisung für die noch abzuführenden Abgaben

Vbl. g. FA	828,55			
Vbl. a. VwL	40,00	an	Bank	868,55

f) Kostenbelastung des Unternehmers = 4.120,00 EUR + 766,68 EUR (Arbeitgeberanteil) = 4.886,68 EUR. Unter dem Aspekt einer gleichmäßigen Kostenverteilung wäre noch zu berücksichtigen, dass ggf. ein 13. Monatsgehalt, Urlaubsgeld usw. auf die Monate zu verteilen sind.

3. a)

	Bruttogehalt	3.900,00
+	VwL des Arbeitgebers	20,00
=	Steuer- und sozialversicherungspflichtiges Gehalt	3.920,00
-	Lohn- und KiSt, Solidaritätszuschlag	800,00
-	Beiträge zur Sozialversicherung	790,00
-	vermögenswirksames Sparen (Sparrate)	40,00
-	Vorschussverrechnung	500,00
=	Nettogehalt (Auszahlung)	1.790,00

b)	Vbl. g. SV	1.510,00	an	Bank	1.510,00
c)	Gehälter	3.920,00	an	Bank	1.790,00
				Vbl. g. FA	800,00
				Vbl. g. SV	790,00
				Vbl. a. VwL	40,00
				Ford. an MA	500,00
d)	AG-Anteil zur SV	720,00	an	Vbl. g. SV	720,00
e)	Vbl. g. FA	800,00			
	Vbl. a. VwL	40,00	an	Bank	840,00

Verständnisfragen

1.
- Lohn- und Kirchensteuer, Solidaritätszuschlag
- vermögenswirksames Sparen
- Beiträge zur Sozialversicherung
- Verrechnung von Vorschüssen

2.

Lohn- und Kirchensteuern, Solidaritätszuschlag:	Finanzamt
Sozialversicherungsbeiträge:	Krankenkassen
Vermögenswirksames Sparen:	Bausparkassen o. Ä.

3. Einkünfte aus nichtselbstständiger Arbeit

4. Die Lohnsteuer belastet den Unternehmer erfolgsmäßig nicht. Im Rahmen der Lohn- bzw. Gehaltsabrechnung wird sie dem Arbeitnehmer abgezogen und an das Finanzamt abgeführt.

5.

Beitragssätze:	**Stand: 01.07.2010**	**aktuell:**
Krankenversicherung	: 14,9 %	________%
Rentenversicherung	: 19,9 %	________%
Arbeitslosenversicherung	: 2,8 %	________%
Pflegeversicherung	: 1,95 %/2,20 %	________%

Kapitel 5: Organisation der Buchführung

1. Industrie, Großhandel, Einzelhandel, Banken

2. **Kontenrahmen:** Kontenordnungssystem, das für einen ganzen Wirtschaftszweig gilt
   Kontenplan : Auszug aus dem Kontenrahmen, zugeschnitten auf einen speziellen Betrieb

3.
   - rasches Auffinden der Konten durch einheitliche Gliederung
   - Unterstützung der maschinellen Verarbeitung
   - einheitliche Kontenbezeichnung
   - erleichtert Perioden- und Betriebsvergleich

4. a) Umlaufvermögen: Kontenklasse 2
   b) Eigenkapital: Kontenklasse 3
   c) Sachanlagen: Kontenklasse 0
   d) Finanzanlagen: Kontenklasse 1
   e) Verbindlichkeiten: Kontenklasse 4
   f) Aufwendungen: Kontenklasse 6 und 7
   g) Erträge: Kontenklasse 5

5. **Grundbuch (Journal)**
   - chronologische Ordnung
   - Aufnahme der
     - Eröffnungsbuchungen
     - laufenden Buchungen
     - Abschlussbuchungen

   Hauptbuch (Sachkonten)
   - sachliche Ordnung
   - hierzu gehören Bilanz- und Erfolgskonten

6.
   - Debitorenbuchhaltung (Kunden)
   - Kreditorenbuchhaltung (Lieferer)
   - Anlagenbuchhaltung
   - Lohn- und Gehaltsbuchhaltung
   - Lagerbuchhaltung

Kapitel 6: Grundbuchungen ausgewählter Geschäftsfälle

6.1 Geschäftsfälle aus der Beschaffungs-, Produktions- und Absatzwirtschaft einschließlich Währungsumrechnung

Hinweis: Verbrauchsorientierte Alternative = ***kursive*** Darstellung

1.	200	Rohstoffe	4.000,00	44	Verbindl.	4.760,00
	(600	*Aufwend. f. Rohstoffe*	*4.000,00)*			
	260	Vorsteuer	760,00			
2.	2001	Bezugskosten	200,00	44	Verbindl.	238,00
	(6001	*Bezugskosten*	*200,00)*			
	260	Vorsteuer	38,00			
3.	44	Verbindl.	3.570,00	2002	Nachlässe	3.000,00
				(6002	*Nachlässe*	*3.000,00)*
				260	Vorsteuer	570,00
4.	44	Verbindl.	9.520,00	2002	Rücksendungen	8.000,00
				(6002	*Rücksendungen*	*8.000,00)*
					260 Vorsteuer	1.520,00
5.	44	Verbindl.	8.627,50	2004	Liefererboni	7.250,00
				(6004	*Liefererboni*	*7.250,00)*
				260	Vorsteuer	1.377,50
6.	200	Rohstoffe	9.700,00	2001	Bezugskosten	9.700,00
	(600	*Aufwend. f. Rohstoffe*	*9.700,00*	*6001*	*Bezugskosten*	*9.700,00)*

7. a)

Listenpreis	45.000,00 €		
- 7,5 % Rabatt	3.375,00 €		
= Rechnungsbetrag	**41.625,00 €**		
+ Fracht bis Bremerhafen	1.750,00 €		
= Zollwert	43.375,00 €,	daraus 9 % Zoll	3.903,75 €
+ Zoll	3.903,75 €		
+ Fracht bis Osnabrück	640,00 €		
= Bemessungsgrundl. f. USt.	47.918,75 €,	daraus 19 % USt.	9.104,56 €

b) Buchungssätze

Rechnungsbetrag und Auslandsfracht, bestandsorientiert

2000	Rohstoffe	41.625,00			
2001	Bezugskosten	1.750,00	44	Vbl.	43.375,00

Rechnungsbetrag und Auslandsfracht, verbrauchsorientiert

600	Aufwend. f. Rohstoffe	41.625,00			
6001	Bezugskosten	1.750,00	44	Vbl.	43.375,00

	Inlandsfracht ***(in Klammer und invers dargestellt = verbrauchsorientierte Alternative)***					
	2001	Bezugskosten	640,00			
	(6001	*Bezugskosten*	*640,00)*			
	260	Vorsteuer	121,60	280	Bank	761,60
	Zoll und Umsatzsteuer					
	2001	Bezugskosten	3.903,75			
	(6001	*Bezugskosten*	*3.903,75)*			
	260	Vorsteuer (USt.)	8.982,96 (9.104,56 – 121,60)	280	Bank	12.886,71
8.	600	Aufw. f. Rohst.	4.500,00	200	Rohstoffe	4.500,00
9.	602	Aufw. f. Hilfsst.	98.000,00	202	Hilfsstoffe	98.000,00

10. a) **Rohstoffe:** Bestandsminderung von 40.000,00 **Hilfsstoffe:** Bestandsmehrung von 35.000,00

Verbrauchsermittlung

Rohstoffe		**Hilfsstoffe**	
Zugänge	540.000,00	Zugänge	180.000,00
+ Bestandsminderung	40.000,00	- Bestandsmehrung	35.000,00
= Verbrauch an Rohstoffen	580.000,00	= Verbrauch an Hilfsstoffen	145.000,00

b)	**Beschaffung der Rohstoffe**					
	600	Rohstoffe	540.000,00			
	260	Vorsteuer	102.600,00	44	Vbl. 6	642.600,00
	Bestandsveränderung der Rohstoffe (Minderung)					
	600	Aufwendungen für Rohst.	40.000,00	2000	Rohstoffe	40.000,00
	Beschaffung der Hilfsstoffe					
	602	Aufwendungen für Hilfsst.	180.000,00			
	260	Vorsteuer	34.200,00	44	Vbl.	214.200,00
	Bestandsveränderungen der Hilfsstoffe (Mehrung)					
	202	Hilfsstoffe	35.000,00	602	Aufwend. f. Hilfsst.	35.000,00
11.	240	Forderungen	11.900,00	500	Umsatzerlöse	10.000,00
				480	Umsatzsteuer	1.900,00
12.	614	Frachten	800,00	44	Verbindl.	928,00
	260	Vorsteuer	128,00			
13.	5001	Rücksendungen	1.000,00	240	Forderungen	1.190,00
	480	Umsatzsteuer	190,00			
14.	5001	Nachlässe	975,00	240	Forderungen	1.160,25
	480	Umsatzsteuer	185,25			
15.	5003	Kundenboni	8.500,00	240	Forderungen	10.115,00
	480	Umsatzsteuer	1.615,00			

16. | | |
|---|---|
| Warenwert | 125.500,00 |
| + Transportkosten | 4.200,00 |
| = Rechnungsbetrag | 129.700,00 |

b) 240 Forderungen	129.700,00	500	Umsatzerlöse	129.700,00

Übungsaufgaben zur Währungsumrechnung

1. Verkauf von US-$ - Ankauf von Euro – Geldkurs 1,18

1 € = 1,18 $
2.000,00 € = X $

$$X = \frac{2.000,00 \times 1,18}{1} = \mathbf{2.360,00\ \$}$$

2. Ankauf von US-$ - Verkauf von Euro – Briefkurs 1,33

1,33 $ = 1 €
1.200,00 $ = X €

$$X = \frac{1.200,00 \times 1}{1,33} = \mathbf{902,26\ €}$$

3. Verkauf von kan-$ - Ankauf von Euro – Geldkurs 1,24

1,24 kan $ = 1 €
1.500,00 kan $ = X €

$$X = \frac{1.500,00 \times 1}{1,24} = \mathbf{1.209,68\ €}$$

4. Ankauf von sfrs – Verkauf von Euro – Briefkurs 1,47

1,47 sfrs = 1 €
250.000,00 sfrs = X €

$$X = \frac{250.000,00 \times 1}{1,47} = \mathbf{170.068,03\ €}$$

Verständnisfragen

1. a) Rohstoffeinsatz = Materialeinsatz = Rohstoffverbrauch = Verbrauch von Fertigungsmaterial = Materialeinzelkosten (überwiegend Industriebetrieb)
   b) Wareneinsatz: Verkaufte Waren bewertet zum Einstandspreis (überwiegend Handelsbetrieb)

2. Direkte Methode: Jeder Stoffverbrauch wird mit Hilfe von Materialentnahmescheinen sofort erfasst und gebucht.
   Indirekte Methode: Der gesamte Stoffverbrauch der Periode wird nachträglich durch Inventur ermittelt.
   Verbrauch = AB + Zugänge - EB lt. Inventur

3. Direkte Methode:
   - übersichtlicher (Rohstoffkonten stets aktuell)
   - bessere Kontrollmöglichkeiten während des Geschäftsjahres (Bestandsentwicklung, Diebstahl, Fehlbestände...)
   - Grundvoraussetzung zur Behandlung als Einzelkosten und damit verursachungsgerechte Zuordnung auf Kostenträger

Indirekte Methode:

- weniger Buchungsaufwand (kostengünstiger)
- Materialentnahmescheine nicht notwendig (kostengünstiger)

4. a) Bei der verbrauchsorientierten Buchungsmethode wird die fertigungssynchrone Beschaffung direkt auf dem Aufwandskonto (600 Aufwendungen für Rohstoffe o. Ä.) als Aufwand erfasst. In aller Regel wird die innerhalb einer Periode beschaffte Menge nicht exakt verbraucht. Ein eventueller Minderverbrauch führt zu einer Bestandsmehrung, ein Mehrverbrauch zu einer Bestandsminderung. Um den Betrag der Bestandsveränderung ist das Aufwandskonto zu korrigieren.

   b) Bestandsmehrung: Es wurde weniger verbraucht als im Rahmen des Beschaffungsvorganges bereits als Aufwand gebucht wurde. Der damals gebuchte Betrag auf dem Aufwandskonto ist demnach zu hoch. Er muss um den Betrag der Bestandsmehrung verringert werden.
   Buchungssatz:
   Bestandskonto an Aufwandskonto Betrag = Höhe der Bestandsmehrung

6.2 Geschäftsfälle aus dem Zahlungs- und Kreditverkehr

1.	44	Verbindl.	4.760,00	280	Bank	4.664,80
				2003	Lieferersk.	80,00
				260	Vorsteuer	15,20
2.	280	Bank	11.543,00	240	Forderungen	11.900,00
	5002	Kundenskonti	300,00			
	480	Umsatzsteuer	57,00			
3.	280	Bank	4.898,04	240	Forderungen	4.998,00
	5002	Kundenskonti	84,00			
	480	Umsatzsteuer	15,96			
4.	480	Umsatzsteuer	22.845,00	280	Bank 22.845,00	
5.	084	Fuhrpark	120.000,00	280	Bank	142.800,00
	260	Vorsteuer	22.800,00			
6. a)	280	Bank	60.000,00	42	Vbl. g. KI	60.000,00
b)	675	Kosten d. Geldv.	600,00	280	Bank	600,00
c)	751	Zinsaufwand	450,00	280	Bank	450,00
d)	42	Vbl. g. KI	1.250,00	280	Bank	1.250,00

Verständnisfragen

1. Liefererskonti: Verringerung der Rohstoff-Anschaffungskosten, somit Verringerung des Rohstoffaufwands, Gewinn steigt.

   Kundenskonti: Verringerung der Umsatzerlöse, Gewinn sinkt.

6.3 Beschaffung, Nutzung und Verkauf von Anlagen

1. a)	07	Maschinen	32.200,00				
	260	Vorsteuer	5.118,00	an	44	Vbl.	38.318,00
b)	44	Verbindlichkeiten	38.318,00	an	280	Bank	37.604,00
					07	Maschinen	600,00
					260	Vorsteuer	114,00

2. a) Anschaffungskosten = 120.000,00 + 11.000,00 + 1.200,00 + 1.000,00 + 400,00 = 133.600,00 €

b)	084	Fuhrpark	133.600,00				
	260	Vorsteuer	25.384,00	an	44	Verbindl.	158.984,00
	703	Kfz-Steuer	1.600,00				
	690	Versicherung	2.300,00				
	605	Treibstoffe	500,00				
	260	Vorsteuer	95,00	an	280	Bank	4.495,00
c)	44 Verbindl.		158.984,00	an	280	Bank	155.804,32
					084	Fuhrpark	2.672,00
					260	Vorsteuer	507,68

3. AK = 400.000,00 + 14.000,00 + 9.000,00 + 600,00 + 5.000,00 = 428.600,00 €

05	Grundstücke	428.600,00				
702	Grundsteuer	900,00				
260	Vorsteuer	2.774,00	an	280	Bank	432.274,00

4. Aktivierung = Sollbuchung auf einem Aktivkonto

5. Anschaffungspreis
   \+ Anschaffungsnebenkosten
   \- Anschaffungskostenminderungen
   = Anschaffungskosten (= Aktivierungsbetrag)

6. **Anschaffungsnebenkosten** = Teil der Anschaffungskosten, daher aktivierungspflichtig. Alle Ausgaben und Aufwendungen, die im Rahmen der Anschaffung zusätzlich zum Kaufpreis **einmalig** auftreten.
   Beispiele: Transportkosten, Zölle, Montagekosten, Zulassungskosten, Vermittlungskosten, Notariatskosten, Grund**erwerb**steuer..

7. Anschaffungskostenminderungen: Rabatte, Skonti, Boni

8. Nicht aktivierungsfähig: 8. a) b) d) h)

9. **Bodenwert:** Nicht abschreibungsfähig
Gebäudewert: Wird abgeschrieben. Anschaffungskosten des reinen Gebäudes (ohne Grund und Boden) müssen als Abschreibungsbasis ermittelt werden.

10. a) Anschaffungskosten = 213.000,00 EUR
b) Aktivierungsbetrag = Anschaffungskosten = Anschaffungspreis + Anschaffungsnebenkosten (hier: Grunderwerbsteuer, Notar-, Vermessungs- und Grundbuchkosten) ./. Anschaffungskostenminderungen. Grundsteuern sind wiederkehrende Kosten, somit nicht aktivierungsfähig. Fremdkapitalzinsen sind Finanzierungskosten, die ebenfalls nicht aktivierungsfähig sind.

11.

Anschaf-fungs-/ Her-stellkosten	**AK bis 150,00 EUR**	**AK über 150,00 EUR bis 410,00 EUR**	**AK über 410,00 EUR bis 1.000,00 EUR**
Verfahren der Ab-schreibung	Sofort als Aufwand buchen	Wahlrecht: 1) Sofortabschreibung im Jahr der Anschaffung/ Herstellung oder 2) Poolabschreibung (wie rechts) oder 3) nach gewöhnlicher Nutzungsdauer	Wahlrecht: 1) Poolabschreibung, d. h. jahresweise Gruppierung der Wirtschaftsgüter und pauschale, lineare Abschreibung über 5 Jahre, und zwar auch dann, wenn das Anlagegut im Laufe dieser 5 Jahre aus dem Anlagevermögen ausscheidet, z. B. wegen Abnutzung, Beschädigung, Verkauf oder 2) nach gewöhnlicher Nutzungsdauer

Verständnisfragen

1. **Lineare Abschreibung:**
   - Abschreibung vom Anschaffungswert
   - Gleichbleibende Abschreibungsbeträge

   Degressive Abschreibung:
   - Abschreibung vom Buchwert
   - fallende Abschreibungsbeträge
   - führt nicht zum Nullwert, daher Übergang zur linearen Methode notwendig

2. Der degressive Abschreibungssatz darf maximal das 2,5-fache des linearen Satzes betragen, Obergrenze 25 %.

3. Degressiv. Hoher Wertverlust im 1. Jahr am besten berücksichtigt

4.

		Lineare Abschreibung	**Degressive Abschreibung**
a)	Erste Nutzungsjahre	Abschreibung niedriger, daher höherer Gewinn	Abschreibung höher, daher niedrigerer Gewinn
b)	Spätere Nutzungsjahre	Abschreibung höher, daher niedrigerer Gewinn	Abschreibung niedriger, daher höherer Gewinn

5. a) Lineare Methode. Begründung: Abschreibungsbeträge i. Vgl. zur degressiven Methode in ersten Nutzungsjahren geringer, somit Gewinne und Vermögensausweis höher, Kreditfähigkeit höher.
   b) **Verlustbereich:** Lineare Methode. Begründung: Momentan möglichst wenig abschreiben, um die Verluste zu verringern und damit die Kreditfähigkeit zu verbessern.

   Gewinnbereich: Degressive Methode. Begründ.: Vergleichsweise höhere Abschreibungen führen zu vergleichsweise kleinerem Gewinn. Dies bedeutet: Geringere Gewinnentnahmen, weniger gewinnabhängige Steuern, Verbesserung der Liquidität. Allerdings Steuernachteile in gleicher Höhe in späteren Jahren. Insgesamt: Steuerverschiebung, also Zinsgewinn.

6.

		a)	b)	c)	d)	e)
Linear	(%):	10	20	12,5	5	8,33
Degress.	(%):	25	25	25	12,5	20,83

7. **Inhalt des Abschreibungsplanes:**
   - genaue Bezeichnung des Gutes
   - Nutzungsdauer
   - Abschreibungsmethode
   - Anschaffungskosten
   - Kauftag
   - Abschreibungssatz

8.

Linear 12,5 %	Degressiv 25 % AfA-Betrag	Linearer AfA-Betrag auf Restwert	Verwendeter AfA-Betrag (jeweils größ.)
40.000			40.000,00
5.000	**10.000**	5.000 (= 40.000:8)	**10.000,00**
35.000			30.000,00
5.000	**7.500**	4.285,71 (= 30.000:7)	**7.500,00**
30.000			22.500,00
5.000	**5.625**	3.750,00 (= 22.500:6)	**5.625,00**
25.000			16.875,00
5.000	**4.218,75**	4.096 (= 20.480:5)	**4.218,75**
20.000			12.656,25
5.000	**3.164,06**	3.164,06 (=2.656,26:4)	**3.164,06 Ü !!**
15.000			9.492,19
5.000			**3.164,06**
10.000			6.328,13
5.000			**3.164,06**
5.000			3.164,07
5.000			**3.164,07**
0			0

9.

Ansch.kosten	**105.000**	100 %		
AfA 1. Jahr	21.000	20 %		
Restwert 1. J.	84.000	80 %	100 %	
AfA 2. Jahr	16.800		20 %	
Restwert 2. J.	67.200		80 %	100 %
AfA 3. Jahr	13.440			20 %
Restwert 3. J.	53.760			80 %

Buchungssätze

1. a) **Weder Buchgewinn noch -verlust**

240	Forderungen	11.900,00	an	5461	Erl. a. AV-Abg.	10.000,00
				480	Umsatzst.	1.900,00
5461	Erl. a. AV-Abg.	10.000,00	an	07	Maschinen	10.000,00

b) **Buchgewinn**

240	Forderungen	14.280,00	an	5461	Erl. a. AV-Abg.	12.000,00
				480	USt.	2.280,00
5461	Erl. a. AV-Abg.	12.000,00	an	07	Maschinen	10.000,00
				546	Erträge AV-Abg.	2.000,00

c) **Buchverlust**

240	Forderungen	8.330,00	an	6961	Erl. a. AV-Abg.	7.000,00
				480	USt.	1.330,00
6961	Erl. a. AV-Abg.	7.000,00				
696	Verluste AV-Abg.	3.000,00	an	07	Maschinen	10.000,00

2. a) **Kauf LKW**

084	Fuhrpark	100.000,00				
260	Vorsteuer	19.000,00	an	44	Vbl.	119.000,00

Inzahlungnahme Alt-LKW mit Buchgewinn

44	Vbl.	41.650,00	an	5461	Erl. a. AV-Abg.	35.000,00
				480	USt.	6.650,00

Ausbuchen Alt-LKW

5461	Erl. a. AV-Abg.	35.000,00	an	084	Fuhrpark	25.000,00
				546	Ertr. AV-Abg.	10.000,00

Restzahlung durch Banküberweisung

44	Vbl.	74.750,00	an	280	Bank	74.750,00

b) **Kauf LKW**

084	Fuhrpark	100.000,00				
260	Vorsteuer	19.000,00	an	44	Vbl.	119.000,00

Inzahlungnahme Alt-LKW mit Buchverlust

44	Verbindl.	23.800,00	an	6961	Erl. a. AV-Abg.	20.000,00
				480	USt.	3.800,00

Ausbuchen Alt-LKW

6961	Erl. a. AV-Abg.	20.000,00				
696	Verluste AV-Abg.	5.000,00	an	084	Fuhrpark	25.000,00

Restzahlung durch Banküberweisung

44	Vbl.	92.000,00	an	280	Bank	92.000,00

Kapitel 7: Jahresabschluss

7.1 Vorbereitende Abschlussbuchungen

Bestandsveränderungen

1. a)	801	Schlussbilanz	91.600,00	21	Unfertige Erzeugnisse	91.600,00
b)	521	Bestandsveränd. an UE	30.400,00	21	Unfertige Erzeugnisse	30.400,00
c)	801	Schlussbilanz	111.300,00	220	Fertigerzeugnisse	111.300,00
d)	220	Fertigerzeugnisse	64.800,00	522	Bestandsveränd. an FE	64.800,00
e)	802	GuV	30.400,00	521	Bestandsveränd. an UE	30.400,00
f)	522	Bestandsveränd. an FE	64.800,00	802	GuV	64.800,00
g)	802	GuV	154.400,00	300	Eigenkapital	154.400,00

Verständnisfragen

1. **Bestandsmehrung:** Produktion > Verkäufe. Neben der Absatzleistung (Verkäufe) erbringt das Unternehmen noch eine Lagerleistung (Bestandszunahme an UE/FE). Dieser Vermögenszuwachs muss als Ertrag erfasst werden auf der Haben-Seite des Erfolgskontos **Bestandsveränderung**, somit Erhöhung des Gewinns.

   Bestandsminderung: Produktion < Verkäufe. Den Umsatzerlösen sollen die Produktionskosten für dieselbe Stückzahl gegenübergestellt werden. Der - gegenüber der Produktion - erhöhte Verkauf war nur möglich durch den Verzehr von Vermögenswerten (UE/FE). Dieser Vermögensverzehr wird als Aufwand erfasst auf der Soll-Seite des Kontos Bestandsveränderung, somit Verringerung des Gewinns.

Abschreibungen auf Forderungen

1. a)	241	Zweifelhafte Forderungen	9.520,00	240	Forderungen	9.520,00
b)	6951	Abschreibung a. Forderungen	8.000,00	241	Zweifelhafte Forderungen	9.520,00
	480	USt.	1.520,00			
2.	6951	Abschreibung a. Forderungen	4.200,00	241	Zweifelhafte Forderungen	4.998,00
	480	USt.	798,00			
3.	280	Bank	2.499,00	241	Zweifelhafte Forderungen	4.165,00
	6951	Abschreibung a. Forderungen	1.400,00			
	480	Umsatzsteuer	266,00			

Verständnisfragen

1. Schuldner meldet Vergleich (Insolvenz) an, lässt Wechsel „platzen“.
2. Einwandfreie, zweifelhafte und uneinbringliche Forderungen

3.
- Einstellung Insolvenzverfahren mangels Masse bei unserem Kunden
- Fruchtlose Pfändung bei unserem Kunden
- Forderung teilweise uneinbringlich (voraussichtl. Insolvenzquote)

4. a) Umbuchung auf Konto „Zweifelhafte Forderungen“
   b) Abschreibung

5. Umsatzsteuerberichtigung. Basis war eine Ausgangsrechnung, somit eine Umsatzsteuerbuchung. Letztere muss nun berichtigt werden.

Zeitliche Abgrenzung

Buchungssätze

1.	a) 751	Zinsaufw.	3.000,00	489	Sonst.Vbl.	3.000,00
	b) 489	Sonst.Vbl.	3.000,00	280	Bank	3.000,00
2.	a) 690	Versich.	2.000,00	280	Bank	2.000,00
	b) 290	ARAP	2.000,00	690	Versich.	2.000,00
	c) 690	Versich.	2.000,00	290	ARAP	2.000,00
3.	a) 269	Sonst. Ford.	5.000,00	540	Mieterträge	5.000,00
	b) 280	Bank	5.000,00	269	Sonst. Ford.	5.000,00
4.	a) 280	Bank	4.000,00	540	Mieterträge	4.000,00
	b) 540	Mietertr.	4.000,00	490	PRAP	4.000,00
	c) 490	PRAP	4.000,00	540	Mieterträge	4.000,00
5.	a) 269	Sonst. Ford.	525,00	571	Zinserträge	525,00
	b) 280	Bank	900,00	571	Zinserträge	375,00
				269	Sonst. Ford.	525,00
6.	571	Zinsertr.	120,00	490	PRAP	120,00
7.	a) 690	Versich.	300,00	280	Bank	300,00
	b) 290	ARAP	200,00	690	Versich.	200,00
	c) 690	Versich.	200,00	290	ARAP	200,00
8.	577	Rechtskost.	2.000,00	39	Rückst.	2.000,00
9.	a) 70	Steuern	8.000,00	38	Steuerrückst.	8.000,00
	b) 38	Steuerrückst.	8.000,00	280	Bank	8.000,00
	c) 38	Steuerrückst.	8.000,00	280	Bank	6.000,00
				548	Ertr. a. Rückst.	2.000,00
	d) 38	Steuerrückst.	8.000,00	280	Bank	9.000,00
	699	Per.fr. A.	1.000,00			

Verständnisfragen

1. a) Sie dienen der zeitlichen Abgrenzung der Erfolge (Aufwendungen und Erträge). Der Erfolg ist in dem Jahr zu berücksichtigen, in dem er entstanden ist = Grundsatz der periodengerechten Erfolgsermittlung.

   b) **Aktiver RAP:** Ausgabe altes Jahr - Aufwand neues Jahr
   Sonst. Ford.: Ertrag altes Jahr - Einnahme neues Jahr

   c) **Passiver RAP:** Einnahme altes Jahr - Ertrag neues Jahr
   Sonst. Verb.: Aufwand altes Jahr - Ausgabe neues Jahr

2. a) **Sonst. Ford.:** Wir erhalten im Januar 02 Miete für Dezember 01
   Sonst. Verb.: Wir zahlen im Januar 02 Miete für Dezember 01

   b) **Aktiver RAP:** Wir zahlen im Dezember 01 Miete für Januar 02
   Passiver RAP: Wir erhalten im Dezember 01 Miete für Januar 02

3. a) **ARAP:** Gewinnerhöhend, da Korrektur des Aufwandes
   b) **PRAP:** Gewinnmindernd, da Korrektur des Ertrages
   c) **Sonst. Verbindl.:** Gewinnmindernd, da Aufwandsbuchung
   d) **Sonst. Forder.:** Gewinnerhöhend, da Ertragsbuchung

4. a) **Rückstellungen:** Schulden für Aufwendungen, die am Bilanzstichtag zwar ihrem Grunde nach feststehen, deren Höhe bzw. Fälligkeit jedoch ungewiss ist. Schätzung notwendig.

   b) **Ungewisse Verbindlichkeiten** (z. B. zu erwartende Steuernachzahlungen, Prozesskosten, Garantieverpflichtungen)
   Drohende Verluste aus schwebenden Geschäften (z. B. starker Preisverfall bereits gekaufter, jedoch noch nicht gelieferter Rohstoffe)
   Unterlassene Instandhaltungsaufwendungen, die im nächsten Geschäftsjahr innerhalb von 3 Monaten nachgeholt werden
   Gewährleistungen ohne rechtliche Verpflichtung (Kulanz)

   c) Die Bildung einer Rückstellung bedeutet gleichzeitig eine Aufwandsbuchung, führt somit zu einer Gewinnminderung.

   d) **Sonst. Verbindlichkeiten**: Stehen eindeutig fest.
   Rückstellungen: Höhe bzw. Fälligkeit der Schuld ist ungewiss. Folglich sind Schätzungen notwendig (Bewertungsspielräume, Bildung stiller Rücklagen möglich).

   e) **Rückstellungen:** Fremdkapital
   Rücklagen: Eigenkapital (einbehaltene Gewinne)

Abschlussübersicht

Verständnisfragen

1. Sie ist eine kompakte und übersichtliche Darstellung der Abschlussdaten für den Unternehmer und ermöglicht ihm damit einen Zeit und Kosten sparenden Überblick über die Unternehmung.

2. Abschlussübersicht = tabellarische Darstellung auf einem Blatt und keine Darstellung auf T-Konten

3. **Summenbilanz:** Enthält Summen der Soll- und Haben-Seiten der Konten
   Saldenbilanz I: Für jedes Konto wird der Saldo ermittelt und auf der wertmäßig größeren Seite eingetragen.
   Umbuchungen: Enthält vorbereitende Abschlussbuchungen
   Saldenbilanz II: Enthält Verrechnung von Saldenbilanz I mit den Umbuchungen

Schlussbilanz : Enthält die Salden der Bestandskonten. Summen stimmen nicht überein. Differenz = Reingewinn (falls Aktiva > Passiva) oder Reinverlust (falls Aktiva < Passiva).

Erfolgsbilanz: Enthält Salden der Erfolgskonten. Differenz spiegelbildlich zu Schlussbilanz. Reingewinn, falls Erträge > Aufwendungen und Reinverlust, falls Erträge < Aufwendungen

7.2 Inhalt und Gliederung des Jahresabschlusses

1. • Bilanz • GuV • Anhang

2.
   - Vermögen nach Flüssigkeit
   - Schulden nach Fälligkeit

3.
   - Erläuterung einzelner Positionen der Bilanz und der GuV
   - Angabe der Bilanzierungs- und Bewertungsmethoden

4.
   - Darstellung von Geschäftsverlauf + Lage der Kapitalgesellschaft
   - Lagebericht soll eingehen auf:
     - Vorgänge von besonderer Bedeutung nach dem Bilanzstichtag
     - Voraussichtliche Entwicklung der Gesellschaft
     - Bereich Forschung und Entwicklung

5.
   - größere Übersichtlichkeit durch Bildung von Zwischensummen (bereits Charakter von Kennzahlen)
   - Erfolgslage leichter zu interpretieren

6. a) Die Saldierung von
   - Aktiv- mit Passivkonten in der Bilanz und von
   - Ertrags- mit Aufwandskonten in der GuV

   ist nicht zulässig.

   b) Dadurch verbessert sich der Informationsgehalt von Bilanz und GuV, indem z. B. die Erfolgsquellen deutlich sichtbar werden.

Kapitel 8: Auswertung des Jahresabschlusses

8.1 Statistisches Zahlenmaterial aufbereiten und beurteilen

1. Gliederungszahlen: a), b), c)
   Beziehungszahlen: d), f), g)
   Indexzahlen: e)

2. a) Beziehungszahlen
   b)

Jahr	Umsatzerlöse		Gewinn		
	€	Index 2000 = 100	€	Index 2000 = 100	Umsatzrentabilität
2000	72.000,00	100	8.650,00	100	**12,01**
2001	73.500,00	**102,08**	9.200,00	**106,36**	**12,52**
2002	77.000,00	**106,94**	5.400,00	**62,43**	**7,01**
2003	71.500,00	**99,31**	6.400,00	**73,99**	**8,95**
2004	76.000,00	**105,56**	7.300,00	**84,39**	**9,61**
2005	82.000,00	**113,89**	8.800,00	**101,73**	**10,73**

c)

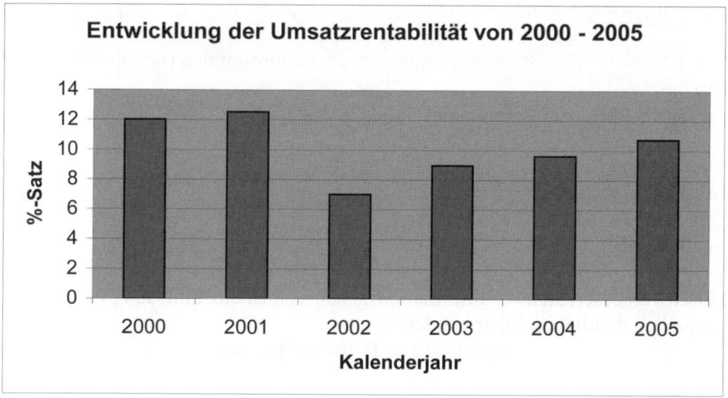

3.

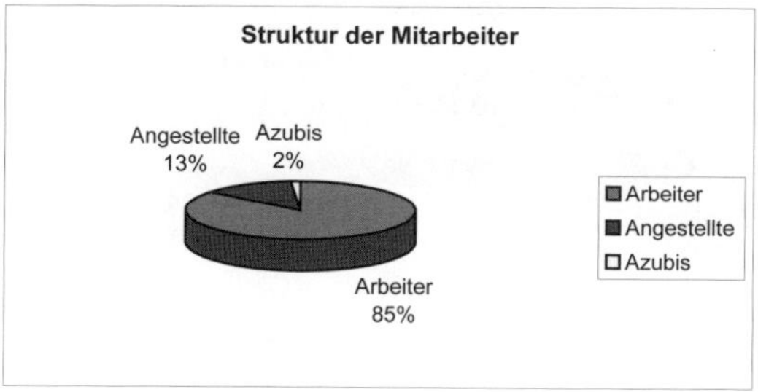

Summe =	1.462 MA
Arbeiter =	85,5 %
Angestellte =	13,0 %
Auszubildende =	1,5 %

4. a)

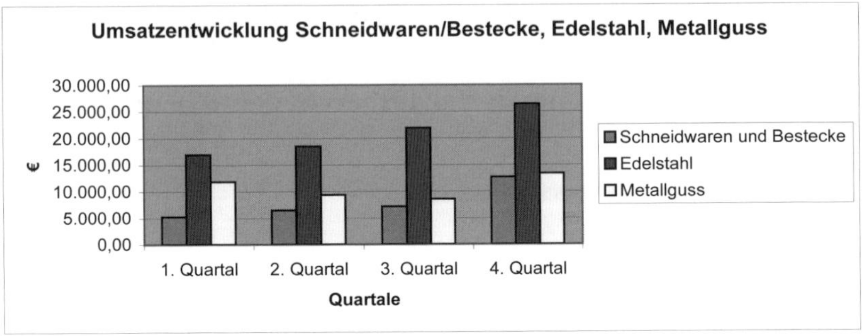

b)

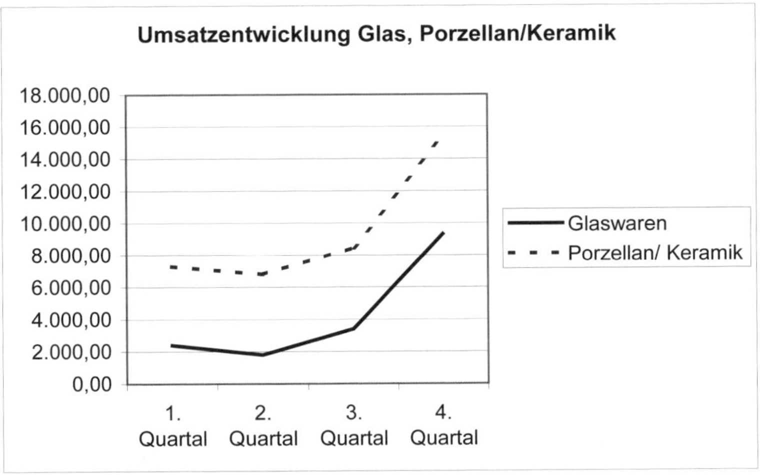

c) 1. Kreisdiagramm

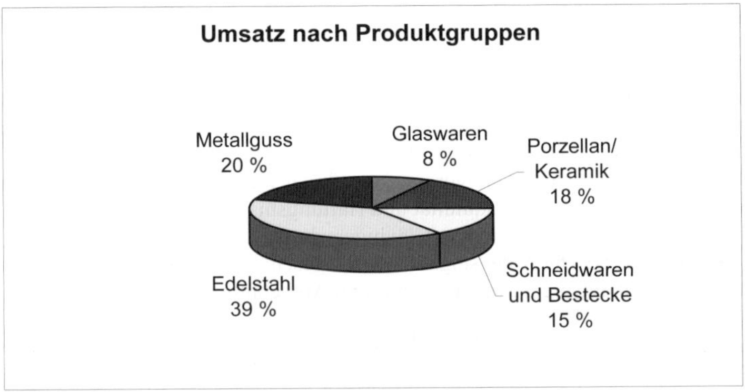

2. Kreisdiagramm

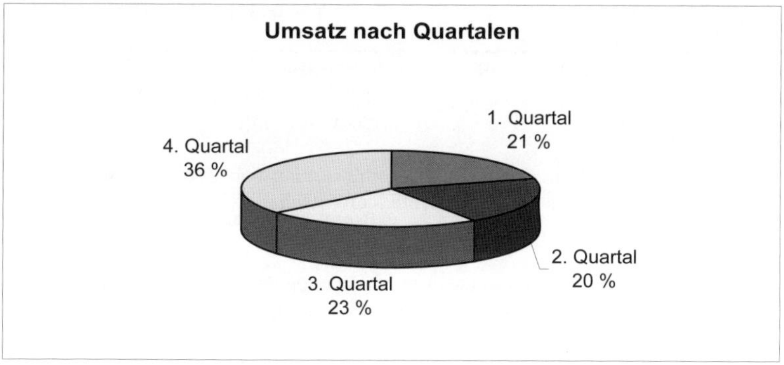

8.2 Problematik der Bewertung

Verständnisfragen

1. a) Gemildertes Niederstwertprinzip
   b) Strenges Niederstwertprinzip
   c) Höchstwertprinzip

2. a) **Vorsichtsprinzip:** Oberster Grundsatz der Bewertung. Bei mehreren möglichen Wertansätzen soll beim Vermögen der niedrigere (Niederstwertprinzip), bei Schulden der höhere Wert (Höchstwertprinzip) angesetzt werden. So wird der Gewinn relativ niedrig (vorsichtig) ausgewiesen - die Gefahr zu hoher Ausschüttungen mit entsprechend hohem Liquiditätsentzug entfällt.
   b) **Gemildertes Niederstwertprinzip:** Gilt beim Anlagevermögen.
   Bei vorübergehender Wertminderung darf der niedrigere Wert angesetzt werden (Wahlrecht).
   c) **Strenges Niederstwertprinzip:** Gilt beim Umlaufvermögen. Beim Anlagevermögen nur bei voraussichtlich dauernder Wertminderung. Der niedrigere Wert muss angesetzt werden (Pflicht).
   d) **Höchstwertprinzip:** Gilt bei den Schulden. Von 2 möglichen Wertansätzen muss jeweils der höhere angesetzt werden.
   e) **Anschaffungswertprinzip:** Die Anschaffungskosten eines Vermögensgegenstandes dürfen nie überschritten werden.
   f) **Imparitätsprinzip:** Nicht realisierte Gewinne dürfen nicht ausgewiesen werden (Realisationsprinzip). Nicht realisierte Verluste müssen demgegenüber ausgewiesen werden.
   g) **Gläubigerschutz:** Der Gläubiger muss geschützt werden vor zu hohen Gewinnausschüttungen, damit möglichst viel Liquidität und Haftungsmasse im Unternehmen verbleibt. Das Vorsichtsprinzip dient somit dem Gläubigerschutz.
   h) **Teilhaberschutz:** Die Anteilseigner müssen geschützt werden vor Bildung zu hoher stiller Rücklagen mit entsprechender Gewinn- und Ausschüttungsreduzierung.

3. **Stille Rücklagen:** Vorhandene, aber in Bilanz nicht ausgewiesene Teile des Eigenkapitals.
   Entstehung durch:
   - Unterbewertung von Vermögensgegenständen
   - Überbewertung der Schulden

Beispiel:

Offene Situation

GuV

Soll		Haben	
Übrige Aufw.	50	Erträge	65
Degr. AfA	10		
Gewinn	5		

Verdeckte, „wahre“ Situation

GuV

Soll		Haben	
Übrige Aufw.	50	Erträge	65
Tatsächl. Wertmind.	6		
„wahrer“ Gewinn	9		

Eine überhöhte Abschreibung (und damit Unterbewertung von Vermögenswerten) führt zu einem offiziell geringeren Gewinn als tatsächlich erwirtschaftet.

Vorteile:
- Gewinnanteile werden nicht ausgewiesen und können damit auch nicht entnommen werden.
- Zahlung von gewinnabhängigen Steuern wird vermindert.
- damit bleiben liquide Mittel im Unternehmen.
- weniger Fremdkapital (Zins!) notwendig.

4. **Grundstücke, Gebäude:** Wegen Anschaffungswertprinzip sind die Anschaffungskosten stets die Obergrenze. Die Grundstückswerte steigen oft erheblich darüber hinaus.
Maschinen: Degressive Abschreibung; bereits voll abgeschriebene Maschinen, die noch genutzt werden.
Geringwertige Wirtschaftsgüter: Sofortige Vollabschreibung im Anschaffungsjahr
Rückstellungen: Zu hohe Schätzung

5.
- Vermögen zu niedrig, Schulden zu hoch ausgewiesen: Fehlende Aussagekraft der Bilanz (Verschleierung)
- Den Eigentümern werden Gewinne vorenthalten.
- Rentabilitätskennziffern sind offiziell schlechter als in Wahrheit.
- hohe Gewinne bei Auflösung der stillen Rücklagen (Verschleierung der Erfolgslage)
- Vorteil: Entspricht dem Vorsichtsprinzip; Finanzierung ohne Finanzierungskosten... (vgl. Thema „Selbstfinanzierung“)

6. a) 60 x 62,00 € = **3.720,00 €**
   b) Laut Anschaffungswertprinzip dürfen die Anschaffungs- oder Herstellungskosten niemals überschritten werden.

7. a) 25,00 €. Anschaffungswertprinzip (vgl. 6 b)
   b) 24,00 €. Strenges Niederstwertprinzip beim Umlaufvermögen.

8. 280,00 €. Anschaffungswertprinzip (vgl. 6 b)

9. a) Es handelt sich um Umlaufvermögen (kurzfristige Anlage), somit gilt das strenge Niederstwertprinzip: 400,00 €
   b) Anlagevermögen (langfristig), somit gilt das gemilderte Niederstwertprinzip: Wahlrecht zwischen 400,00 € oder 450,00 € (Ausnahme: Voraussichtlich dauernde Wertminderung, dann 400,00 €).

Kapitel 9: Kosten- und Leistungsrechnung

9.1 Grundbegriffe der Kosten- und Leistungsrechnung

1. **Ausgaben:** Geldabfluss
   Aufwand: Begriff der GuV-Rechnung. Gesamter Werteverzehr in einer Periode
   Kosten: Begriff der Kosten- und Leistungsrechnung (KLR). **Betrieblich bedingter Werteverzehr** in einer Periode. Kurz: Betriebliche Aufwendungen

2. a) Aufwand b) Ausgabe + Aufwand c) Ausgabe
   d) weder Ausgabe noch Aufwand e) Aufwand

3.
   - betriebsfremder Aufwand
   - außerordentlicher Aufwand
   - periodenfremder Aufwand
   - Verluste aus Anlagenabgängen

4. a) **Neutr. Aufwand:** Aufwendungen, die nicht als Kosten erfasst werden.
   b) **Zweckaufwand:** Jene Aufwendungen, die dem Zweck der Leistungserstellung dienen
   c) **Grundkosten:** Jene Kosten, deren Wertansatz der Geschäftsbuchführung (dort Zweckaufwand) entnommen werden kann
   d) **Zusatzkosten:** Kosten, die in der Geschäftsbuchf. nicht als Aufwand erfasst werden
   e) **Anderskosten:** Kosten, die in der GuV in anderer Höhe als in der KLR erfasst werden

5. Siehe Stofftelegramm

6.

	Neutrale Aufwendungen				**Kosten**
	betriebs-fremd	**außer-ordentl.**	**perioden-fremd**	**Verl. aus Anlagen-abgängen**	
a) Gehälter					**X**
b) Nachzahlung betrieblicher Steuern für Vorjahr			**X**		
c) Verlust aus LKW-Verkauf				**X**	
d) Fertigungslöhne					**X**
e) Abschreibung auf nicht betriebsnotwendiges Gebäude	**X**				
f) Soziale Aufwendungen					**X**
g) Verlust aus Wertpapierverkauf		**X**			
h) Rohstoffaufwand					**X**

9.2 Ursachen der Entstehung der Kosten

1.

Ursache	**Entstehende Kostenart, Beispiel**
Materialverbrauch in der Produktion	Stoffkosten, z. B. Verbrauch von Roh-, Hilfs- und Betriebsstoffen
Beschäftigung von Mitarbeitern	Personalkosten, z. B. Löhne, Gehälter, gesetzliche und freiwillige soziale Leistungen

Kapitaleinsatz zu betrieblich bedingten Zwecken	Kapitalkosten, z. B. kalkulatorische Abschreibung, kalkulatorische Wagnisse
Inanspruchnahme von Leistungen anderer Betriebe	Fremdleistungskosten, wie z. B. Reparaturen, Beratungskosten, Mieten, Pachten, Transportkosten
Öffentliche Abgaben	Kosten der menschlichen Gemeinschaft, wie z. B. betriebliche Steuern, Gebühren, Beiträge, Kosten der Entsorgung

2. a) Kosten, die in der GuV überhaupt nicht (= Zusatzkosten) oder in anderer Höhe als Aufwendungen berücksichtigt werden (= Anderskosten)
   b) Kalkulatorische Abschreibungen, - Zinsen, - Unternehmerlohn, - Wagnisse

3. Unterscheidungsmerkmale siehe Stofftelegramm

   Begründung für den unterschiedlichen Ansatz der kalkulatorischen Abschreibung:
   - **Abschreibung des betriebsnotwendigen Vermögens:** Nur dieses dient dem ordnungsgemäßen Betriebsablauf. Darüber hinausgehendes Vermögen darf kalkulatorisch nicht berücksichtigt werden, weil dadurch die eigenen Erzeugnisse mit zu hohen Kosten belastet würden und folglich nicht mehr zu einem konkurrenzfähigen Preis angeboten werden könnten.
   - **Lineare Abschreibung:** Im Unterschied zur degressiven Abschreibung führt die lineare Abschreibung zu einer kostenrechnerisch erwünschten gleichmäßigen Kostenbelastung der einzelnen Perioden.
   - **Abschreibungsgrundlage = Wiederbeschaffungskosten:** Bei Preissteigerungen kann die neue Maschine aus den Abschreibungsrückflüssen beschafft werden. Hierdurch wird eine substantielle Kapitalerhaltung erreicht.

4. Zweckaufwand = Grundkosten: 100.000,00 €
   Neutrale Aufwendungen: 20.000,00 €

5. Zweck: Zufallsschwankungen der verschiedenen Wagnisse werden entsprechend ihrer Durchschnittswerte über einen längeren Zeitraum geglättet. Damit werden die schwankenden Wagnisse der einzelnen Perioden gleichmäßig verteilt und die Kostenrechnung (Preiskalkulation!) von Zufallsschwankungen befreit.

6. Nicht berücksichtigt: **Allgemeines Unternehmerrisiko**, z. B. steigende Zinsen; wegbrechende Nachfrage wegen hoher Arbeitslosigkeit; Veralterung der Produkte auf Grund des technischen Fortschritts

7. Anlage-, Bestände-, Fertigungs-, Gewährleistungs-, Entwicklungswagnis

9.3 Abgrenzungsrechnung (Ergebnistabelle)

a) Siehe nächste Seite
b) Die kalkulatorische Abschreibung erfasst die tatsächliche Wertminderung mit dem Ziel, die substantielle Kapitalerhaltung sicherzustellen. Über die in die Preise einkalkulierten Abschreibungsbeträge soll letztlich die Wiederbeschaffung möglich sein. Daher wird vom Wiederbeschaffungswert abgeschrieben. Damit die einzelnen Rechnungsperioden während der Nutzungsdauer gleichmäßig belastet werden, wird das Anlagegut linear abgeschrieben.

c) Tatsächlich eingetretene Wagnisverluste werden als Aufwand in der GuV erfasst. An Stelle der IST-Wagnisse werden in der Kosten- und Leistungsrechnung die Durchschnittswerte der letzten Jahre als kalkulierte Wagniszuschläge verrechnet. Somit werden die Wagnisse auf die einzelnen Perioden gleichmäßig verteilt und Zufallsschwankungen in der Kostenrechnung vermieden.

1. a) Ergebnistabelle in T€

	GuV		**uA**		**KK**		**KLR**	
Kto-Nr.	**Aufwend.**	**Erträge**	**nA**	**nE**	**A(GuV)**	**K(KLR)**	**Kosten**	**Leistungen**
500		3.200						3.200
522		100						100
53		60						60
571		40		40				
600	880						880	
602/3	250						250	
62	540						540	
63	420						420	
64	300						300	
65	280				280	250	250	
696	50		50					
70	90						90	
kalk. W						60	60	
	2.810	3.400	50	40	280	310	2.790	3.360
	590			10	30		570	
	3.400	3.400	50	50	290	310	3.360	3.360

Ergebnis aus unternehmensbezogenen Abgrenzungen	-	10 T€
Ergebnis aus kostenrechnerischen Korrekturen	+	30 T€
Neutrales Ergebnis	+	20 T€
Betriebsergebnis	+	570 T€
Gesamtergebnis lt. GuV	+	**590 T€**

9.4 Aufgaben der Kostenstellenrechnung, BAB

1. Abgegrenzter Ort (in der Regel = Abteilung) im Unternehmen, dem Gemeinkosten zugeordnet werden können.

2.
   - Gewinnung von Daten für die Kalkulation (Zuschlagssätze für Material-, Fertigungs-, Verwaltungs- und Vertriebsgemeinkosten)
   - Kontrolle der Kostenentwicklung (z. B. durch Vergleich SOLL/IST oder von 2 Abrechnungsperioden)
   - Schaffung von abgegrenzten Verantwortungsbereichen für die Kostenverursachung

3. Eine Abgrenzung nach Verantwortungsbereichen ist sinnvoll wegen unterschiedlichen Kostenstrukturen (lohnintensiv, materialintensiv, fixkostenlastig usw.). Die Abgrenzung nach (persönlichen) Verantwortungsbereichen unterstützt eine wirksame Kostenkontrolle.

4. a) **Einzelkosten** = Kosten, die einem Produkt (= Kostenträger) unmittelbar (direkt) zugerechnet werden können. Beispiel: Fertigungslöhne und Fertigungsmaterial

b) **Gemeinkosten** = Kosten, die für mehrere Kostenträger gemeinsam anfallen und nicht unmittelbar dem Produkt zugerechnet werden können. Sie werden mit Hilfe der im Betriebsabrechnungsbogen (BAB) ermittelten Zuschlagssätze auf die Kostenträger verrechnet.

c) **Sondereinzelkosten** = Sie sind - wie die Einzelkosten - einem Kostenträger direkt zurechenbar. Sie entstehen aber nicht für alle Erzeugnisse gleichermaßen (wie z.B. Fertigungsmaterial), sondern aufgrund eines speziellen Kundenauftrages. Man unterscheidet:

Sondereinzelkosten der Fertigung, z. B. Lizenzgebühren, Modellkosten, Kosten für besondere Werkzeuge oder Vorrichtungen.
Sondereinzelkosten des Vertriebs, z. B. Spezialverpackungen, Vertreterprovision

5. a) **Kostenstelleneinzelkosten** = Gemeinkosten, die mit Hilfe von Belegen auf die einzelnen Kostenstellen exakt zugeordnet werden können, z. B. Hilfslöhne auf Grund von Gehaltslisten, Verbrauch von Büromaterial auf Grund von Materialentnahmescheinen.

b) **Kostenstellengemeinkosten** = Gemeinkosten, die auf dem Umweg über Verteilungsschlüssel den Kostenstellen zugeordnet werden, z. B. Verteilung der Heizkosten über die Kubatur der Räume, Verteilung der Reinigungskosten nach Quadratmeter Bodenfläche.

6. Der gewählte Schlüssel muss dem Grundsatz der Kostenverursachung (Proportionalität) gerecht werden.

7. a) Kosten der Werkskantine: Nach Anzahl der Mitarbeiter in den einzelnen Kostenstellen
b) Kalk. Abschreibungen: Nach den kalkulatorischen Restwerten des Anlagevermögens in den Kostenstellen

8.

GK-Art	Betrag	Verteilungs-grundl.	Schlüsselgröße				Gemeinkosten in €			
			Ma	Fe	Vw	Vt	Ma	Fe	Vw	Vt
Energie	180,00	Kilowatt-Std.	120,00	200,00	110,00	170,00	36,00	60,00	33,00	51,00
Reinigung	2.400,00	Quadratmeter	150,00	600,00	90,00	60,00	400,00	1.600,00	240,00	160,00

9. a)

Fertigungsmaterial		560.000,00	
+ Materialgemeinkosten	(6 %)	33.600,00	
= Materialkosten			593.600,00
Fertigungslöhne I		75.250,00	
+ Fertigungsgemeinkosten I	(120 %)	90.300,00	
= Fertigungskosten I			165.550,00
Fertigungslöhne II		47.875,00	
+ Fertigungsgemeinkosten II	(160 %)	76.600,00	
= Fertigungskosten II			124.475,00
= Herstellkosten der Prod.			883.625,00
+ Bestandsminderungen			43.000,00
- Bestandsmehrungen			27.000,00
= Herstellkosten d. Umsatzes			899.625,00
+ Verwaltungsgemeinkosten	(3,33 %)		30.000,00
+ Vertriebsgemeinkosten	(3,28 %)		29.500,00
= Selbstkosten			959.125,00

b)

Fertigungsmaterial		2.400,00	
+ Materialgemeinkosten	(6 %)	144,00	
= Materialkosten			2.544,00
Fertigungslöhne I		650,00	
+ Fertigungsgemeinkosten I	(120 %)	780,00	
= Fertigungskosten I			1.430,00
Fertigungslöhne II		420,00	
+ Fertigungsgemeinkosten II	(160 %)	672,00	
= Fertigungskosten II			1.092,00
= Herstellkosten			5.066,00
+ Verwaltungsgemeinkosten	(3,33 %)		168,70
+ Vertriebsgemeinkosten	(3,28 %)		166,16
= Selbstkosten			5.400,86

10. Am Beispiel der Bestandsmehrung von FE: Es werden Fertigerzeugnisse auf Lager genommen, da von den produzierten Erzeugnissen nur ein Teil verkauft, der Rest auf Lager genommen wird. Die Herstellkosten jener Menge, die verkauft wurde, müssen folglich geringer sein als die Herstellkosten der produzierten Menge und zwar um den Wert, der auf Lager genommen wurde. Entsprechend umgekehrte Argumentation gilt im Falle der Bestandsminderung.

9.5 Kostenträgerrechnung

1. Kostenträger = diejenigen Leistungseinheiten, auf welche das Unternehmen jeweils die Kosten zurechnet, i. d. R. ein Stück (z. B. PKW) aber auch eine Dienstleistung (z. B. Beratung)
2. **Kostenträgerstückrechnung** dient der Ermittlung der Selbstkosten, z. B. durch Zuschlagskalkulation.
   Kostenträgerzeitrechnung erfasst die Einzel- und Gemeinkosten für das gesamte Unternehmen und die einzelnen Erzeugnisgruppen innerhalb eines Abrechnungszeitraumes und ermittelt das Betriebsergebnis.
3. Ziele der Kostenträgerrechnung
   - Ermittlung der Selbstkosten
   - Ermittlung des Angebotspreises
   - Kostencontrolling
   - Ermittlung der Preisuntergrenze
4.

	Erzeugnis A		**Erzeugnis B**		**Erzeugnis C**	
	%	**€**	**%**	**€**	**%**	**€**
LEP		5.240,00		80,00		480,00
- Liefererrabatt	15	786,00	20	16,00	10	48,00
= Zieleinkaufspreis		4.454,00		64,00		432,00
- Liefererskonto	3	133,62	2	1,28	3	12,96
= Bareinkaufspreis		4.320,38		62,72		419,04
+ Bezugskosten		130,50		5,80		40,50
= Einstandspreis		4.450,88		68,52		459,54
+ Handlungskosten	30	1.335,26	25	17,13	20	91,91
= Selbstkosten		5.786,14		85,65		551,45
+ Gewinn	12	694,34	10	8,57	8	44,12
= Barverkaufspreis		6.480,48		94,22		595,57
+ Kundenskonto	2	139,37	3	2,91	2,5	16,45
+ Vertreterprovision	5	348,41		0,00	7	46,07

= Zielverkaufspreis		6.968,26		97,13		658,09
+ Kundenrabatt	12	950,22	12	13,25	15	116,13
= Listenverkaufspreis		7.918,48		110,38		774,22

5. Rohgewinn = 2.360,00 € - 1.680,00 € = 680,00 €

Kalkulationszuschlag = $\frac{680 \times 100}{1.680}$ = **40,48 %** Kalkulationsfaktor = **1,4048 %**

6.

Materialkosten		2.650,00 €
Materialgemeinkosten	12 %	318,00 €
Fertigungslöhne		3.400,00 €
Fertigungsgemeinkosten	120 %	4.080,00 €
SonderEK der Fert.		352,00 €
Herstellkosten		10.800,00 €
Vw/VtGK	15 %	1.620,00 €
Selbstkosten		12.420,00 €
Gewinn	10 %	1.242,00 €
Barverkaufspreis		13.662,00 €
Kundensk./Vertreterprov.	10 %	1.518,00 €
ZielVP = ListenVP		15.180,00 €

7. a)

Fertigungsmaterial	240.000,00 €	
+ Materialgemeinkosten	19.200,00 €	
= Materialkosten		259.200,00 €
Fertigungslöhne	40.000,00 €	
+ Fertigungsgemeinkosten	44.000,00 €	
= Fertigungskosten		84.000,00 €
= Herstellkosten		343.200,00 €
+ Vw/VtGemeinkosten		30.888,00 €
= Selbstkosten		374.088,00 €
= Selbstkosten pro Stück		46,76 €

b)

Selbstkosten/Stück	46,76 €
+ 12 % Gewinnzuschlag	5,61 €
= Barverkaufspreis	52,37 €
+ 3 % Kundenskonto	1,69 €
+ 4 % Vertreterprovision	2,25 €
= Zielverkaufspreis	56,31 €
+ 15 % Kundenrabatt	9,94 €
= Listenverkaufspreis	**66,25 €**

8.

Fertigungsmaterial		2.480,00 €	
+ Materialgemeinkosten	8 %	198,40 €	
= Materialkosten			2.678,40 €
Fertigungslöhne		760,00 €	
+ Fertigungsgemeinkosten	80 %	608,00 €	
= Fertigungskosten			1.368,00 €
= Herstellkosten			4.046,40 €
+ Verwaltungsgemeinkosten	16 %		647,42 €
+ Vertriebsgemeinkosten	6 %		242,78 €

= Selbstkosten			4.936,60 €
+ Gewinnzuschlag	12 %		592,39 €
= Barverkaufspreis			5.528,99 €
+ Kundenskonto	2,5 %		151,07 €
+ Vertreterprovision	6,0 %		362,56 €
= Zielverkaufspreis			6.042,62 €
+ Kundenrabatt	15 %		1.066,34 €
= Listenverkaufspreis			7.108,96 €

9.

Fertigungsmaterial		60.640,00 €	
+ Materialgemeinkosten	6,9 %	4.200,00 €	
= Materialkosten			64.840,00 €
Fertigungslöhne		24.789,00 €	
+ Fertigungsgemeinkosten	140,6 %	34.860,00 €	
= Fertigungskosten			59.649,00 €
= Herstellkosten der Produktion			124.489,00 €
+ Bestandsminderung an Unf. Erzeugn.			5.400,00 €
- Bestandsmehrung an Fertigerzeugnissen			2.700,00 €
= Herstellkosten des Umsatzes			127.189,00 €
+ Verwaltungsgemeinkosten	10,6 % (der Heko d. Prod.)		13.200,00 €
+ Vertriebsgemeinkosten	5,5 % (der Heko d. Ums.)		6.940,00 €
= Selbstkosten			147.329,00 €

10.

Fertigungsmaterial, 72.000 x 0,50		36.000,00 €	
+ MGK	10 %	3.600,00 €	
= Materialkosten			39.600,00 €
Fertigungslöhne (72.000 Std. : 480 Stück x 20,00 €)		3.000,00 €	
+ 10 % Restfertigungsgemeinkosten		300,00 €	
+ Maschinenkosten (150 Std. x 10,00 €)		1.500,00 €	
= Fertigungskosten			4.800,00 €
= Herstellkosten			44.400,00 €
+ Vw/VtGK	20 %		8.880,00 €
= Selbstkosten für 72.000 Stück			**53.280,00 €**
= Selbstkosten pro Stück			**0,74 €**

11. a)

Fertigungsmaterial		25.000,00 €	
+ Materialgemeinkosten	4,0 %	1.000,00 €	
= Materialkosten			26.000,00 €
Fertigungslöhne I		20.000,00 €	
+ RestfertigungsGK I	75 %	15.000,00 €	
+ Maschinenkosten I (150,00 € x 500 Std.)		75.000,00 €	
+ Fertigungslöhne II		16.000,00 €	
+ RestfertigungsGK II	31,25 %	5.000,00 €	
+ Maschinenkosten II (125,00 € x 400 Std.)		50.000,00 €	
= Fertigungskosten			181.000,00 €
= Herstellkosten der Produktion			207.000,00 €
+ Bestandsmind. an Unfert. Erzeugn.			3.000,00 €
- Bestandsmehrung an Fertigerzeugnissen			5.000,00 €
= Herstellkosten des Umsatzes			205.000,00 €
+ Verwaltungsgemeinkosten	4,2 %		8.560,00 €
+ Vertriebsgemeinkosten	6,3 %		12.840,00 €
= Selbstkosten			226.400,00 €

b)

Fertigungsmaterial		1.600,00 €	
+ Materialgemeinkosten	4,0 %	64,00 €	
= Materialkosten			1.664,00 €
Fertigungslöhne I		600,00 €	
+ RestfertigungsGK I	75 %	450,00 €	
+ Maschinenkosten I (150,00 € x 4 Std.)		600,00 €	
+ Fertigungslöhne II		800,00 €	
+ RestfertigungsGK II	31,25 %	250,00 €	
+ Maschinenkosten II (125,00 € x 1 Std.)		125,00 €	
= Fertigungskosten			2.825,00 €
= Herstellkosten			4.489,00 €
+ Verwaltungsgemeinkosten	4,2 %		188,54 €
+ Vertriebsgemeinkosten	6,3 %		282,81 €
= Selbstkosten			4.960,35 €
+ Gewinn	20 %		992,07 €
= Barverkaufspreis			5.952,42 €
+ Kundenskonto	2 %		121,48 €
= Zielverkaufspreis			6.073,90 €
+ Kundenrabatt	10 %		674,88 €
= Listenverkaufspreis			6.748,78 €

12. Maschinenstundensatzrechnung ist sinnvoll, wenn
    - Produkte teilweise auf Maschinen mit hohen, teilweise auf Maschinen mit niedrigen Kosten hergestellt werden,
    - bestimmte Produkte mehr, andere weniger Maschinenstunden benötigen,
    - die Höhe der Fertigungsgemeinkosten hauptsächlich durch Maschineneinsatz bestimmt wird. Geringe Fertigungslöhne eignen sich dann nicht als Zuschlagsbasis für alle Fertigungsgemeinkosten.

13. **Maschinenabhängige Fertigungsgemeinkosten**
    Kalkulatorische Abschreibung, Kalkulatorische Zinsen, Instandhaltungskosten, Raumkosten, Energiekosten, Werkzeugkosten, Betriebsstoffkosten
    Restfertigungsgemeinkosten
    Hilfslöhne, Gehälter, Sozialkosten, Hilfsstoffkosten, Heizkosten, Sonstige Fertigungsgemeinkosten

14. Ziele der Kostenträgerzeitrechnung
    (1) Ermittlung der gesamten Selbstkosten einer Rechnungsperiode und der Selbstkosten einzelner Kostenträger (bzw. Erzeugnisgruppen)
    (2) Gegenüberstellung dieser Selbstkosten zu den Nettoverkaufserlösen
    (3) Ermittlung des Betriebsergebnisses

15.

			Gesamt	**Regale**	**Eckbänke**
1.		Fertigungsmaterial	132.000,00	36.000,00	96.000,00
2.	+	MGK, **16,3 %**	21.516,00	5.868,00	15.648,00
3.	=	Materialkosten (1+2)	153.516,00	41.868,00	111.648,00
4.		Fertigungslöhne	311.000,00	106.000,00	205.000,00
5.	+	FGK, **125 %**	388.750,00	132.500,00	256.250,00
6.		Fertigungsk.(4+5)	699.750,00	238.500,00	461.250,00
7.		HK d. Produkt. (3+6	853.266,00	280.368,00	572.898,00
8.		Bestandsveränd. an FE	+ 3.000,00	- 7.000,00	+ 10.000,00
9.		Bestandsveränd. an UE	- 5.000,00	+ 1.000,00	- 6.000,00

10.	HK d. U. (7+8+9)	851.266,00	274.368,00	576.898,00
11.	+ VwGK, **7,6 %**	64.848,00	21.308,00	43.540,00
12.	+ VtGK, **3,5 %**	29.794,00	9.603,00	20.191,00
13.	+ SEK des Vertr.	3.000,00	0,00	3.000,00
14.	SK d. U. (10+11+12+13)	948.908,00	305.279,00	643.629,00
15.	Netto-Verkaufserlöse	1.103.029,00	418.835,00	684.194,00
16.	- SK d. U	948.908,00	305.279,00	643.629,00
17.	= Betriebserg. (15-16)	154.121,00	113.556,00	40.565,00

16. **Normalkosten:** Sie ergeben sich daraus, dass auf die einzelnen Zuschlagsgrundlagen (z. B. Fertigungsmaterial) Normalzuschlagssätze für die Gemeinkosten verrechnet werden. Diese Normalzuschlagssätze ergeben sich durch Glättung der IST-Zuschlagssätze vergangener Abrechnungsperioden. Die Zufallsschwankungen früherer Perioden schlagen sich demnach in den Normalgemeinkostensätzen nieder.

    Plankosten: Sie werden im Gegensatz zu den Normalkosten nicht durch eine Rückwärtsbetrachtung (= Durchschnittswerte der Vergangenheit), sondern durch eine Vorwärtsbetrachtung (Planvorgaben der Unternehmensleitung) gewonnen. Vergleiche zwischen PLAN und IST legen offen, wie weit die tatsächlichen Gemeinkosten von den Planvorgaben abweichen.

17. a) Überdeckung, wenn Normalkosten > Ist-Kosten
    b) Unterdeckung, wenn Normalkosten < Ist-Kosten

18. **(1) Preisveränderungen**
    - Erhöht sich der Preis für die Zuschlagsgrundlage (z. B: Fertigungsmaterial) und bleiben die Normalzuschlagssätze unverändert, dann steigen die verrechneten Normalgemeinkosten. Werden hingegen die IST-Gemeinkosten von der Preiserhöhung nicht berührt (Folge: die IST-Zuschlagssätze sinken), dann ergibt sich eine Überdeckung.
    - Kostenerhöhungen bei den Gemeinkosten führen bei unveränderten Normalzuschlagssätzen zum Ausweis einer Unterdeckung. Die IST-Zuschlagssätze steigen.

    (2) Beschäftigungsveränderungen
    Mit steigender Beschäftigung steigen auch die variablen Kosten für Fertigungsmaterial und -löhne, während die Gemeinkosten teilweise konstant bleiben. Der Zuschlagssatz der IST-Gemeinkosten sinkt. Bei konstanten Normalgemeinkosten führt dies zu einer Überdeckung.

    (3) Verbrauchsabweichungen
    Steigender/fallender Verbrauch an Fertigungsmaterial bzw. Fertigungszeiten im Vergleich zu Stücklisten- und Arbeitsplanvorgaben haben vergleichbare Folgen wie Preisschwankungen bei Fertigungsmaterial bzw. -löhnen.

19.		**Ist-Kosten**		**Normalkosten**		**Unterd. (-) Überd. (+)**
		%	**€, gesamt**	**%**	**€**	
1.	Fertigungsmaterial		750.000,00		750.000,00	
2.	+ MGK	8,8	66.000,00	8	60.000,00	- 6.000,00
3.	= Materialkosten		816.000,00		810.000,00	
4.	Fertigungslöhne		145.000,00		145.000,00	
5.	+ FGK	151,7	220.000,00	160	232.000,00	+ 12.000,00
6.	Fertigungsk.		365.000,00		377.000,00	
7.	HK d. Produkt.		1.181.000,00		1.187.000,00	
8.	+ Minderbestand FE		3.000,00		3.000,00	

9.	- Mehrbestand UE		8.000,00		8.000,00	
10.	HK d. U.		1.176.000,00		1.182.000,00	
11.	+ VwGK	11,9	140.000,00	12	141.840,00	+ 1.840,00
12.	+ VtGK	7,5	88.000,00	5	59.100,00	- 28.900,00
13.	SK d. U.		1.404.000,00		1.382.940,00	- 21.060,00
14.	Nettoverkaufserlöse		1.650.000,00		1.650.000,00	
15.	- SK d. U		1.404.000,00		1.382.940,00	
16.	= Umsatzergebnis				267.060,00	
17.	Über-/Unterdeckung				- 21.060,00	
18.	= Betriebserg.		246.000,00		246.000,00	

20. Bei der Unterdeckung wurden weniger Normalkosten verrechnet als tatsächlich angefallen sind, d. h. das Umsatzergebnis (Normalkosten) ist besser als das Betriebsergebnis, bei dessen Ermittlung ja die höheren Ist-Kosten verrechnet wurden - und zwar exakt um den Betrag der Unterdeckung. Verringert man demnach das Umsatzergebnis um die Unterdeckung, dann erhält man das Betriebsergebnis.

21.

Gemein-kosten	Zahlen der Buchhaltung	Material	Fertigungsstellen I	Fertigungsstellen II	Verwaltung	Vertrieb
Summen	876.200,00	71.100,00	136.800,00	378.000,00	120.000,00	170.300,00
Zuschlags-grundlage	...	FM 1.200.000,00	FL I 120.000,00	FL II 330.000,00	Heko des Umsatzes 2.235.500,00	
Normalzu-schläge	...	6 %	120 %	115 %	5 %	8 %
Normalge-meinkosten	...	**72.000,00**	**144.000,00**	**379.500,00**	**111.775,00**	**178.840,00**
Überdeck. Unterdeck.		**+ 900,00**	**+ 7.200,00**	**+ 1.500,00**	**- 8.225,00**	**+ 8.540,00**

22.

Gemein-kosten	Zahlen d. Buchh.	Material	Fertigungsstellen I	Fertigungsstellen II	Verwaltung	Vertrieb
Summen	244.000,00	8.000,00	70.000,00	80.000,00	63.000,00	23.000,00
Ist-Zuschlags-grundlage	...	FM 160.000,00	FL I **50.000,00**	FL II 82.000,00	Heko d. Prod. **450.000,00**	Heko d. Ums. **460.000,00**
Ist-Zuschlags-sätze in %	...	5	140	**97,56** 2)	14	**5** 3)
Normal-Zu-schlags-grundlage		**160.000,00**	**50.000,00**	**82.000,00**	**455.700,00**	**465.700,00**
Normal-Zuschlags-sätze in %		6	136	105	13	**6**
Normal-gemeinkosten	...	**9.600,00** 1)	**68.000,00**	**86.100,00**	**59.241,00** 3)	**27.942,00**
Überdeck. Unterdeck.		**+ 1.600,00**	**- 2.000,00**	**6.100,00**	**- 3.759,00**	**+ 4.942,00**

9.6 Deckungsbeitragsrechnung

		Produkt A	Produkt B	Produkt C
1. a)	**SK, gesamt**	7.700,00	4.650,00	50.000,00
b)	**SK/Stück**	2,96	44,29	45,45
c)	**Erlöse**	10.400,00	5.250,00	60.500,00
	- var. Kosten	5.200,00	3.150,00	44.000,00
	= DB, ges.	5.200,00	2.100,00	16.500,00
	DB/Stück	2,00	20,00	15,00
d)	**DB, gesamt**	5.200,00	2.100,00	16.500,00
	- Fixkosten	2.500,00	1.500,00	6.000,00
	= Betriebsergebnis	2.700,00	600,00	10.500,00

e) **Entscheidung unter Vollkosten**
Selbstkosten pro Stück bei einer Produktion von 3.000 Stück
SK, ges. = FK + 3.000 x vK = 2.500 + 3.000 x 2,00 = 8.500,00 €
SK/Stück = 8.500,00 : 3.000 = 2,83 €/Stück
Fazit: Exportauftrag wird nicht angenommen, da das Angebot des Exporteurs die Selbstkosten von 2,83 €/Stück nicht deckt.

Entscheidung unter Deckungsbeitrag

	Ablehnung	Annahme
Erlöse I	10.400,00	10.400,00
Erlöse aus Zusatz	0,00	1.000,00
- Summe Erlöse	10.400,00	11.400,00
- variable Kosten	5.200,00	6.000,00
= Deckungsbeitrag	5.200,00	5.400,00
- Fixkosten	2.500,00	2.500,00
= Betriebsergebnis	2.700,00	2.900,00

Da jedes exportierte Stück einen Deckungsbeitrag von 2,50 - 2,00 = 0,50 € erwirtschaftet und die Fixkosten bereits gedeckt sind, wird das Betriebsergebnis um diese 400 x 0,50 € = 200,00 € verbessert.

2. a)

	A	B	C	insgesamt
Erlös	900.000,00	1.700.000,00	1.250.000,00	3.850.000,00
Gesamtkosten	850.000,00	1.350.000,00	1.360.000,00	3.560.000,00
Betriebsergebnis	**50.000,00**	**350.000,00**	**-110.000,00**	**290.000,00**
Betriebsergebn./St.	**1,67**	**11,67**	**- 3,14**	

2. b1)

	A	B	C	insgesamt
Erlös	900.000,00	1.700.000,00	1.250.000,00	3.850.000,00
Variable Kosten	650.000,00	1.200.000,00	860.000,00	2.710.000,00
Deckungsbeitrag	**250.000,00**	**500.000,00**	**390.000,00**	**1.140.000,00**
Fixkosten				850.000,00
Betriebsergebnis insgesamt (vergl. a)				290.000,00

b2)

	A	B	insgesamt
Erlös	900.000,00	1.700.000,00	2.600.000,00
Variable Kosten	650.000,00	1.200.000,00	1.850.000,00
Deckungsbeitrag	250.000,00	500.000,00	750.000,00
Fixkosten			850.000,00
Betriebsergebnis insgesamt			- 100.000,00

Der jetzt fehlende Deckungsbeitrag von C (390.000,00 €) vermindert das Betriebsergebnis in dieser Höhe und führt trotz erfolgreicher Produkte (A und B) zu einem Verlust von 100.000,00 €. Dabei wird allerdings unterstellt, dass die durch den Entfall von C frei werdenden Kapazitäten anderweitig **nicht** genutzt werden können (z. B. Verkauf oder Mehrproduktion von A zw. B)

b3) Arbeitsplatzerweiterung, „Vorzeigeartikel“, Sortimentsvielfalt, negativer Deckungsbeitrag evtl. nur vorübergehend, Komplementärartikel...

b4) Preisuntergrenze = variable Stückkosten:
A: 650.000,00 : 30 000 = **21,67 €** B: **40,00 €** C: **24,57 €**

Prüfungsaufgaben

Winter 2005/06

Abgrenzungsrechnung

Rechnungskreis I				Rechnungskreis II					
Erfolgsbereich				Abgrenzungsbereich				KLR-Breich	
Gesamtergebnis der Finanzbuchführung laut GuV-Konto				Unternehmensbezogene Abgrenzungen		Kostenrechnerische Korrekturen		Betriebsergebnisrechnung	
Nr.	Kontobezeichnung	Aufwand	Ertrag	Neutraler Aufwand	Neutraler Ertrag	Aufwand lt. GuV	Verrechnete Kosten	Kosten	Leistungen
500	Umsatzerlöse		1.300.000,00						1.300.000,00
571	Zinserträge		10.000,00		10.000,00				
600	Aufwendungen f. Rohstoffe	200.000,00						200.000,00	
602	Aufwendungen f. Hilfsstoffe	40.000,00						40.000,00	
608	Aufw. f. Handelswaren	80.000,00						80.000,00	
62	Löhne	120.000,00						120.000,00	
63	Gehälter	60.000,00						60.000,00	
640	AG-Anteil Soz.versicherung	36.000,00						36.000,00	
650	Abschr. a. Sachanlagen	400.000,00				400.000,00	360.000,00	360.000,00	
670	Mieten, Pachten	30.000,00						30.000,00	
680	Büromaterial	20.000,00						20.000,00	
695	Abschr. auf Forderungen	8.500,00				8.500,00	10.000,00	10.000,00	
699	Periodenfr. Aufwendungen	5.000,00		5.000,00					
708	Betriebliche Steuern	40.000,00						40.000,00	
751	Zinsaufwendungen	200.000,00						200.000,00	
Summen		1.239.500,00	1.310.000,00	5.000,00	10.000,00	408.500,00	370.000,00	1.196.000,00	1.300.000,00
Salden		70.500,00		5.000,00			38.500,00	104.000,00	
		1.310.000,00	1.310.000,00	10.000,00	10.000,00	408.500,00	408.500,00	1.300.000,00	1.300.000,00

Ergebnisabstimmung

Unternehmensergebnis	=	Abgrenzungsergebnis	+	Betriebsergebnis
70.500,00	=	- 33.500,00	+	104.000,00

Kalkulation

Herstellkosten	1,00 €
+ 25 % VvGK	0,25 €
+ 10 % VtGK	0,10 €
= Selbstkosten	1,35 €
+ Gewinn (40,4 %)	**0,41 €**
= Barverkaufspreis	1,76 €
+ 2 % Kundenskonto	0,04 €
= Zielverkaufspreis	1,80 €
+ 10 % Kundenrabatt	0,20 €
= Listenverkaufspreis	2,00 €

Sommer 2006

		Herstellungsmenge	Kosten		
1	2004	460 Stück	585.000,00 €		
	2005	800 Stück	755.000,00 €		
	Differenz	340 Stück	170.000,00 €		
		1 Stück	500,00 €	=	kv

1.1 Fixkosten = Gesamtkosten – variable Kosten
= 755.000,00 - 800 x 500 = **355. 000,00 €** (an den Zahlen von 2005)

1.2 An der Nutzenschwelle gilt: Erlöse = Kosten
1 200 x X = 500 X + 355.000,00
X = 507,14 = 508 Stück

2.1

	Typ A	Typ B	Typ C
Verkaufserlös/ Stück	150,00	130,00	100,00
variable Kosten/Stück	30,00	32,00	40,00
Deckungsbeitrag/Stück	120,00	98,00	60,00

2.2 Langfristige Preisuntergrenze: Deckung der fixen und variablen Kosten.
520.000,00 € Selbstkosten : 5.000 Stück = 104,00 € Stückkosten.
Eine Preisreduzierung auf diese 104,00 € ist langfristig möglich, wenn auf Gewinn vollständig verzichtet wird. Dies bedeutet eine Senkung um 26,00 € = 20 %
Die kurzfristige Preisuntergrenze liegt bei der Deckung der variablen Kosten = 32,00 €. Dies bedeutet eine Senkung um 98,00 € = 75,4 %.

Winter 2006/07

3.1	Einkaufspreis	21.000,00 EUR
	- Liefererrabatt (10 %)	2.100,00 EUR
	Zieleinkaufspreis	18.900,00 EUR
	- Liefererskonto(2 %)	378,00 EUR
	Bareinkaufspreis	18.522,00 EUR
	+ Bezugskosten	500,00 EUR
	Bezugspreis	19.022,00 EUR

+ Handlungskosten (20 %)	3.804,40 EUR
Selbstkosten	22.826,40 EUR
+ Gewinn (20 %)	4.565,28 EUR
Barverkaufspreis	27.391,68 EUR
+ Kundenskonto (2 %)	559,01 EUR
Zielverkaufspreis	27.950,69 EUR
+ Kundenrabatt (15 %)	4.932,47 EUR
Listenverkaufspreis	**32.883,16 EUR**
Listenverkaufspreis pro Stück	**3,29 EUR**

3.2

Listenverkaufspreis	3,00 EUR		
- Kundenrabatt (15 %)	0,45 EUR		
Zielverkaufspreis	2,55 EUR		
- Kundenskonto	0,05 EUR		
Barverkaufspreis	2,50 EUR		
- Selbstkosten	2,28 EUR		
= Gewinn	**0,22 EUR**	≈	**9,65 %**

Sommer 2007

3.1

Geschäftsfälle	Neutraler Aufwand	Neutraler Ertrag	Kosten	Leistung
Beiträge zur Berufsgenossenschaft			X	
Mieteinnahmen für vermietete Lagerhallen		X		
Arbeitgeberanteil zur Sozialversicherung			X	
Erstattung zu viel gezahlter Kfz-Steuer (aus Vorjahr)		X		
Reparatur eines Sturmschadens am Bürogebäude	X			
Fremdinstandhaltung einer Produktionsmaschine			X	
Grundsteuer für vermietete Lagerhallen	X			
Umsatzerlöse für Handelswaren				X

3.2 Kalk. AfA pro Jahr: 12,5 % aus 250.000,00 EUR = 31.250,00 EUR;

3.3.1

Gemeinkostenarten	Zahlen der Kostenarten-rechnung	Kostenstellen			
		Material	Fertigung	Verwaltung	Vertrieb
Hilfs- u. Betriebsstoffe	30.000,00	4.000,00	24.000,00	1.600,00	400,00
Kraft-Brennstoffe	28.000,00	3.000,00	17.000,00	4.000,00	4.000,00
Hilfslöhne	52.000,00	8.000,00	39.000,00	0,00	5.000,00
Gehälter	65.000,00	12.000,00	6.000,00	37.000,00	10.000,00
Fremdreparaturen	8.000,00	400,00	3.600,00	2.000,00	2.000,00
Betriebssteuern	37.800,00	5.400,00	16.200,00	10.800,00	5.400,00
Mieten	9.600,00	1.200,00	6.000,00	1.800,00	600,00
Kalk. AFA	72.000,00	13.000,00	39.000,00	11.000,00	9.000,00
Kalk. Unternehmerlohn	24.000,00	2.400,00	4.800,00	12.000,00	4.800,00
Summen	326.400,00	49.400,00	155.600,00	80.200,00	41.200,00

3.3.2	Fertigungsmaterial	480.000,00		
+	Materialgemeinkosten	49.400,00		10,29 %
3.3.3	Materialkosten		529.400,00	
	Fertigungslöhne	240.000,00		
	Fertigungsgemeinkosten	155.600,00		64,83 %
	SEK der Fertigung	30.000,00		
	Fertigungskosten		425.600,00	
	Herstellkosten der Fertigung		955.000,00	
	Bestandsveränderungen		30.000,00	
	Herstellkosten des Umsatzes		925.000,00	
	Verwaltungsgemeinkosten		80.200,00	8,40 %
	Vertriebsgemeinkosten		41.200,00	4,45 %
	Selbstkosten		1.046.400,00	

3.4	Einstandspreis	3.270,00 EUR	↓
	+ HKZ, 30 %	981,00 EUR	
	= Selbstkosten	4.251,00 EUR	
	+ Gewinn	**429,00 EUR**	**= 10,09 %**
	Barverkaufspreis	4.680,00 EUR	↑
	+ Skonto	0,00 EUR	
	= Zielverkaufspreis	4.680,00 EUR	
	+ Kundenrabatt, 10 %	520,00 EUR	
	= Listenverkaufspreis	5.200,00 EUR	

Winter 2007/08

1.1

	Eigenfertigung	Fremdbezug
Erlöse	140,00	140,00
- variable Kosten	58,00	76,00
= Deckungsbeitrag	82,00	64,00

1.2 Die Übergangsmenge ist dort, wo gilt:

Kosten $_{\text{Eigenfertigung}}$ = Kosten $_{\text{Fremdfertigung}}$

X x 58,00 + 1.350,00	=	X x 76,00		
1.350,00	=	76,00 x X – 58,00 x X		
1.350,00	=	18,00 x X		
X	=	1.350,00 / 18	=	**75 Fenster**

1.3
- Arbeitsplätze der Fensterfabrik bleiben gesichert.
- Einhaltung der Qualität kann besser kontrolliert werden.

2

Fertigungsmaterial		25,00 EUR	
+ Materialgemeinkosten	22 %	5,50 EUR	
= Materialkosten			30,50 EUR
Maschinenkosten	(160,00 EUR / 0,25 Std.)	40,00 EUR	
+ Fertigungslohn		16,80 EUR	
+ Restfertigungsgemeinkosten	160 %	26,88 EUR	
= Fertigungskosten			43,68 EUR
= Herstellkosten			114,18 EUR
+ VwGK	18 %		20,55 EUR
+ VtGK	15 %		15,99 EUR
= Selbstkosten			150,72 EUR
+ Gewinn	12 %		18,09 EUR
= Barverkaufspreis			168,81 EUR
+ Kundenskonto (i. H.)	3 %		5,22 EUR
= Zielverkaufspreis			174,03 EUR
+ Kundenrabatt (i. H.)	10 %		19,34 EUR
= Listenverkaufspreis			**193,37** EUR

Sommer 2008

1

	Typ A 25.000 Stück	**Typ B** 18.000 Stück	**gesamt**
Nettoverkaufserlöse	162.500,00	135.000,00	
- Variable Kosten	80.000,00	75.600,00	
= Deckungsbeitrag	82.500,00	59.400,00	141.900,00
- Fixkosten			**145.000,00**
= Betriebsergebnis			- 3.100,00

2 Der bisherige Verlust von 3.100,00 EUR wäre allein durch die Mehrproduktion von Typ A auszugleichen. Dies bedeutet, dass der Deckungsbeitrag von Typ A auf 85.600,00 EUR steigen müsste. Bei einem Deckungsbeitrag/Stück von 3,30 EUR müssten hierfür 25.940 Stück erzeugt und verkauft werden, d. h. die Mehrproduktion betrüge 940 Stück.

3.1 Der Auftrag sollte angenommen werden, weil
a) die vorhandene Kapazität noch nicht ausgeschöpft ist
b) auch bei einem 20%-igen Sonderrabatt noch ein positiver Deckungsbeitrag bliebe.

(Allerdings ist zu prüfen, ob es sich bei der Belieferung dieses potenziellen Kunden um einen reinen Zusatzauftrag handelt [der den bisherigen Absatz nicht stört] oder ob dadurch auf der anderen Seite nicht bisherige Kunden zu diesem Neukunden überlaufen und dadurch Stammkunden verloren wären.)

3.2

Nettoverkaufserlös abzüglich 20 % Sonderrabatt	5,20 EUR
- Variable Kosten/Stück	3,20 EUR
Zusatzgewinn pro Stück	**2,00 EUR**

4.1 +	Materialeinzelkosten		600.000,00	
4.2	+ MGK	**20 %**	120.000,00	
	= Materialkosten			720.000,00
	Fertigungslöhne		200.000,00	
	+ FGK	**140 %**	280.000,00	
	= Fertigungskosten			480.000,00
	= Herstellkosten			1.200.000,00
	+ VwGK	**5 %**		60.000,00
	+ VtGK	**4 %**		48.000,00
	= Selbstkosten			**1.308.000,00**

Winter 2008/09

(Lösung zu Aufgabe 3.1 siehe nächste Seite)

3.2	Fertigungsmaterial	280,00 €	
	+ Materialgemeinkosten, 8 %	22,40 €	
	= Materialkosten		302,40 €
	Fertigungslöhne	350,00 €	
	+ Fertigungsgemeinkosten, 120 %	420,00 €	
	= Fertigungskosten		770,00 €
	= Herstellkosten		1.072,40 €
	+ Verwaltungsgemeinkosten, 12 %		128,69 €
	+ Vertriebsgemeinkosten, 10 %		107,24 €
	= Selbstkosten		1.308,33 €
	+ Gewinnzuschlag, 15 %		196,25 €
	= Barverkaufspreis		1.504,58 €
	+ Kundenskonto, 2 % (i. H.)		36,25 €
	+ Vertreterprovision, 15 % (i. H.)		271,91 €
	= Zielverkaufspreis		1.812,74 €
	+ Kundenrabatt, 20 % (i. H.)		453,19 €
	= Listenverkaufspreis		**2.265,93 €**

3.1

Konto Nr.	Kontenbezeichnung	Rechnungskreis I		Rechnungskreis II					
		Geschäftsbuchführung		Abgrenzungsbereich				Kosten- und Leistungsrechnung	
		GuV-Konto		Unternehmensbezogene Abgrenzungen		Kostenrechnerische Korrekturen		Betriebsergebnisrechnung	
				Neutrale		Verrechnete			
		Aufwand S	Erträge H	Aufwand S	Erträge H	Aufwand S	Kosten H	Kosten S	LeistungenH
600	Aufwendungen für Rohstoffe	500.000,00						500.000,00	
602	Aufwendungen für Hilfsstoffe	100.000,00						100.000,00	
603	Aufwendungen für Betriebsstoffe	22.000,00						22.000,00	
613	Fremdreparaturen	55.000,00						55.000,00	
620/630	Löhne/Gehälter	850.000,00						850.000,00	
640	Soziale Abgaben	78.000,00						78.000,00	
65	Abschreibungen auf Sachanlagen	70.000,00				70.000,00	50.000,00	50.000,00	
66	Sonstige Personalaufwendungen	96.000,00						96.000,00	
680	Büromaterial	70.000,00						70.000,00	
688	Spenden	80.000,00		80.000,00					
695	Abschreibungen auf Forderungen	25.000,00						25.000,00	
696	Verlust aus Anlagenverkäufen	70.000,00		70.000,00					
70	Betriebliche Steuern	140.000,00						140.000,00	
751	Zinsaufwendungen	60.000,00				60.000,00	30.000,00	30.000,00	
500	Umsatzerlöse		2.060.000,00						2.060.000,00
540	Erträge aus Verm. u. Verp.		8.000,00		8.000,00				
546	Erträge aus Anlagenverkäufen		10.000,00		10.000,00				
548	Erträge a. Auflösung von Rückst.		40.000,00		40.000,00				
571	Zinserträge		20.000,00		20.000,00				
579	Erträge aus Wertpapieren		10.000,00		10.000,00				
	Kalkulatorischer Unternehmerlohn						40.000,00	40.000,00	
Summen		2.160.000,00	2.148.000,00	150.000,00	88.000,00	130.000,00	120.000,00	2.056.000,00	2.060.000,00
Ergebnisse			68.000,00		62.000,00		10.000,00	4.000,00	
Summen			1.216.000,00	150.000,00	150.000,00	130.000,00	130.000,00	2.060.000,00	2.060.000,00

Sommer 2009

3.1.1	Fertigungsmaterial	722.340,00 €	
und	+ MGK	93.560,00 €	
3.1.2	= Materialkosten		815.900,00 €
	Fertigungslöhne	245.230,00 €	
	+ Fertigungsgemeinkosten	320.150,00 €	
	= Fertigungskosten		565.380,00 €
	= Herstellkosten der Fertigung (der Rechnungsperiode)		1.381.280,00 €
	+ Bestandsminderung an FE		24.940,00 €
	- Bestandsmehrung an UE		8.580,00 €
	= Herstellkosten des Umsatzes		1.397.640,00 €
	+ Verwaltungsgemeinkosten		152.270,00 €
	+ Vertriebsgemeinkosten		62.140,00 €
	= Selbstkosten des Umsatzes		1.612.050,00 €

$$\text{MGZS} = \frac{93.560{,}00 \times 100}{722.340{,}00} = 12{,}95\ \%$$

$$\text{FGZS} = \frac{320.150{,}00 \times 100}{245.230{,}00} = 130{,}55\ \%$$

$$\text{VwGZS} = \frac{152.270{,}00 \times 100}{1.381.280{,}00} = 11{,}02\ \%$$

$$\text{VtGZS} = \frac{62.140{,}00 \times 100}{1.397.640{,}00} = 4{,}45\ \%$$

3.2.1

	Anhängerkupplung Pkw	**Anhängerkupplung Lkw**
Nettoverkaufspreis	66,50 €	95,80 €
- Variable Kosten	54,80 €	83,40 €
= Deckungsbeitrag pro Stück	11,70 €	12,40 €

3.2.2 Die kurzfristige Preisuntergrenze liegt dort, wo die Erlöse gerade die variablen Kosten decken, hier also bei 54,80 € bzw. 83,40 €.

3.2.3

	Anhängerkupplung Pkw	**Anhängerkupplung Lkw**
= Deckungsbeitrag pro Stück	11,70 €	12,40 €
Deckungsbeitrag, gesamt	239.850,00 €	117.924,00 €
Deckungsbeitrag, beide Erzeugnisse	357.774,00 €	
- Fixkosten	283.500,00 €	
= Betriebsergebnis	**74.274,00 €**	

Winter 2009/10

Aufgabe 3 Kosten- und Leistungsrechnung

3.1

		Kostenstellen			
Gemeinkosten	**Beträge**	**Material**	**Fertigung**	**Verwaltung**	**Vertrieb**
Hilfsstoffe	6.600,00	700,00	5.900,00	0,00	0,00
Betriebsstoffe	3.040,00	120,00	2.320,00	500,00	100,00
Stromkosten	600,00	20,00	520,00	36,00	24,00
Gehälter	8.000,00	100,00	3.600,00	3.200,00	1.100,00
Steuern	1.500,00	100,00	300,00	900,00	200,00
sonst. Kosten	2.800,00	0,00	100,00	1.600,00	1.100,00
kalk. Kosten	4.700,00	564,00	2.820,00	846,00	470,00
Summe	27.240,00	1.604,00	15.560,00	7.082,00	2.994,00

3.2

Fertigungsmaterial	17.000,00		
Materialgemeinkosten	1.604,00		**9 %**
= Materialkosten		18.604,00	
Fertigungslöhne	22.500,00		
+ Fertigungsgemeinkosten	15.560,00		**69 %**
= Fertigungskosten		38.060,00	
= Herstellkosten		56.664,00	
+ Verwaltungsgemeinkosten		7.082,00	**12 %**
+ Vertriebsgemeinkosten		2.994,00	**5 %**
= Selbstkosten		**66.740,00**	

Aufgabe 4 Deckungsbeitragsrechnung

4.1

Produkt	**A**	**B**	**C**
Erlöse je Stück	192,00	79,17	64,00
- Var. Kosten je Stück	115,55	33,42	28,35
= DB je Stück	76,45	45,75	35,65
Menge	1.000	2.400	2.000
= DB, gesamt	76.450,00	109.800,00	71.300,00
Gesamter Deckungsbeitrag		257.550,00	
- Fixkosten		209.480,00	
= Betriebsergebnis		**48.070,00**	

4.2 Da der Zusatzauftrag mit einem Stückerlös von 25,00 EUR die variablen Kosten von 28,35 EUR (kurzfristige Preisuntergrenze) nicht deckt, wird er abgelehnt.

Sommer 2010

1

$$MGK = \frac{3.580.000 \times 100}{12.600.000} = 28,4\ \%$$

$$FGK = \frac{12.660.000 \times 100}{14.100.000} = 89,8\ \%$$

$$VwGK = \frac{5.490.000 \times 100}{42.940.000} = 12,8\ \%$$

$$VtGK = \frac{2.620.000 \times 100}{42.615.000} = 6,1\ \%$$

Fert.Material	12.600.000,00
MGK	3.580.000,00
Materialkosten	16.180.000,00
FL	14.100.000,00
FGK	12.660.000,00
Fertigungsk.	26.760.000,00
HK der RP	42.940.000,00
+ Bestandsmind.	95.000,00
- Bestandsmehr.	420.000,00
HK d. Ums.	42.615.000,00

2

Fertigungsmaterial	42.600,00	
+ 27,6 % Materialgemeink.	11.757,60	
= Materialkosten		54.357,60
Fertigungslöhne	56.900,00	
+ 86,8 % Fertigungsgemeink.	49.389,20	
+ SEK der Fertigung	3.800,00	
= Fertigungskosten		110.089,20
= Herstellkosten		164.446,80
+ 12,0 % VwGK		19.733,62
+ 6,0 % VtGK		9.866,81
= Selbstkosten		194.047,23
+ 5 % Gewinn		9.702,36
= Barverkaufspreis		203.749,59
+ 12 % Kundenrabatt (i.H.)		27.784,04
= Listenverkaufspreis		**231.533,63**

3

Fixkosten = 40 % von 12.354.000,00 =	4.941.600,00
Damit betragen die variablen Kosten =	7.412.400,00
Variable Kosten pro Stück =	7.412.400,00 : 42.600 = 174,00 EUR
Variable Kosten im 2. Quartal = 174,00 x 44.800	7.795.200,00
Erlöse im 2. Quartal (44.800 x 309,60)	13.870.080,00
- Variable Kosten	7.795.200,00
= Deckungsbeitrag	6.074.880,00
- Fixkosten	4.941.600,00
= Betriebsergebnis	**1.133.280,00**

Prüfungsaufgaben - Buchführung

Winter 2005/06

Aufgabe 1 Grundbuchungen ausgewählter Geschäftsfälle

Anlage 1						
	600	Aufw. f. Rohstoffe	4.350,00	44	Verbindlichkeiten	7.490,00
	602	Aufw. f. Hilfsstoffe	2.650,00			
	260	Vorsteuer	490,00			
Anlage 2						
	281	Postbank	3.774,96	240	Forderungen	3.852,00
	5002	Kundenskonto	72,00			
	480	USt.	5,04			
Anlage 3						
	751	Zinsaufwendungen	1.051,81	280	Bank	1.476,35
	42	Verb. G. Kreditinst.	424,54			
2	44	Verbindlichkeiten	7.490,00	280	Bank	7.265,30
				6003	Liefererskonto	130,50
				6023	Liefererskonto	79,50
				480	USt.	14,70
3	240	Forderungen	3.480,00	6961	Erl. a. AV-Abg.	3.000,00
				480	USt.	480,00
	6961	Erl. A. AV-Abg.	3.000,00	084	Fuhrpark	4.000,00
	696	Verluste aus AV-Abg.	1.000,00			

Aufgabe 2 Vorbereitende Abschlussbuchungen und Jahresabschluss

1 20 % AfA-Satz, im 1. Jahr 10 Monate zeitanteilig = 6.333,33 €

	650	Abschreibungen	6.333,33	084	Fuhrpark	6.333,33
2	571	Zinserträge	1.100,00	49	Pass. RA	1.100,00
3	600	Aufw. f. Rohstoffe	5.000,00	200	Rohstoffe	5.000,00
	202	Hilfsstoffe	2.000,00	602	Aufw. f. Hilfsst.	2.000,00

Sommer 2006

Aufgabe 1 Buchungen ausgewählter Geschäftsvorfälle

1 **Anlage 1**

608	Aufw. für Handelswaren	14.933,50	44	Verbindlichkeiten	17.322,86
260	Vorsteuer	2.389,36			

Anlage 2

44	Verbindlichkeiten	90,87	6082	Preisnachlässe	78,34
			260	Vorsteuer	12,53

Anlage 3

613	Instandhaltung	186,75	44	Verbindlichkeiten	216,63
260	Vorsteuer	29,88			

Anlage 4

089	Geringw. Wirtschaftsgüter	409,00	44	Verbindlichkeiten	474,44
260	Vorsteuer	65,44			

2

282	Kasse	185,60	5461	Erl. aus AV-Abg.	160,00
			480	Umsatzsteuer	25,60
5461	Erlöse aus AV-Abg.	160,00	087	Geschäftsausstattung	1,00
			546	Erträge aus AV-Abg.	159,00

Aufgabe 2 Vorbereitende Abschlussbuchungen und Jahresabschluss zum 31.12.2005

1.1

Preis ohne USt	120.000,00 €
./. 3 % Skonto	3.600,00 €
Zulassung	200,00 €
Anschaffungswert	116.600,00 €

1.2 Abschreibungsbetrag bei 12 Jahren 8 1/3 % pro Jahr. Höchstmöglicher Abschreibungsbetrag wäre das Doppelte; somit 16 2/3 %.
Für das erste Jahr ist monatsgenau abzuschreiben, demnach 11/12 des regulären Aschreibungsbetrages.
Anschaffungswert siehe Aufgabe 1.1
16 2/3 % vom Anschaffungswert = 19.433,33 €
Hiervon 11/12 = 17.813,89 €
Restbuchwert: 98.786,11 €

2 Der Kurs des Schweizer Franken ist gestiegen. Daher muss die Auslandsverbindlichkeit (Höchstwertprinzip) bilanziert werden mit:
15.000,00 CHF / 1,489 = **10.073,88 €**

3 Buchung am 31.12.

770	Gewerbesteuer	5.000,00	38	Steuerrückstellungen	5.000,00

Buchung Ende Januar

38	Steuerrückstellungen	5.000,00	280	Bank	5.500,00
770	Gewerbesteuer	500,00			

4	290 ARA	583,33	703	Kfz-Steuer	250,00
			690	Vers.-beiträge	333,33

Winter 2006/07

Aufgabe 1 – Personalaufwendungen

Vorabberechnungen

1) Ermittlung der Verbindlichkeiten gegenüber Finanzbehörten gem. Lohnsteuertabelle

453,75 + 40,83 + 24,95	519,53

2) Ermittlung Arbeitnehmeranteil

Krankenversicherung (7,9 % von 2.660,00)	210,14
Pflegeversicherung (1,1 % von 2.660,00)	29,26
Rentenversicherung (9,75 % von 2.660,00)	259,35
Arbeitslosenversicherung (0,0325 % von 2.660,00)	86,45
Summe Sozialversicherungsbeiträge (Arbeitnehmeranteil)	585,20

3) Ermittlung Arbeitgeberanteil

Krankenversicherung (7,0 % von 2.660,00)	186,20
Pflegeversicherung (0,85 % von 2.660,00)	22,61
Rentenversicherung (9,75 % von 2.660,00)	259,35
Arbeitslosenversicherung (0,0325 % von 2.660,00)	86,45
Summe Sozialversicherungsbeträge (Arbeitgeberanteil)	554,61

1.1	265	Ford. an Mitarbeiter	500,00	282	Bank	500,00

Lösung der Aufgabenteile 1.2 und 1.3 gemäß der seit 1. Januar 2006 geltenden gesetzlichen Vorschrift (siehe Kapitel 4, Personalaufwendungen)

1. **Buchung vor dem drittletzten Bankarbeitstag**

484	Verb. gg. Sozialvers.träger (Summe AG- und AN-Anteil)	1.139,81	280	Bank	1.139,81

2. **Fälligkeit der Lohnzahlung**

63	Gehälter	2.660,00	265	Ford an Mitarbeiter	500,00
			483	Verb. Finanzbehörden	519,53
			484	Verb. Sozialversich.	585,20
			280	Bank	1.055,27
641	AG-Anteil zur Sozialvers.	554,61	484	Verb. Sozialvers.	554,61

3. **Am 10. des Folgemonats**

483	Verb. Finanzbehörden	519,53	280	Bank	519,53

Aufgabe 2 Beschaffung, Produktion, Absatz und Jahresabschluss mit Bewertung (verbrauchsorientiert)

2.1	600	Aufw. f Rohst. + Fremdb.	28.125,00	44	Vbl. Lief. + Leist.	33.528,25
	6001	Bezugskosten für Rohstoffe	50,00			
	260	Vorsteuer	5.353,25			

2.2	44	Verbindlichkeiten	33.528,25	6002	Preisnachl. + Rücks.	845,25
				260	Vorsteuer	160,60
				280	Bank	32.522,40
2.3	240	Ford. aus L. + Leist.	3.236,80	501	Umsatzerl. Handelsw.	2.720,00
				480	Umsatzsteuer	516,80
2.4	280	Bankguthaben Kreditinstitute	3.236,80	240	Ford. aus L. + Leist.	3.236,80
2.5.1	6920	Beiträge zu Wirtschaftsverb. und Berufsvertretungen	500,00	489	Sonst. Verbindlichkeiten	500,00
2.5.2	290	Aktive Rechnungsabgrenzung	100,00	690	Versicherungsbeiträge	100,00
2.5.3.1	613	Instandhaltung + Reparaturen	18.000,00	39	Sonst. Rückstellungen	18.000,00
2.5.3.2	39	Sonst. Rückstellungen	18.000,00	280	Bank	17.850,00
	2600	Vorsteuer	2.850,00	548	Erträge aus Auflösung von Rückstellungen	3.000,00

Sommer 2007

Aufgabe 1

Anlage 1

071	Maschinen	77.000,00	44	Verbindlichkeiten	91.630,00
260	Vorsteuer	14.630,00			

Anlage 2

071	Maschinen	2.000,00	44	Verbindlichkeiten	2.380,00
260	Vorsteuer	380,00			

Anlage 3

44	Verbindlichkeiten	91.630,00	280	Bank	89.797,40
			071	Maschinen	1.540,00
			260	Vorsteuer	292,60

Anlage 4

240	Forderungen	11.721,50	5000	Umsatzerlöse	9.850,00
			480	Umsatzsteuer	1.871,50

Anlage 5

5001	Preisnachlässe	490,00	240	Forderungen	583,10
480	Umsatzsteuer	93,10			

Aufgabe 2

2.1.1 Nach Berücksichtigung der Gutschrift aufgrund der Mängelrüge beträgt der Anschaffungswert 408,50 EUR und liegt damit unter der Obergrenze für GWG (410,00 EUR). Damit kann eine Umbuchung auf das Konto 0890 GWG erfolgen und am Jahresende eine Sofortabschreibung in voller Höhe durchgeführt werden.

2.1.2	6500	Abschreibungen	408,50	0890	GWG	408,50
2.2	5400	Erträge aus Vermietung	4.000,00	4900	Pass. RA	4.000,00

Winter 2007/08

Aufgabe 1 Buchungen ausgewählter Geschäftsvorfälle

Anlage 1							
	600	Aufwendungen. f. Rohst.	3.831,80	an	44	Vbl	4.940,64
	6001	Bezugskosten	320,00				
	260	Vorsteuer	788,84				
Anlage 2							
	240	Forderungen a. L. u. L.	2.522,56	an	500	Umsatzerlöse	2.119,80
					480	Umsatzsteuer	402,76
Anlage 3							
	44	Vbl.	4.940,64	an	6003	Liefererskonti	83,03
					260	Vorsteuer	15,78
					280	Bank	4.841,83
	5002	Kundenskonti	63,60	an	240	Forderungen	2.522,56
	480	Umsatzsteuer	12,08				
	280	Bank	2.446,68				
Anlage 4							
	084	Fuhrpark	58.404,60	an	44	Vbl.	69.501,47
	260	Vorsteuer	11.096,87				

Aufgabe 2 Jahresabschluss am 31.12.

Berechnung des Abschreibungsbetrages:
30 % von 58.404,60 = 17.521,38 EUR
Monatsgenaue Berücksichtigung von Oktober bis Dezember: ¼ von 17.521,38 = **4.380,35 EUR**

1	650	Abschr. a. SA	4.380,35	an	084	Fuhrpark	4.380,35

2 3.520,00 EUR, da strenges Niederstwertprinzip bei Umlaufvermögen
3 4.203,80 EUR. Höchstwertprinzip bei Verbindlichkeiten.

4	670	Mietaufwand	600,00	an	489	Sonstige Vbl.	600,00
5	290	ARA	700,00	an	751	Zinsaufwendungen	700,00

Sommer 2008

Aufgabe 1 Buchungen ausgewählter Geschäftsvorfälle

1.1	Anlage 1					
	6080	Aufwendungen für HW	1.399,00	an	4400 Vbl.	1.784,41
	4081	Bezugskosten	100,00			
	260	Vorsteuer	284,91			
	Anlage 2					
	240	Forderungen a. L. u. L.	2.399,04	an	5000 Umsatzerlöse	2.016,00
					480 Umsatzsteuer	383,04
	Anlage 3					
	4400	Kundenboni	1.085,25	an	240 Forderungen	1.291,45
	480	Umsatzsteuer	206,20			
1.2	4400	Vbl.	1.784,41	an	280 Bank	1.730,88
					6083 Liefererskonti	44,99
					260 Vorsteuer	8,54
	280	Bank	2.327,07	an	240 Forderungen	2.399,04
	5002	Kundenskonti	60,48			
	480	Umsatzsteuer	11,49			
1.3	6300	Gehälter	2.100,00	an	280 Bank	1.205,40
					4830 So. Vbl. g. FB	476,70
					4840 So. Vbl. g. SV	417,90
	6400	AG-Anteil zur SV	399,00	an	4840 So. Vbl. g. SV	399,00
1.3.2.1	4830	So. Vbl. g. FB	476,70	an	280 Bank	476,70
1.3.2.2	4840	So. Vbl. g. SV	816,90	an	280 Bank	416,90

Aufgabe 2 Vorbereitende Abschlussbuchungen

2.1 z = 12.000,00 x 8,5 x 1 / (100 x 4) = 255,00 EUR

2.2	280	Bank	255,00	an	571 Zinserträge	255,00
2.3	269	Sonst. Ford.	170,00	an	571 Zinserträge	170,00
2.4.1	241	Zweifelh. Forderungen	9.520,00	an	240 Forderungen	9.520,00
2.4.2	6951	Abschr. a. Forderungen	8.000,00	an	241 Zweifelhafte Fo.	9.520,00
	480	Umsatzsteuer	1.520,00			
2.5	2210	Handelswaren	11.000,00	an	6080 Aufw. f. HW	11.000,00

Winter 2008/09

1.1	240	Forderungen	2.547,74	500	Umsatzerlöse	2.140,96
				480	Umsatzsteuer	406,78
1.2	5002	Kundenskonti	64,23	240	Forderungen	2.547,74
	480	Umsatzsteuer	12,20			
	280	Bank	2.471,31			
1.3	613	Instandhaltung/Rep.	697,39	44	Verbindlichkeiten	829,89
	260	Vorsteuer	132,50			
1.4.1	63	Gehälter	2.200,00	483	So. Vbl. g. FB	373,42
	66	Sonst. Personalaufwend.	40,00	484	So. Vbl. g. SozVers.	469,84
				486	So. Vbl. a. VWL	40,00
				280	Bank	1.356,74
1.4.2	640	Soz. Abg.	444,08	484	So. Vbl. g. SozVers.	444,08
1.4.2	484	So. Vbl. g. SozVers.	913,92	280	Bank	913,92

Aufgabe 2 Abschlussbuchungen zum 31.12.

2.1	770	Gewerbesteuer	2.700,00	38	Steuerrückstellungen	2.700,00
2.2	571	Zinserträge	560,00	49	Passive Rechnungsabgr.	560,00
2.3	6951	Abschr. a. Ford.	6.400,00	240	Forderungen	7.616,00
	480	Umsatzsteuer	1.216,00			

Sommer 2009

1.1	**Anlage 1**					
	240	Forderungen	5.731,04	500	Umsatzerlöse	4.816,00
				480	Umsatzsteuer	915,04
	Anlage 2					
	600	Aufwendungen f. Rohst.	16.320,00	44	Verbindlichkeiten	19.694,50
	6001	Bezugskosten	230,00			
	260	Vorsteuer	3.144,50			
	Anlage 3					
	44	Verbindlichkeiten	19.694,50	280	Bank	19.300,61
				6003	Liefererskonti	331,00
				260	Vorsteuer	62,89

1.2 **Einleitung des Insolvenzverfahrens**

241	Zweifelhafte Ford.	5.731,04	240	Forderungen	5.731,04

Bezahlung der Teilforderung von 40 %

280	Bank	2.292,42	241	Zweifelhafte Forderungen	2.292,42

Abschreibung der Restforderung (60 %)

6951	Abschr. auf Forderungen	2.889,60	241	Zweifelhafte Forderungen	3.438,62
480	Umsatzsteuer	549,02			

Aufgabe 2 Jahresabschluss am 31.12...

2.1.1 (Anmerkung: Für GWG ist pro Jahr ein Sammelposten zu bilden. Die GWGs eines Jahres sind getrennt abzuschreiben. Dadurch ist für jedes Anschaffungsjahr ein eigenes GWG-Konto zu bilden.)

089	GWG_Jahr_2008	760,00	280	Bank	940,40
260	Vorsteuer	144,40			
089	GWG_Jahr_2008	1.120,00	280	Bank	1.332,80
260	Vorsteuer	212,80			

2.1.2 Ermittlung des jährlichen Abschreibungsbetrages für die in 2008 angeschafften GWGs.
(760,00 + 1.120,00)/5 = 376,00 €

2.1.3	6540	Abschr. a. GWG	376,00	089	GWG_Jahr_2008	376,00
2.2	Buchung am 01.12.					
	670	Mieten, Pachten	660,00	280	Bank	660,00
	Buchung am 31.12.					
	290	ARA	440,00	670	Mieten, Pachten	440,00
2.3	31.12.					
	269	Sonst. Ford.	180,00	571	Zinserträge	180,00
	31.03.					
	280	Bank	360,00	571	Zinserträge	180,00
				269	Sonst. Ford.	180,00

Winter 2009/10

Aufgabe 1 Buchungen ausgewählter Geschäftsvorfälle

1.1 **Anlage 1**

	6000	Aufw. f. Rohstoffe	7.990,00	4400	Verbindlichkeiten	10.076,92
	6001	Bezugskosten	578,00			
	2600	Vorsteuer	1.608,92			

Anlage 2

	4400	Verbindlichkeiten	517,65	6002	Preisnachlässe	435,00
				2600	Vorsteuer	82,65

Anlage 3

	2400	Forderungen a. L.u.L.	37.955,05	5000	Umsatzerlöse	31.895,00
				4800	Umsatzsteuer	6.060,05

Anlage 4

	5003	Kundenboni	1.450,38	2400	Forderungen	1.725,95
	4800	Umsatzsteuer	275,57			
1.2	2800	Bank	36.816,40	2400	Forderungen	37.955,05
	5002	Kundenskonti	956,85			
	4800	Umsatzsteuer	181,80			

Aufgabe 2 Abschlussbuchungen zum 31.12.

2.1	290	ARA	2.000,00	670	Mietaufwand	2.000,00
2.2	770	Gewerbesteuer	6.000,00	38	Steuerrückst.	6.000,00
2.3	38	Steuerrückstellung	6.000,00	280	Bank	5.800,00
				548	Erträge aus Aufl. von Rückst.	200,00

2.4 **Ermittlung der Anschaffungskosten**

Listenpreis	25.000,00
./. 10 % Rabatt	2.500,00
Überführungskosten	400,00
Anschaffungskosten, netto	22.900,00

084	Fuhrpark	22.900,00	4400	Verbindlichkeiten	27.251,00
260	Vorsteuer	4.351,00			

Sommer 2010

1	240	Forderungen a. L.u.L.	252.434,70	500	Umsatzerlöse	212.130,00
				480	Umsatzsteuer	40.304,70
2.1	071	Maschinen	36.000,00	44	Verbindlichk.	42.840,00
	260	Vorsteuer	6.840,00			

2.2	44	Verbindlichkeiten	42.840,00	280	Bank	41.554,80
				071	Maschinen	1.080,00
				260	Vorsteuer	205,20

2.3 Vorl. Anschaffungskosten 36.000,00
- Skonto 1.080,00
Anschaffungskosten 34.920,00

10 Jahre Nutzungsdauer → linearer Abschreibungssatz = 10 %,
degressiver Afa-Satz (in 2010) = 25 %

25 % von 34.920,00 = 8.730,00
Anteilige Abschreibung im Jahr der Anschaffung = 10/12 = 7.275,00

	65	Abschreibungen	7.275,00	071	Maschinen	7.275,00
3.1	089	GWG (Pool)	970,00	44	Verbindlichkeiten	1.282,82
	680	Büromaterial	108,00			
	260	Vorsteuer	204,82			

3.2 Poolabschreibung auf GWG = 20 % = 194,00

	654	Abschr. auf GWG (Pool)	194,00	089	GWG	194,00
4	39	Sonst. Rückstellungen	12.000,00	280	Bank	4.760,00
	260	Vorsteuer	760,00	548	Erträge aus Aufl. v. Rückste.	8.000,00

5 **Buchung am 30.09.**

	613	Instandhalt. u. Rep.	6.000,00	280	Bank	7.140,00
	260	Vorsteuer	1.140,00			

Buchung am 31.12.

	290	aktive RA	4.500,00	613	Instandh. u. Rep.	4.500,00

6 80 % vom Nettobetrag der Forderung = 3.360,00

	6952	Einstell. in EWB auf Fo.	3.360,00	2410	Zweifelhafte Ford.	3.360,00
7	269	Sonst. Ford.	4.200,00	571	Zinserträge	4.200,00

Kapitel 1: Textreproduktion und Textformulierung

1.1 Möglichkeiten der Texterstellung

1. - Nur eine Person ist mit der Diktataufnahme beschäftigt.
   - Örtliche und zeitliche Unabhängigkeit des Diktanten
   - Während der Diktataufnahme kann die Schreibkraft andere Arbeiten erledigen.
   - Bei Ausfall einer Schreibkraft kann das Diktat anderen Mitarbeitern übertragen werden.

2. - Für die Diktataufnahme und -wiedergabe entfallen Diktiergeräte und Kassetten (Nutzung der PC-Anlage).
   - Die Diktataufnahme erfolgt über ein Mikrofon (ist dem Diktant geläufig).
   - Durch Vernetzung der PC-Anlagen erfolgt eine direkte Übertragung zum Schreibplatz.

3. Der Sachbearbeiter formuliert, erfasst und gestaltet seine Texte direkt am PC an seinem Arbeitsplatz.

4. <u>Bausteinbrief:</u> Dieser setzt sich aus einzelnen Textbausteinen zusammen, die in einem Texthandbuch gesammelt sind. Sie sind jeweils mit einer Selektionsnummer versehen und im Textsystem oder PC gespeichert. Die ausgewählten Selektionsnummern werden in einem Schreibauftrag vermerkt und bei Bedarf durch Variable ergänzt.
   <u>Serienbrief:</u> Das sind Briefe mit gleichem Inhalt wie Werbebriefe, Angebote, Mahnungen und dgl., die an mehrere Empfänger versandt werden. Der gespeicherte Brief wird in Verbindung mit bereits erfassten Anschriften gedruckt und evtl. mit Variablen versehen.

5. Bei persönlichen und individuellen Schreiben sind Serienbriefe ungeeignet. Evtl. könnten hier Textbausteine eingesetzt werden.

1.2 Textformulierung und Textgestaltung

1. Wir danken für Ihren Brief vom ...
2. Besten Dank für Ihre umfassende Auskunft.
3. Unser Ladengeschäft wurde renoviert.
4. Die Kosten werden wir tragen. Oder: Wir übernehmen die Kosten.
5. Entschuldigen Sie, dass wir Ihre Überweisung erst jetzt gebucht haben.
6. Leider können wir Ihnen den Betrag nicht stunden.
7. Wir überweisen Ihnen den Rechnungsbetrag.
8. Wir garantieren Ihnen, dass es sich um biologisch kontrollierte Produkte handelt.
9. Bitte antworten Sie uns bald.
10. Bitte senden Sie den Fragebogen ausgefüllt zurück.
11. Wir suchen einen geschäftstüchtigen Marketing-Fachmann, der viel von ... versteht.
12. Bitte haben Sie Verständnis für unsere kritische Situation.
13. Sie haben auf unser Angebot nicht geantwortet, und wir rechneten nicht mehr mit einer Bestellung.

Lösung zur Aufgabenstellung "Rundschreiben": zu hohe Telefonkosten ⇨ siehe nächste Seite

Rundschreiben an alle Mitarbeiter

Hilfe, unsere Telefonkosten wachsen uns über den Kopf!

Liebe Mitarbeiterinnen und Mitarbeiter,

ja, Sie lesen ganz richtig: Die Telefonkosten in unserer Firma sind enorm angestiegen. Genaue Berechnungen zeigen auf, dass allein im letzten halben Jahr ein Kostenzuwachs von 40 % zu verzeichnen war. Es wäre wohl nichts dagegen einzuwenden, wenn auch der Umsatz prozentual in diesem Maße gestiegen wäre. Doch dieser blieb leider konstant.

Ich glaube, jeder sieht ein: Hier muss etwas getan werden!

Mein Appell richtet sich daher an **alle Mitarbeiter,** ab sofort selbstständig Maßnahmen zu ergreifen, die den hohen Kostenaufwand langfristig reduzieren. Überlegen Sie, ob wirklich jedes Gespräch geführt werden muss. Oft gibt es die weitaus günstigere Lösung durch Fax oder E-Mail. Natürlich müssen Telefonate geführt werden, aber vielleicht können Sie sich in Zukunft kürzer fassen. Denken Sie auch daran, um Rückruf zu bitten, wenn der gewünschte Kommunikationspartner nicht unmittelbar zu erreichen ist.

Noch eine besondere Bitte: **Privatgespräche sind in unserem Betrieb nicht erwünscht**, vor allem nicht als ausgehende Ferngespräche. Sicher finden Sie noch weitere Einsparmöglichkeiten - Ihrer Kreativität sind keine Grenzen gesetzt.

Gemeinsam wollen wir es schaffen, mindestens 20 % Kosteneinsparung kurzfristig zu erreichen. Über den aktuellen Stand werden Sie die nächsten Monate laufend informiert.

A. Bergemann

1.3 Drucken und Vervielfältigen

1. Nadeldrucker sind mit einem Druckkopf ausgestattet, der eine Anzahl von feinen Nadeln enthält. Die Auflösung der Schrift und damit die Druckqualität hängt von der Anzahl der Nadeln ab. Die Auswahlmöglichkeit verschiedener Schriftarten ist gegeben. Hoher Geräuschpegel beim Drucken.

2. **Tintenstrahldrucker**, da er geräuscharm und für den Arbeitsplatz geeignet ist. Er ist für Grafiken einsetzbar und seine Drucke sind dokumentenecht (Normalpapier). Bedrucken von Folien und Briefhüllen sind möglich; ebenso können farbige Drucke erstellt werden.
   Farb-Laserdrucker: noch relativ teuer, jedoch hervorragende Druckqualität

3. - Höchste Druckqualität
   - Fast geräuschlos
   - Vielzahl von Schriftarten
   - Hohe Druckgeschwindigkeit
   - Kann mehrfarbig drucken

4. Kopienqualität, Kopierleistung, Originaleinzug, Formatgrößen, Vergrößern/Verkleinern (Zoomen), Wendeautomatik, Editieren (ausschnittweise kopieren), Sortiereinrichtung, Farbtoner, Selbstdiagnose, Chipkartenabrechnung (Kopieren nur mit Chipkarte möglich).

5. Digitaltechnik, d. h. die Vorlage wird von Bildsensoren abgetastet, digitalisiert, gespeichert und wiedergegeben.

6. Ein gesetzlich geschütztes Druckwerk ist an dem © Copyright-Zeichen zu erkennen.

1.4 Postbearbeitung

1.

Basisprodukt	Höchstgewicht	Größe	Dicke
Standardbrief	20 g	bis 23,5 x 12,5 cm	bis 0,5 cm
Kompaktbrief	50 g	bis 23,5 x 12,5 cm	bis 1 cm
Großbrief	500 g	bis 35,3 x 25,0 cm	bis 2 cm
Maxibrief	1000 g	bis 35,3 x 25,0 cm	bis 5 cm

2. Infopost: Zustellung nur mit Empfängeranschrift möglich, teurer als Postwurfsendung
Postwurfsendung: ohne Anschrift an Haushalte mit Tagespost, alle Haushalte, an alle Briefabholer (Postfach); kostengünstiger als Infopost.

3. Das Einschreiben Einwurf wird dem Empfänger nicht persönlich ausgehändigt, sondern im Briefkasten oder Postfach eingeworfen. Der Einwurf wird von der Post bestätigt.

4. Die Briefsendung darf höchstens 3 Blätter umfassen.

5. Die Post befördert Pakete bis zu einem Höchstgewicht von 20 kg. Als ePaket bis zu 31,5 kg. In diesem Fall kämen evtl. private Kurierdienste in Frage, die Deutsche Bundesbahn oder eine Spedition.

6. Die vom Empfänger quittierte Empfangsbestätigung wird dem Absender ausgehändigt. Ist national nur bei Einschreiben möglich; international mit Einschreiben oder Wert International.

7.1 Warensendung-Standard, offener Versand

7.2 Express Brief mit Transportversicherung Wert bis 2.500,00 €,

7.3 Großbrief, billiger als Päckchen

7.4 Infopost, Leitregion (Übereinstimmung der ersten beiden Stellen der Postleitzahl) geordnet nach Postleitzahlen in aufsteigender oder absteigender Reihenfolge

7.5 Einschreiben

8. Maßgebend ist der erstgenannte Name: entweder der Firmenname (= Geschäftspost) oder der Personenname (Privatbrief):

Frank Weber GmbH Herrn Klaus Kübler Postfach 6 39	Herrn Klaus Kübler Frank Weber GmbH Postfach 6 39

9. Datumskontrolle: bei großen Abweichungen Kuvert an Brief heften
   Anlagenkontrolle: fehlende Anlagen auf Brief vermerken
   Leerkontrolle: Kleine Schriftstücke könnten übersehen werden (Schecks, Briefmarken).

10. 15 Kuverts = 1 Minute
    600 Kuverts = (600 : 15) = 40 Minuten

11. Rohrpost, Aktenaufzug, Behälter- und Bandförderanlagen, selbstfahrender Umlaufwagen, Bote mit entsprechenden Mappen oder Körben

12. Wickelfalz, Zickzackfalz bzw. Leporellofalz
    Beachten Sie: Die Anschrift muss vollständig lesbar sein. Aufgedruckte Faltmarken ermöglichen ein exaktes Falten.

13. Zusammentragmaschine, Brieffalzmaschine, Kuvertiermaschine, Briefschließmaschine, Frankiermaschine.

14. Gebührenstempel, Tagesstempel, Werbestempel

Kapitel 2: Informationsbeschaffung, Informationserstellung und -verwaltung

2.2 Ordnungssysteme

1. Die alphabetische Ordnung basiert auf der Grundlage des DIN-Blattes 5007.

2. Unterscheidung der Ordnungsmöglichkeit nach Namen und Orten.

3. Mager Karl
   Mahler Markus
   Maier & Co.
   Maier Egon
   Maier Gebr.
   Maiering Martin
   Mair Alfred
   Maler Fritz
   Meier Peter
   Meyer Otto

4. Römer Fritz
   Roessle
   Rößler A.
   Roeßler Annegret
   Rößler Gebr.
   Rößler Ilse
   Rose Karin
   Roßmann Peter

5. Zum besseren Auffinden eines Begriffes muss ein Suchindex angelegt werden.

6. Bei der dekadischen Ordnung werden Ziffern von 0 - 9 (Zehnergruppe = Dekade) verwendet. Die Ordnung kann in Hauptgruppen, Gruppen und Untergruppen eingeteilt werden.

7. Bei der chronologischen Ordnung wird nach Datum geordnet. Sie wird meist innerhalb einer Hauptordnung angewandt.

8. Kaufmännische Heftung: Das zuletzt erhaltene Schriftstück liegt **oben**.
   Behördenheftung: Das zuletzt erhaltene Schriftstück liegt **unten**.

2.3 Archivierung

1. Gesetzliche Gründe: Der Gesetzgeber schreibt im Handelsgesetzbuch (HGB) und Abgabenordnung (AO) vor, welche Schriftgutarten wie lange aufbewahrt werden müssen.

   Betriebliche Gründe: als Beweismittel, als Arbeitsunterlage, als Vorlage bei gleich gelagerten Fällen, zur Auskunft und Kontrolle

2. Tageswert: Vernichtung nach Kenntnisnahme;
   Prüfwert: Vernichtung nach Prüfdauer
   Gesetzeswert: Handelsbriefe, Auftragsunterlagen 6 Jahre; Buchungsbelege, Rechnungen, Handelsbücher, Inventare, Bilanzen 10 Jahre
   Dauerwert: langfristige bzw. dauernde Aufbewahrung (Archiv)

3. Aufbewahrungsfrist 10 Jahre; Beginn der Frist am 31. Dez. 2008, Ende der Frist am 1. Jan. 2019; Vernichtung ab Januar 2019

4. Große Raumersparnis (95 – 98 %), schnelle Information, Sicherheit: keine nachträglichen Änderungen möglich, Aufbewahrung in feuer-, wasser- und diebstahlsicheren Stahlschränken, Kosteneinsparung für Räume, Porto, Verpackung, Material (Möbel, Behälter).

5. **Rollfilm:** als Arbeits-, Sicherheits- und Ersatzfilm für eine große Zahl zusammenhängender Unterlagen.

   Jacket: Filmstreifen zerschnitten in A6-Folienhüllen, die ergänzt werden können als Kunden- oder Personalkartei.

   Mikrofiche: duplizierte Jackets oder direkt verfilmte Unterlagen auf Fiche für Informationen, die gleichzeitig an vielen Arbeitsplätzen benötigt werden.

   Filmlochkarte: Lochkarte mit Mikrobild, um Daten und Bilder auf einem Informationsträger zu speichern für Zeichnungen und Konstruktionspläne.

6. - Die zu archivierenden Dokumente werden eingescannt bzw. eingelesen
   - Die erfassten Belege werden mit Suchbegriffen versehen (manuell, automatisch oder mit Barcode)
   - Nach der Indexierung werden die Dokumente im Archivsystem automatisch abgelegt bzw. gespeichert
   - Einfaches und schnelles Suchen der Belege durch verschiedene Selektionsmöglichkeiten (z. B. Schlagwort, Datum, Volltext)

7. Datenverluste können durch technische Fehler, Bedienungsfehler oder Softwarefehler entstehen.

8. Aufsichtsbehörden der Länder, Datenschutzbeauftragte in Betrieben, Betriebs- und Personalräte, Landes- und Bundesdatenschutzbeauftragte, der Bürger selbst.

Kapitel 3: Kommunikationsnetze und -medien

1. Die Gebühren eines Telefongesprächs hängen ab
   - von der Tarifzeit (Wochentag und Tageszeit),
   - von der Tarifzone (Entfernung) und
   - von den Tarifeinheiten (Dauer) des Gesprächs.

2. Notizbuchfunktion

3.1 Telefonnummer einer Telefonanlage mit Durchwahl, hier: Abfragestelle.

3.2 Telefonnummer einer Telefonanlage mit Durchwahl, hier: Durchwahlnebenstelle.

3.3 In der Spitzklammer ist die neue Telefonnummer angegeben, die der Kunde demnächst erhält.

3.4 Die Telefonnummer des Anrufenden wird nicht übermittelt, z. B. bei Beratungsstellen wie Drogen, Asyl, AIDS.

3.5 Der Teilnehmer hat der Nutzung der Daten für elektronische Verzeichnisse und/oder Auskunftssysteme widersprochen.

3.6 0171 - D1-Mobilfunkrufnummer der T-Mobil.

3.7 0169 - Skyper-Funkrufnummer; kostenpflichtiger Eintrag; Verkauf durch die Deutsche Telekom.

3.8 0177 - Mobilfunkrufnummer im E-Plus-Netz

4. Sie bitten den Kunden um etwas Geduld und drücken in diesem Fall die Stummschalttaste. Wichtig ist, den Kunden nicht zu lange warten zu lassen.

5. Um eine häufig benötigte Telefonnummer leichter wählen zu können, steht die Kurzwahl, die Namenstaste (Zielwahltaste) und die Wahlwiederholung zur Verfügung.

6.1 Technische Möglichkeiten: Überwiegend halbamtsberechtigte Nebenstellen einführen, Ansagedienste (Zeit, Lotto, Wetter) sperren lassen, Telefone mit Gebühren-/Einheitenzähler ausstatten bzw. Gebührenerfassungsanlage anschaffen, öffentlicher Fernsprecher für Privatgespräche zur Verfügung stellen.

6.2 Persönlicher Einsatz: Durchwahlnummern verwenden (spart Vermittlungszeiten), Gespräche sorgfältig vorbereiten durch Notizen und bereitgestellte Unterlagen, bei der Gesprächsführung auf sachlich knappe Formulierung achten, sich auf das Wesentliche beschränken, nur notwendige Gespräche führen, günstige Tarifzeiten beachten.

7.1 Freisprechen: Durch das eingebaute Mikrofon und einen Lautsprecher kann ohne Abnehmen des Hörers telefoniert werden.

7.2 Stummschaltung: Mit dieser Taste kann das Mikrofon ausgeschaltet werden, so dass der Gesprächspartner eine Unterhaltung mit anderen Personen im Raum nicht mithören kann.

7.3 Kurzwahl: Häufig benötigte Rufnummern werden auf zwei Tasten gespeichert. Zum Wählen werden nur diese beiden Tasten gedrückt.

7.4 Direktruf: Eine gewünschte Nummer (z. B. Notruf) wird einprogrammiert. Durch Druck auf eine beliebige Ziffertaste wird diese automatisch gewählt. Wird auch Babyruf genannt.

7.5 Wahlsperre: Damit können Anrufe zwar entgegengenommen werden, abgehende Gespräche sind nicht möglich.

7.6 Notizbuchfunktion: Während eines Gesprächs können Rufnummern über die Zifferntasten eingegeben und gespeichert werden, um später durch Kurzwahl anwählen zu können.

8. Funktelefon: dialogfähig
Funkrufdienst: nicht dialogfähig

9.1	C = e*notice	9.3	A = Cityruf
9.2	B = T-Scall	9.4	D = e*skyper

10. Durch den Einsatz von Telefaxgeräten werden Zeit und Kosten gespart: Tätigkeiten für Postein- und -ausgang entfallen, billiger als ein Brief, keine Briefhüllen erforderlich, keine Portokosten. Originalgetreue Vorlagen in Form von Texten, Bildern und Zeichnungen können sekundenschnell übertragen werden. Das Gerät ist rund um die Uhr empfangsbereit.

11. Die Übermittlung beim **Telefax** geht über die Telefonleitung und liegt dem Empfänger als Schriftstück vor. Außer Texte können auch Grafiken und handschriftliche Mitteilungen übertragen werden.
Eine **E-Mail** wird von PC zu PC übertragen und steht dem Empfänger elektronisch zur Verfügung. Er kann diese am PC weiterverarbeiten oder ausdrucken.

12. - Zugang zum Internet mit einem großen Serviceangebot von Informationen und Nachrichten
- Versenden und Empfangen von E-Mails
- Schreiben und Lesen über WAP-Handy
- Senden von SMS-Kurzmitteilungen
- OnlineBanking

13. Eine Internetadresse beginnt mit: http//www.
E-Mail-Adresse enthält das @-Zeichen.

Prüfungsaufgaben

Prüfung Winter 2005/2006

Aufgabe 1

1.1 **Versendungsmöglichkeiten für Werbesendungen**
Infopost, Infobrief, Postwurfsendung

1.2 **Merkmale dieser Versendungsformen**

- Infopost:	inhaltsgleiche Sendungen festgelegte Mindestmengen sortiert nach auf- oder absteigender Postleitzahl
- Infobrief	kleinere Mengen unsortierte Einlieferung Freimachungsvermerk
- Postwurfsendung:	ohne Anschrift, kein Freimachungsvermerk

1.3 **STAMPIT**
Mit einem PC, Drucker, Internetanschluss und einer speziellen Software können Sendungen direkt vom Nutzer frankiert werden.

1.4 **Poststraße**
Die Arbeitsschritte Beilegen, Falzen, Kuvertieren, Schließen, Wiegen und Frankieren sind miteinander verbunden.

1.5 **Portokosteneinsparung**
- Kleinere Briefhüllen verwenden
- günstigste Versendungsart wählen
- evtl. Fax oder E-Mail verwenden
- Post aus verschiedenen Abteilungen an den gleichen Empfänger zusammen versenden

Aufgabe 2

2.1 **Vorteile von Diktiergeräten**
- große Zeitersparnis gegenüber handschriftlicher Textaufnahme
- Diktant ist zeitlich und örtlich unabhängig (Handdiktiergerät)
- Unabhängigkeit von der Schreibkraft – Diktate können auch von anderen Schreibkräften geschrieben werden
- Ideen, Reiseberichte, Besprechungsergebnisse können direkt aufgezeichnet werden
- Diktiergeräte dienen als elektronischer Notizblock

2.2 **Regeln für das Fonodiktat**
Regeln für das Fonodiktat stellen eine Arbeitsvereinfachung dar, weil die Verständigung zwischen Diktant und Schreibkraft begünstigt wird.

2.3 **Konstanten – Anweisungen**
Konstanten sind anzusagende feststehende Benennungen, die auch im Duden und in der DIN 5008 enthalten sind.
Beispiele: alle Satzzeichen, Anführungszeichen, Klammern, groß/klein, römisch, Abkürzungen, neue Zeile, Absatz, nächstens, Anschrift, Informationsblock, Betreff, Diktatende

Anweisungen sind Hinweise, die durch „Stopp“ eingeleitet und durch „Text“ beendet werden.

Beispiele: Fettschrift, Kursivschrift, Großbuchstaben, Zentrieren, Einrücken, Buchstabieren, Gliederung, Aufstellung.

2.4 Die Tagung findet am „Stopp“ – zentrieren 30. Oktober 2005 – „Text“ im Hotel Anführungszeichen Alter Schwan Anführungszeichen in Karlsruhe statt Punkt.

Aufgabe 3

3.1 **Vorteile einer Telefonkonferenz**

- Einsparung von Reisekosten
- Zeiteinsparung
- Arbeitsplatz bleibt besetzt
- schnellerer Informationsfluss

3.2 **Kriterien zur Planung und Durchführung**

- Festlegen des Teilnehmerkreises
- Gesprächstermin koordinieren
- Anmeldung beim Dienstleister
- erforderliche Unterlagen bereitlegen
- Störungen vermeiden
- Bei Gesprächsbeginn Vorstellung der Teilnehmer durch den Organisator

3.3 **Kosten**

In der Regel trägt der Organisator (Anmelder) die Kosten.

3.4 **Unterschied zwischen Telefonkonferenz und Videokonferenz**

Bei der Telefonkonferenz können sich die Teilnehmer gegenseitig nur hören.
Bei der Videokonferenz kommunizieren die Gesprächspartner live mit Bild und Ton. Es ist ein größeres Equipment erforderlich: PC mit entsprechender Software, Farbkamera, Mikrofon und Lautsprecher, ISDN-Anschluss.

Prüfung Sommer 2006

Aufgabe 1

1.1 **Daten, die dem Bundesdatenschutzgesetz unterliegen**

Konfession, Familienstand, Geburtsdatum, Einkommen

1.2 **Rechte der Bürger**

- Auskunftsrecht: Jeder – unabhängig von Alter, Wohnsitz und Nationalität – hat das Recht auf Auskunft über die zu seiner Person gespeicherten Daten.
- Benachrichtigungsrecht: Jede verantwortliche Stelle ist verpflichtet, alle Betroffenen individuell zu benachrichtigen, über die sie Daten ohne deren Kenntnis erhoben hat und deren Daten sie speichern oder verarbeiten möchte.
- Berichtigungsrecht: Jede Stelle ist verpflichtet, unrichtige Daten zu berichtigen. Es liegt aber auch am Betroffenen selbst, darauf hinzuweisen, wenn Daten unrichtig oder überholt sind.
- Sperrungsrecht: Wenn der Betroffene die Richtigkeit der personenbezogenen Daten bestreitet und sich weder die Richtigkeit noch die Unrichtigkeit feststellen lässt, kann eine vorläufige Sperrung erfolgen.
- Löschungsrecht: Der Bürger hat das Recht auf Löschung von unzulässigen personenbezogenen Daten.

- Schadensersatzrecht: Wenn eine verantwortliche Stelle einem Betroffenen durch eine unzulässige oder unrichtige Datenverarbeitung einen Schaden zufügt, ist sie zum Ersatz des Schadens verpflichtet.

1.3 **Möglichkeiten von Datenverlusten**

- höhere Gewalt wie Wasser, Feuer, Blitz
- Fehler bei Hard- und Software
- menschliches Versagen durch Irrtum oder Nachlässigkeit
- Virenbefall
- Eindringen von Hackern
- vorsätzliches Herbeiführen

1.4 **Vermeidung von Datenverlusten**

- Grundsätzlich sind alle variablen Daten zu sichern: Dateien und E-Mails.
- Alle Softwarekonfigurationen sichern – erspart viel Arbeit beim Wiederherstellen.
- Eine verantwortliche Person für die Datensicherung benennen.
- Nutzer sollten über die Regelungen zur Datensicherung informiert sein.
- Vertrauliche Daten sollten vor der Sicherung möglichst verschlüsselt werden.
- Dateien mit einem Kennwort versehen.
- Dateifreigabe deaktivieren, besonders wenn der Nutzer online ist.
- Hochwertiges Virenprogramm und leistungsfähige Firewall installieren.
- System vor Spannungsstößen schützen.
- Benutzung der Rechner nur mit Passwort, Schlüssel oder Chipkarte.
- Zutrittskontrollen (Ausweisleser, Schleusentüren, optische Überwachungsanlage).

Aufgabe 2

2.1 **Einsatz von geeigneten Briefhüllen**

- Geschäftsbrief nach DIN 676 im Zick-Zack-Falz: DIN lang mit Fenster
- 2 Eintrittskarten im Format A6: Briefkuvert C6
- ein Geschäftsbericht A4 (50 Seiten gebunden): DIN B4
- Adressliste ohne Begleitschreiben: DIN lang ohne Fenster

2.2 1
2
3
4 Herrn Prokurist
5 Dr. Rolf Kraft
6 Hotel Hirsch
7 Bachstraße 86
8 76532 Baden-Baden
9

2.3 1
2
3 Express vor 10 Uhr
4 Herrn Rechtsanwalt
5 Dieter Feldmann
6 Kanzlei Feldmann & Partner
7 Marktstraße 87
8 77652 Offenburg
9

2.4 **Expressbrief**

- Brief nicht frankieren
- Brief gesondert bei der Post einliefern

2.5 **Tagespost und Massenpost**

- Tagespost: individuelle Post wie Briefe, Rechnungen, Mahnungen, die an bestimmte Personen gerichtet sind.
- Massenpost: Werbebriefe gleichen Inhalts, Kataloge, Prospekte, Postwurfsendungen.

Aufgabe 3

3.1 **Probleme mit dem PC – Verminderung des Risikos**

- Viren und Würmer auf dem Rechner durch Standleitung ins Internet
- verseuchte Dateianhänge bei E-Mails
- Behebung durch hochwertiges Virenschutzprogramm
- regelmäßige Aktualisierung der Firewall

3.2 **Vorteile durch DSL = Digital Subscriber Line**

- hohe Übertragungsgeschwindigkeit
- einsetzbar bei analogen oder ISDN-Anschlüssen
- Schutz vor Dialern

3.3 **Grundsätze für den Umgang und die Gestaltung von E-Mails**

- Behandlung wie normale Briefpost: ordentlich, korrekt, schnell
- Beantwortung von Fragen innerhalb 24 Stunden, ansonsten Zwischenbescheid geben
- Empfänger persönlich ansprechen
- Möglichst Nur-Text-E-Mails, damit sie von allen Empfängern gelesen werden können
- E-Mail-Anhänge nur mit Hinweis versenden
- Korrekte Absender-Erkennung
- Signatur verwenden
- Bei längerer Abwesenheit dafür sorgen, dass E-Mails umgehend beantwortet werden

3.4 **Digitale Signatur**

Die digitale Signatur entspricht einem Siegel, das einem elektronischen Dokument angehängt wird – ähnlich wie eine handschriftliche Unterschrift auf einem Brief. Hergestellt wird dieses Siegel durch ein mathematisches Verfahren mithilfe eines sog. privaten Signaturschlüssels.
Voraussetzungen: PC mit entsprechender Benutzeroberfläche, Chipkarten-Lesegerät, geeignete Software, Signaturschlüssel, Zertifikate von der Zertifizierungsstelle.
Wichtig: Ein elektronisch signiertes Dokument hat vor Gericht Beweiskraft.

3.5 **Spams**

Spams sind massenhaft versendete E-Mails mit unerwünschter Werbung. Sie können folgende Angebote enthalten: Werbemüll und Kontaktgesuche, Angebote zu rechtswidrigen Geschäften, Dialer. Spams sind generell gesetzlich verboten.

Durch Einsatz eines Filters kann der Eingang von Spam-E-Mails begrenzt werden. Die Software durchsucht eingehende E-Mails nach bestimmten Schlüsselwörtern im Betreff. Grundsätzlich nie eine Spam-Mail beantworten. Links zum angeblichen Abbestellen der Werbung nicht nutzen, denn damit weiß der Absender, dass die Mail-Adresse genutzt wird.

Prüfung Winter 2006/2007

Aufgabe 1

1.1

Tintenstrahldrucker	Laserdrucker	Nadeldrucker
Tinte	Toner, Bildtrommel	Farbband
Nicht für alle Papier geeignet (Versickern der Farbe)	Hoher Speicherbedarf	Druckt mehrere Durchschläge in einem Arbeitsgang
Günstigster Farbdrucker	Beste Druckqualität bei Grafiken und Zeichnungen	Keine Grafik und Farbdrucke möglich

1.2 **Drucken oder Kopieren bei 500 Stück**

Das Formular wird nur einmal ausgedruckt und kann am Kopierer in der gewünschten Stückzahl vervielfältigt werden. Diese Vorgehensweise ist schneller und preiswerter, die Dateien sind schnell aktualisiert und es entfällt eine Bevorratung.

1.3 **Standortbezeichnung und Nachteile**

Zentraler Standort

Nachteile:
- lange Wegezeiten
- Arbeitsplatz bleibt während des Kopierens unbesetzt
- Wartezeiten
- Vertraulichkeit ist nicht immer gegeben
- bei Geräteausfall keine Ausweichmöglichkeit

Aufgabe 2

2.1 **Beispiele zu den 3 Vordruckarten**

- Amtliche Vordrucke: Lohnsteuerkarte, Mahnbescheid, Einkommenssteuererklärung
- Genormte Vordrucke: Geschäftsbrief DIN 676, Rechnung DIN 4991
- Freigestaltete Vordrucke: Besucheranmeldung, Personalbogen, Antwortkarte

2.2 **Unterschied zwischen Online-Formular und Formular, das von Hand ausgefüllt wird**

Handschriftliche Formulare werden vervielfältigt und per Post oder Fax an den Empfänger versandt.

Online-Formulare können als E-Mail verschickt oder ins Intranet/Internet gestellt, direkt am PC ausgefüllt und weiterverarbeitet werden. Bei unvollständig ausgefüllten Vordrucken erscheint eine Fehlermeldung.

2.3 **Beispiele für Online-Vordrucke und handschriftlich auszufüllende Vordrucke**

- Handschriftlicher Vordruck: Telefonnotiz
  Sinnvoll, da Gesprächsinhalte sofort aufgenommen werden können, wenn der PC noch nicht eingeschaltet bzw. schon ausgeschaltet ist.
- Online-Vordruck: Reisekostenabrechnung
  Kann im Intranet an die Buchhaltung zur Abrechnung und Auszahlung geschickt werden.

2.4 **Grundsätze bei der Gestaltung von Vordrucken**

- vollständig
- ablaufgerecht
- schreibgerecht
- behandlungsgerecht
- Leittext vor Schreibtext (OLE-Prinzip)

Aufgabe 3

3.1 **Leistungsmerkmale für ein modernes Telefon**

- Anklopfen: Verbindungswunsch eines Dritten am Telefon kann optisch oder akustisch signalisiert werden. Der angerufene Teilnehmer kann sein Gespräch unterbrechen, Rücksprache halten und anschließend wieder das erste Gespräch fortsetzen.
- Automatischer Rückruf: Bei besetztem Anschluss entfällt eine Neuwahl. Die Rückruf-Funktion kündigt durch einen Signalton an, dass der anzurufende Anschluss frei ist und der Anruf wird automatisch wiederholt.
- Rufnummernübermittlung: Rufnummer wird vom Anrufer zum Angerufenen über das Telefon-Display übermittelt und umgekehrt.
- Entgeltanzeige: nach einer Verbindung können auf dem Telefon-Display entweder die Tarifeinheiten oder der Euro-Betrag angezeigt werden.

3.2 **Gesprächsaufzeichnung**

- Anrufbeantworter mit oder ohne Aufzeichnungsmöglichkeit
- T-Net-Box von Telekom, ein sog. unsichtbarer Anrufbeantworter. Der Kunde besitzt kein Extra-Gerät. Es können bis zu 30 Anrufe gespeichert werden.
- Sprachbox: Sie ermöglicht dem Kunden, einem nicht erreichten Teilnehmer eine gesprochene Nachricht zu hinterlassen. Die Nachrichten werden vom Anbieter dieses Dienstes zentral gespeichert und können von jedem beliebigen Telefonanschluss durch die Wahl einer bestimmten Rufnummer und die Eingabe eines Codes zum Schutz vor unbefugtem Abhören der Nachrichten abgerufen werden. Ist ein Teilnehmer nicht erreichbar, nimmt die Sprachbox die Anrufe entgegen.

3.3 **Inhalte eines Meldetextes**

- Begrüßung
- Firmenname und Telefonnummer
- Hinweis auf Anrufbeantworter
- Grund der Aufzeichnung
- Hinweis auf Sprechbeginn
- Aufforderung

3.4 **Begriff und Abrechnung von Call-by-Call**

Begriff: Telefonteilnehmer suchen sich eine Netzkennzahl (Sparvorwahl), die mit 010 beginnt und wählen diese vor der Telefonnummer des gewünschten Gesprächsteilnehmers.

Abrechnung: Die Abrechnung der Call-by-Call-Gespräche erfolgt über die Telekom. Die Verbindungsentgelte, die durch Verbindungen anderer Provider entstanden sind, werden gesondert ausgewiesen mit der Telefonnummer des jeweiligen Call-by-Call-Anbieters.

Prüfung Sommer 2007

Aufgabe 1

1.1 **Faktoren zur Anschaffung eines Kopierers**

- Betriebliche Erfordernisse: Welche Leistungen muss ein Kopierer erbringen?
- Preis-/Leistungsverhältnis: Was kostet eine Kopie?
- Standort: Wo soll der Kopierer aufgestellt werden?
- Finanzierung: Wie wird der Kauf finanziert (Kauf, Miete, Leasing)?
- Kundendienst: Wer bietet den besten Service?
- Umwelt: Welches Gerät garantiert die bestmögliche Umweltverträglichkeit?

1.2 **Kosten**

- Gerätekosten (Kauf, Miete, Leasing)
- Wartungs- und Reparaturkosten
- Materialkosten (Papier, Toner)
- Personalkosten

1.3 **Vermeidung von Umweltbelastungen beim Kopieren**

- Kopiergeräte mit Spezialfilter nutzen
- Papier sparen durch „Verteiler" statt viele Kopien erstellen
- Energieeinsparung durch Stand-by-Betrieb
- Verwendung von Umweltschutzpapieren (Recyclingpapier)
- Verbrauchte Tonerkartuschen an Hersteller zurückgeben
- Standort des Kopiergerätes außerhalb des Arbeitsbereichs der Mitarbeiter

1.4 **Umweltfreundliche Geräte**

Umweltfreundliche Geräte sind am Umweltsiegel zu erkennen, z. B. „Blauer Engel"

Aufgabe 2

2.1 **Voraussetzungen für ein Dokumenten-Management-System (DMS)**

- Leistungsfähiges Netzwerk
- Einsatz entsprechender Hard- und Software
- Scanner

2.2 **Arbeitsweise zur Dokumentenverwaltung**

- Dokumentenerfassung: Dokumente einscannen und digitalisieren
- Indizierung: Dokumente mit Merkmalen versehen

2.3 **Möglichkeiten der Dokumentensuche**

- Indexsuche: Suche nach Merkmalen, die mit den Dokumenten abgespeichert wurden (Indizes).
- Volltextsuche: Ermöglicht das Auffinden von Dokumenten und Dateien über Textelemente, die in dem gesuchten Dokument vorkommen.
- Suche über Dokumententypen: Die Indizes des jeweiligen Dokumententyps können verknüpft werden, so dass nur Dokumente des ausgewählten Dokumenttyps angezeigt werden.

Aufgabe 3

3.1 **Telefax-Sendeliste**

Journal

Es enthält die Telefaxnummer, Seitenzahl, Übertragungsdauer, Datum, Uhrzeit, Status (ob korrekt oder fehlerhaft übertragen).

3.2 **Regeln im Umgang mit dem Faxgerät**

- Telefaxe sind nicht rechtskräftig
- Nur kurze und eilige Informationen faxen
- Keine vertraulichen Inhalte faxen
- Keine Werbebriefe per Fax versenden (nur auf ausdrücklichen Wunsch)
- Offizielle Einladungen, Glückwünsche, geschäftliche Erstkontakte und Kondolenzbriefe nicht als Fax versenden.

3.3 **Vorteile beim Einsatz von Telefaxgeräten**

- Weltweite Übermittlung von originalgetreuen Texten, Skizzen und Grafiken
- Herkömmliche Arbeiten beim Posteingang und Postausgang entfallen
- Innerbetriebliche Verbindungen ersparen Botengänge
- Schnellere Übertragung im Vergleich zum Postversand
- Versendung ist kostengünstig
- Automatisches Senden und Empfangen möglich

3.4 **Vorteile vom PC-Fax**

- Unterlagen, die zuvor am PC erstellt wurden, müssen nicht mehr ausgedruckt werden.
- Die Anwahl der Telefaxnummer erfolgt über den PC automatisch.
- Während einer Faxübertragung können gleichzeitig eingehende Faxnachrichten empfangen werden.

Prüfung Winter 2007/2008

Aufgabe 1

1.1 **Abholen der Post**

- Postfachschlüssel mitnehmen
- Post nach Irrläufern kontrollieren
- Nicht im Postfach liegende Sendungen mit dem Auslieferungsschein am Schalter abholen
- Wenn nötig, Innenvollmacht am Postschalter vorzeigen

1.2 **Tätigkeiten beim Posteingang**

- Aussortieren: Post für Geschäftsleitung, Post für Personalabteilung, Privatpost, fehlgeleitete Sendungen
- Öffnen der Eingangspost
- Entnahme des Briefhülleninhalts
- Kontrolle: Datum, Anlagen, Leerkontrolle
- Stempeln mit dem Eingangsstempel
- Sortieren in Mappen, Regalen oder Sortierkörben

1.3 **Tätigkeiten beim Postausgang**

- Kontrolle: Vollständigkeit der Ausgangspost, Unterschrift
- Zusammentragen (bei umfangreichen Sendungen mit Zusammentragmaschine)
- Falten der Ausgangspost (evtl. mit Faltmaschine)
- Kuvertieren (evtl. mit Kuvertiermaschine)
- Schließen der Briefkuverts (evtl. mit Briefschließmaschine)
- Wiegen der Briefpost mit einer elektronischen Waage
- Frankieren: Briefmarken oder Frankiermaschine

1.4 **Besonderheiten bei Einschreiben und Express-Sendungen**

Diese Sendungen dürfen nicht freigemacht werden, sondern müssen am Postschalter aufgeben werden. Einlieferungsschein mitnehmen.

Aufgabe 2

2.1 **Alphabetische Ordnung**

Zander & Co., Stuttgart
Zander GmbH, Schwieberdingen
Zandler & Partner, Rechtsanwälte
Ziegler, Rainer
Zierer, Udo von
Zimmerle, Jens, Dr.
Zöllner, Renate
Zöllner-Siebert, Dagmar

2.2 **Datensicherung**

- Sicherung von Daten auf einem Datenträger, z. B. CD, CD-R, USB-Stick mit hoher Speicherkapazität
- Externe Festplatte

2.3 **Datenschutz**

- Persönliche Daten dürfen ohne Einverständnis nicht an Dritte weitergegeben werden.
- Ungeschützte Daten sind Vor- und Nachname, Anschrift und Telefonnummer.

2.4 **Urheberrechtsschutz**

- Eine Nutzung ohne Einwilligung des Berechtigten ist nicht zulässig.
- Kopien für den persönlichen bzw. eigenen Gebrauch dürften angefertigt werden.

Aufgabe 3

3.1 **Regeln für das Telefonieren**

- sich am Telefon mit Namen melden (Firmenname, eigener Name)
- langsam und deutlich sprechen
- den Gesprächspartner immer wieder mit seinem Namen ansprechen
- höflich und geduldig sein, auch wenn der Gesprächspartner aufgebracht ist
- Dialekt vermeiden
- während des Telefonierens nicht essen oder andere Tätigkeiten verrichten
- den Gesprächspartner ausreden lassen
- wichtige Fakten schriftlich notieren
- schwierige Wörter oder Zahlen wiederholen, notfalls buchstabieren
- genaue und exakt formulierte Antworten geben ohne überflüssige Äußerungen

3.2 **Wirtschaftliches Telefonieren**

- gute Gesprächsvorbereitung (Bereitlegen von Unterlagen und Schreibmaterial)
- Durchwahlnummern verwenden
- sich kurz fassen
- Tarifzeiten beachten
- Call-by-Call verwenden
- Freecall- oder Service-Nummern verwenden

3.3 **Buchstabieren des Namens Papazoudi**

Paula, Anton, Paula, Anton, Zacharias, Otto, Ulrich, Dora, Ida

3.4 **Service-Nummer 0800**

Dies ist eine kostenlose Servicenummer, die Unternehmen für Ihre Kunden anbieten.

Service-Nummer 0180

Bei dieser Service-Nummer teilen sich der Anbieter und der Anrufer die Gesprächskosten. Die Berechnung erfolgt nach der sich anschließenden Ziffer.

Prüfung Sommer 2008

Aufgabe 1

1.1 **Fonodiktat**

Ansage:

Hier spricht (Schülername)

Betreff Stopp Fett Ihre persönliche Kundenkarte **Text**

Sehr geehrter Herr Schneider **Komma** mit dieser Karte gewähren wir Ihnen bei jedem Einkauf **Stopp Unterstreichen** 3 % Rabatt Punkt **Text** Als zusätzliches Dankeschön erhalten Sie auf Ihren ersten Einkauf mit der **Anführungszeichen** Vogler Kundenkarte **Anführungszeichen** in der Zeit vom **Stopp Zentrieren** 13. August bis 25. August **Text** einen Direktbonus von 10 % Punkt **Absatz** Wir wünschen Ihnen viel Vergnügen beim neuen Einkaufserlebnis mit Ihrer Kundenkarte **Punkt**

Ende des Schreibens

1.2 **Warum Regeln für Fonodiktat**

- fördert die Verständigung zwischen Diktierenden und Schreibenden
- dient der Arbeitsvereinfachung

1.3 **Spracherkennungssystem**

Das Diktieren, Formatieren und Bearbeiten von Dokumenten erfolgt per Sprachbefehl. Der Diktant spricht seinen Text in ein Mikrofon, das an einen Computer angeschlossen ist. Das Spracherkennungssystem wandelt das gesprochene Wort automatisch in geschriebenen Text um, der unmittelbar auf dem Bildschirm erscheint. Die Software kann zwischen Texten und Befehlen (z. B. Absatz, Zentrieren) unterscheiden.

1.4 **Berufsgruppen für Spracherkennungssysteme**

Rechtsanwälte, Ärzte, Journalisten, Steuerberater

Aufgabe 2

2.1 **Aktenplan**

Der Aktenplan ist eine alphabetisch geordnete Übersicht aller abzulegenden Schriftstücke. Er gibt Auskunft darüber, wie die Akten benannt sind und wo sie sich befinden.

2.2 **Vorteile eines Aktenplans**

- Durch einen logischen Aufbau wird das Zuordnen und Wiederfinden erleichtert.
- Er ist flexibel, d. h. neue Begriffe können jederzeit eingegliedert werden.
- Durch schnellen Zugriff wird Zeit und Geld gespart.
- Neue Mitarbeiten können schneller eingearbeitet werden.
- Durch den Aktenplan werden Doppelablagen vermieden.

2.3 **Aufbewahrungsfrist für Kontoauszüge**

Kontoauszüge gehören zu den Buchungsbelegen und müssen laut Handelsgesetzbuch zehn Jahre aufbewahrt werden. Die Aufbewahrungsfrist beginnt mit dem Schluss des Kalenderjahres, in dem das Schriftgut entstanden ist. In diesem Fall endet die Aufbewahrungsfrist am 31.12.2018.

2.4 **Betriebliche Gründe für die Schriftgutaufbewahrung**

als Arbeitsmittel:

- zur Erledigung laufender Geschäftsvorgänge
- um Briefe nicht neu entwerfen zu müssen
- um ähnlich gelagerte Fälle schneller entscheiden zu können
- für eine schnelle Auskunftserteilung
- um frühere Fehler zu vermeiden
- als Gedächtnisstütze

als Beweismittel:

- gegenüber Geschäftspartnern
- bei gerichtlichen Auseinandersetzungen
- gegenüber dem Finanzamt

Aufgabe 3

3.1 **Preise für ein Mobilfunktelefon**

Mobilfunknetzbetreiber bieten ihren Kunden einen Billigkauf eines Mobilfunktelefons an, wenn die Kunden für mindestens 24 Monate einen Vertrag abschließen oder einen bestehenden Vertrag verlängern.

3.2 **Entscheidung für ein Tarifmodell**

- Wie viele Stunden im Monat werden telefoniert?
- An welchen Wochentagen wird überwiegend telefoniert?
- Zu welcher Tageszeit wird hauptsächlich telefoniert?
- In welche Netze wird telefoniert?
- Wie häufig werden monatlich SMS versendet?
- Sollen damit E-Mails versendet werden?
- Wird ein Internet-Zugang benötigt?

3.3 **Vertrag mit Mindestumsatz**

In diesem Fall muss monatlich ein vorher festgelegter Betrag vertelefoniert werden. Wird dieser Mindestumsatz nicht erreicht, muss dieser Betrag trotzdem beglichen werden.

3.4 **Weitere Funktionen eines Mobilfunktelefons**

- Fotos herstellen
- kleinere Videos drehen
- Kalenderfunktion
- Notizfunktion
- Diktierfunktion
- Terminverwaltung
- Navigationssystem
- Fernsehen
- Spiele
- Surfen im Internet

Prüfung Winter 2008/2009

Aufgabe 1

1.1 **Einsatz der Frankiermaschine**

- schnelleres Frankieren, dadurch Zeit- und Kosteneinsparung
- bessere Übersicht über den Portobestand
- Portoeinsparung durch Entgeltermäßigung
- Führen einer Portokasse entfällt
- kein Überfrankieren bei Fehlen passender Briefmarken
- werbewirksamer Stempelaufdruck

1.2 **Weitere Frankiermöglichkeiten**

Frankit – Frankiermöglichkeit der Deutschen Post AG:

- digitale Frankierung mit einer Frankiermaschine, die von der Deutschen Post zugelassen sein muss.
- Portoguthaben wird online über Modem aufgeladen
- frankierte Sendungen werden mit einem Matrixcode zum schnellen maschinellen Weiterbearbeiten versehen
- Matrixcode enthält Informationen über die jeweilige Sendung und kann nachverfolgt werden

DV-Freimachung

- Service der Deutschen Post AG zum einfachen, kostengünstigen und rationellen Briefversand über das im Unternehmen vorhandene EDV-System
- Einsatz bei täglich großen Mengen an Briefsendungen
- spezielle Software ermittelt Anzahl und Gewicht der Sendungen, bestimmt die geeignete Versandart, errechnet die fälligen Entgelte und Entgeltermäßigungen, sortiert, nummeriert und frankiert die Sendungen und erstellt die notwendigen Einlieferungsunterlagen

Stampit – PC-Software zum Portodrucken

- über PC, Software, Drucker und Internet einfach und bequem Porto selbst drucken
- in einem Schritt adressieren und frankieren – einzeln oder als Seriendruck
- Einbindung von Werbeaufdrucken oder Logos in die Frankierung

Frankierservice

- unfrankierte Sendungen mit Auftragsformular bei der Post einliefern
- Deutsche Post AG übernimmt Frankierung der Sendungen
- Einsparung von Ressourcen und Arbeitszeit
- Service-Entgelt richtet sich nach der Menge der Sendungen

1.3 **Einsparung von Portokosten**

- Kleinere Briefhüllen verwenden
- günstigste Versendungsart wählen
- evtl. Fax oder E-Mail verwenden
- Post aus verschiedenen Abteilungen an den gleichen Empfänger zusammen versenden

Aufgabe 2

2.1 **Vorteile einer Telefonnotiz**

- beschleunigter Arbeitsablauf → zeit- und kostensparend
- Vollständigkeit der Angaben sichergestellt
- entlastet die Schreibarbeit
- gleiche Angaben an gleicher Stelle

2.2 **Angaben einer Telefonnotiz**

- Vordruckbezeichnung: Telefonnotiz
- Datum und Uhrzeit des Anrufs
- Name, Firma und Telefonnummer des Gesprächspartners
- Gesprächsinhalt
- Auswahlantworten z. B. Dringend, Zur Kenntnisnahme, Bitte um Rückruf, Ruft wieder an
- Unterschrift der aufnehmenden Person

2.3 **Vorteile von Online-Formularen**

- schnelleres Ausfüllen am PC → zeit- und kostensparend
- Formulare können einfach aktualisiert bzw. verändert werden
- sofortige Korrektur von Tippfehlern
- Versand per E-Mail oder durch Internet
- keine Bevorratung von Vordrucken nötig

Aufgabe 3

3.1 **Telefonvorbereitung**

- auf die Geschäftszeiten des Gesprächspartners achten
- Rufnummer und Name des Teilnehmers notieren
- vorhandene Unterlagen heraussuchen und bereitlegen
- Gesprächsziel festlegen
- Besprechungspunkte stichwortartig notieren
- Schreibmaterial bereitlegen

3.2 **Fehler beim Telefonieren**

- sich nicht vollständig mit Namen und Firma melden
- Dialekt anwenden
- schnell und undeutlich sprechen
- zu laut oder zu leise sprechen
- während des Gesprächs essen
- nebenbei andere Tätigkeiten verrichten
- unfreundlich bzw. unhöflich sein
- sich dem ungebührenden Verhalten eines verärgerten Gesprächspartners angleichen
- ohne freundliches Verabschieden das Gespräch beenden

3.3 **Leistungsmerkmale der Telefonanlage**

- **Makeln:** Während eines Telefongesprächs kann ein weiterer Anruf entgegengenommen werden. Dazu wird das erste Gespräch „geparkt“ um mit dem zweiten Anrufer zu sprechen. Danach kann die erste Verbindung wieder aktiviert werden. Zwischen den beiden Verbindungen wird gemakelt.
- **Anklopfen:** Während eines Telefongesprächs wird ein weiterer Anruf durch optische oder akustische Signale angekündigt. Dadurch kann der Angerufene sein Gespräch unterbrechen und mit dem Anklopfenden Kontakt aufnehmen. Anschließend kann er das erste Gespräch fortsetzen.
- **Dreierkonferenz:** Drei Teilnehmer können sich zu einer Telefonkonferenz zusammenschließen und jeder kann jeden hören bzw. mit jedem sprechen.
- **Anrufweiterschaltung:** Bei nicht besetztem Arbeitsplatz können eingehende Anrufe an jeden beliebigen Anschluss weltweit umgeleitet werden. Drei Möglichkeiten:
  - Direkte Anrufweiterschaltung – Gespräch wird sofort weitergeleitet
  - Anrufweiterschaltung bei Nichtmelden – Weiterschaltung nach 15 Sekunden
  - Anrufweiterschaltung bei besetztem Anschluss

Prüfung Sommer 2009

Aufgabe 1

1.1 **Kaufentscheidung für neuen Drucker**

- Wie viele Mitarbeiter nutzen den Drucker?
- Wie viel muss täglich gedruckt werden?
- Was sollte der Drucker können (Schwarz-weiß- oder Farb-Drucke, Druckgeschwindigkeit, Druckqualität)?
- Was kostet der Drucker?
- Welche Serviceleistungen bietet der Kundendienst (Garantiezeit, Wartung)?
- Welche Lieferbedingungen sind akzeptabel?

1.2 **All-in-one-Drucker (Multifunktionsgerät)**

Funktion: Drucken, Kopieren, Scannen und Faxen

Vorteile:
- Platzeinsparung
- Vereinheitlichung der Verbrauchsmaterialien wie Toner bzw. Tintenpatronen, nur eine Trommel und eine Sorte Folien.
- keine Einarbeitung in vier einzelne Geräte
- im Vergleich zu den Einzelgeräten geringerer Stromverbrauch
- geringere Anschaffungskosten als vier Einzelgeräte derselben Leistungsklasse

Nachteile:
- bei Störungen Ausfall aller vier Funktionen
- bei hohem Druckaufkommen sind Einzelgeräte besser

1.3 **Umwelttipps**

- nur wirklich Notwendiges drucken
- für Probedrucke Konzeptpapier oder Rückseiten von Fehldrucken nutzen
- papiersparend drucken (zwei Seiten auf ein Blatt)
- Fehldrucke vermeiden (Text am PC auf Fehler überprüfen)
- Drucker bei Nichtbenutzen ausschalten bzw. auf Standby-Modus stellen

Aufgabe 2

2.1 **Kundenakten im Schreibtisch**

Arbeitsplatzablage: Vertikale Hängeregistratur

Vorteile:
- schneller Zugriff
- ausgezeichnete Übersicht
- ideale Lose-Blatt-Ablage
- große Flexibilität

2.2 **Anlegen einer Kundenakte in alphabetischer Reihenfolge**

Baader
Bachmann
Bäse
Baumann
Berger
Böttinger
Breuer
Breyer
Brinkmann
Brüder
Brüggemann
Buchner

2.3 **Gesetzliche Aufbewahrungsfrist**

Bestellung: Eingang im Mai 2009
Aufbewahrungsfrist 6 Jahre: 31.12.2009 – 31.12.2015
Vernichten ab 01.01.2016

2.4 **Altablage (Zentralablage)**

- Aufbewahrung abgeschlossener Vorgänge, die der gesetzlichen Aufbewahrungsfrist unterliegen
- Entlastung der Arbeits- und Abteilungsablage

Aufgabe 3

3.1 **Vorteile einer Online-Bestellung**

- einfaches Ausfüllen
- Papiereinsparung
- sofortige Datenübermittlung
- unmittelbarer Eingang beim Online-Versand
- umgehende Bearbeitung

3.2 **Aufbewahrung elektronischer Dokumente**

Die Aufbewahrung elektronischer Daten setzt eine elektronische Archivierung voraus. Die Daten müssen ein einer maschinell auswertbaren Form aufbewahrt und bereitgestellt werden.
Unabdingbare Voraussetzung für jede Aufbewahrung ist
- die Lesbarkeit
- die Unversehrbarkeit der Daten
- die eindeutige Bestimmung der Quelle der Daten

3.3 **Angaben im E-Mail-Kopf**

- E-Mail-Adresse des Empfängers
- Cc: evtl. weitere E-Mail-Adressen von Empfängern, die eine Kopie davon erhalten sollen
- Bcc: evtl. weitere E-Mail-Adressen für Empfänger, die eine Kopie davon erhalten sollen aber für die anderen E-Mail- Empfänger nicht sichtbar ist.
- Betreff

3.4 **Telefax**

Teilnehmerkennung:
- Datum
- Uhrzeit
- Absender
- Empfänger
- Seite

Diese Daten können manipuliert werden. Daher sind Faxmitteilungen vor Gericht nicht anerkannt.

Prüfung Winter 2009/2010

Aufgabe 1

1.1 **Private Post- und Briefdienstleister**

Durch die schrittweise Aufhebung des Postmonopols gibt es immer mehr private Anbieter für Kurier-, Express-, Paket- und Postdienste.

1.2 **Leistungsangebote von Postdienstleistern**

- Abholung und Zustellung zum Unternehmen
- Digitalisierung des Posteingangs
- Botendienste
- Übernahme des kompletten Postausgangs
- Druck- und Kuvertierservice
- Abholung frankierter und unfrankierter Briefe
- Logodruck
- Frankierservice

1.3 **Möglichkeiten des Expressdienstes der Deutschen Post AG**

- Express vor 12:00 Uhr, Express vor 10:00 Uhr, Express vor 09:00 Uhr
- Express Samstagszustellung, Express Sonn- und Feiertagszustellung
- Zusatzleistung steht über der Hausanschrift in der Zusatz- und Vermerkzone (kein Postfach)

Aufgabe 2

2.1 **Chronologische Ablage**

Bei der chronologischen Ordnung werden Sachverhalte in ihrer zeitlichen Reihenfolge (z. B. nach Tagen, Monaten, Jahren) erfasst. Beispiel: Rechnungen – Fälligkeitstermine

2.2 **Vorteile numerische Ordnung**

- schnelles Sortieren und Einordnen
- einfache und logische Ordnungsweise
- sicherste Ordnung mit fortlaufenden Nummern

2.3 **Arbeitsplatzablage und Altablage**

In der Arbeitsplatzablage befinden sich ständig benötigte Sachakten und Vorgänge, die noch in Bearbeitung sind.

In die Altablage kommt Schriftgut, das nur selten benötigt wird.

2.4 **Optische Speichermöglichkeiten**

CD-ROM:	elektronische Nachschlagewerke wie Wörterbücher, Telefonbücher, Lieferanten, Ersatzteilkataloge
CD-R:	Produktinformationen für Kunden
CD-RW:	für Daten, die nur vorübergehend benötigt werden und dann wieder gelöscht werden können bzw. ergänzt werden müssen
DVD:	für hohe Datenmengen, wie z. B. Werbevideos der Büromaschinen

Aufgabe 3

3.1 **Sicherheit beim Onlinebanking**

- PIN mit Zahlen und Buchstaben ohne erkennbaren Sinn auswählen (keine Geburtsdaten)
- PIN und TAN-Liste vor Zugriff anderer schützen
- Onlinebanking-Software durch zusätzliches Passwort schützen
- PIN sofort ändern, vor allem wenn Zweifel bestehen, dass Dritten die PIN bekannt geworden ist

3.2 **Schutz vor Computerviren**
- Dateien unbekannter Herkunft nicht öffnen
- Makrovirenschutz aktivieren
- E-Mail-Anhänge vor dem Öffnen auf Viren überprüfen
- regelmäßige Updates des Virenschutzprogramms durchführen
- Dokumentvorlagen mit Schreibschutz versehen
- regelmäßig virenfreie Sicherungskopien erstellen

3.3 **Internet: Suchoptionen**
- UND-Verknüpfung, z. B. Telekommunikation + Videokonferenz
- ODER-Verknüpfung, z. B. Stuttgart Theater
- Phrasensuche, z. B. „Bildungsverlag EINS“

Prüfung Sommer 2010

Aufgabe 1

1.1 **Digitale Archivierung**
- Die eingegangene Post wird eingescannt und digitalisiert.
- Jedes Dokument wird mit einem Suchmerkmal versehen (indizieren).
- Das Dokumenten-Management-System (DMS) verwaltet das Dokument, in dem es abgelegt und archiviert wird.
- Die Suche nach einem Dokument erfolgt in Sekundenschnelle.

1.2 **Vorteile des digitalen Posteingangs**
- Informationsfluss wird beschleunigt, da alle Mitarbeiter über das Intranet auf die Dokumente zugreifen können.
- Schnelles Auffinden von abgelegten Dokumenten.
- Arbeitsproduktivität und Geschäftsprozesse werden verbessert.
- Papier wird eingespart.

1.3 **Möglichkeiten für Posteingang**
- Abholung aus dem Postfach
- Zustellung durch Deutsche Post AG oder Postdienstleister
- Telefax
- E-Mail

1.4 **Eingangsstempel**
- Eingang am oder Eingegangen am
- Datum
- evtl. Felder für Bearbeitungsvermerke

1.5 **Briefe, die nicht geöffnet werden dürfen**
- Direktionspost bzw. Post an Geschäftsleitung oder Vorstand
- Privatpost
- Post für die Personalabteilung
- Irrläufer

1.6 **Gründe für elektronischen Brieföffner**
- mind. 50 Briefe pro Tag
- Zeit- und Kosteneinsparung

Aufgabe 2

2.1 **Klassische Registraturform**

Vertikale Hängeregistratur:
- übersichtlich
- flexibel
- schneller Zugriff
- sichere Aufbewahrung vertraulicher Unterlagen
- Unterbringung im Schreibtisch

2.2 **Schriftgutbehälter**
- Hängemappen
- Hängetaschen
- Hängehefter
- Hängeordner

2.3 **Wertstufen**

ohne Wert/Tageswert:	nach Kenntnisnahme vernichten
Prüfwert:	nach Prüfung vernichten
Gesetzeswert:	HGB und AO, 6 bzw. 10 Jahre Aufbewahrungsfrist
Dauerwert:	wird für immer aufbewahrt

2.4 **Beispiele zu Wertstufen**

ohne Wert/Tageswert:	Prospekte, Werbesendungen, Tageszeitung, Einladungen
Prüfwert:	Preislisten, Mahnungen
Gesetzeswert:	Handelsbriefe, Rechnungen, Steuerunterlagen
Dauerwert:	Gründungsunterlagen, Patentschriften, Kaufverträge

Aufgabe 3

3.1 **Datenschutz: personenbezogene Daten**
- Auskunftsrecht über die zu seiner Person gespeicherten Daten
- Berichtigungsrecht gespeicherter Daten, wenn sie überholt oder unrichtig sind
- Sperrungsrecht bei unrichtigen Daten, bis die Richtigkeit geklärt ist
- Löschungsrecht auf unzulässige Daten
- Benachrichtigungsrecht, ob man mit der Speicherung der Daten einverstanden ist
- Widerspruchsrecht bei Daten, die z. B. zu Werbezwecken verwendet werden

3.2 **Schutz vor Datenmissbrauch und Datenverlust**
- Zugangskontrollen
- externe Sicherung
- PIN
- Passwort
- geschlossene Räume
- Schließfach

3.3 **Dial-in-Konferenz**
- Teilnehmer wählt sich selbst zum vereinbarten Termin ein.
- Zur Sicherung der Vertraulichkeit wird ein PIN vergeben.
- Die Gesprächskosten trägt der Teilnehmer selbst.
- Die Konferenzart ist auch für Handys möglich.

3.4 **VoIP (Internettelefonie)**

kostengünstiges Telefonieren über das Internet

Ausstattung: Internet-Telefonapparat, Telefonleitung, DSL-Anschluss, Router

Prüfungsaufgaben

Prüfung Winter 2005/2006 Alternative 1

Teil 1: Textgestaltung

AKTUELL-Reisen

Inh. Sven-Uwe Adelmann

80333 München
☎ 089 29440-0
089 29440-1
info@aktuell.de

Sonderaktion

Wir bieten Ihnen Urlaub mit Kindern in

- Familien-Hotels
- Bauernhöfen
- Ferienclubs

mit Kinderbetreuung und Babyservice in

- **Dänemark**
- **Deutschland**
- **Österreich**
- **Schweiz**
- **Frankreich**
- **Italien oder**
- **Spanien**

Wir sind seit 10 Jahren Spezialisten für Ihren Familienurlaub, denn wir kennen die Ziele durch eigene Erfahrungen. Kein Kind ist zu klein für unsere Angebote.

Die Ausrüstung für jedes Alter ist in den Quartieren vorhanden – vom Windeleimer bis zur Steckdosensicherung und manches mehr.

Genießen Sie Ihren Urlaub

mit unserem Service!

Teil 2: Textformulierung

AKTUELL-Reisen

AKTUELL-Reisen • 80333 München

«Anrede»
«Vorname» «Name»
«Straße»
«PLZ» «Ort»

HRB 1000 Sitz der Gesellschaft in München

Ihr Zeichen:	
Ihre Nachricht vom:	
Unser Zeichen:	xy
Unsere Nachricht vom:	
Name:	Schülername
Telefon:	089 29440-123
Telefax:	089 29440-1
E-Mail:	info@aktuell.de
Datum:	2005-10-13

Sonderaktionen für Familien und Singles

Sehr geehrte «Anrede» «Name»,

entfliehen Sie dem Alltagsstress – reisen Sie mit uns! Wir sind der richtige Ansprechpartner für Ihren Urlaub.

Schon vor 10 Jahren haben wir uns auf **Familienurlaub** spezialisiert und in dieser Zeit große Erfahrungen gesammelt, die Ihnen zugute kommen. Für Kinder jeden Alters – auch für Babys – bieten wir attraktive Angebote und einen ganz besonderen Service. Sie werden durch die Betreuung vor Ort entlastet und können dadurch Ihren Urlaub so richtig genießen. Näheres hierzu entnehmen Sie bitte dem beiliegenden Informationsblatt.

Auch für Singles bieten wir Urlaub in Ferienclubs und Hotels mit Animation an. Möchten Sie Ihren Urlaub nicht einmal in

- **Tunesien**
- **Marokko oder**
- **Frankreich**

verbringen? Das Freizeitangebot erstreckt sich von Golf über Tennis zu Segeln und Surfen. Wollen Sie sich so richtig entspannen, dann gehen Sie in die Sauna oder in die Dampfgrotte. Anschließend lassen Sie sich mit einer Massage verwöhnen. Im Kosmetikstudio finden Sie Erholung und Entspannung pur.

Lassen Sie sich diese Sonderaktionen nicht entgehen und fordern noch heute unseren kostenlosen Prospekt an. Sie können auch im Internet unter www.aktuell-reisen.de weitere Informationen erhalten.

Mit sonnigen Grüßen

AKTUELL-Reisen

Adelmann

Anlage
Infoblatt

Prüfung Winter 2005/2006 Alternative 2

Teil 1: Textgestaltung

AKTUELL-Reisen

Inh. Sven-Uwe Adelmann

80333 München ☎ 089 29440-0 🖷 089 29440-1 info@aktuell.de

Sonderaktion

Wir bieten Ihnen Urlaub für Singles in Ferienclubs und Hotels mit Animation, Sportangeboten, Wellness-Center in

- Tunesien
- Marokko
- Frankreich
- Italien

- Spanien
- Deutschland
- oder Österreich!

Wir sind seit 10 Jahren Spezialisten für Ihren Singleurlaub, denn wir kennen die Ziele durch eigene Erfahrungen.

Kein Wunsch bleibt unerfüllt!

Sport und Action für jedes Alter wird in den Quartieren angeboten:

- Golf
- Tennis
- Segeln
- Surfen

- Sauna
- Dampfgrotte
- Kosmetik und
- Massage.

Ein Erlebnis für alle Singles!

Teil 2: Textformulierung

AKTUELL-Reisen

AKTUELL-Reisen • 80333 München

HRB 1000 Sitz der Gesellschaft in München

Ihr Zeichen:	
Ihre Nachricht vom:	
Unser Zeichen:	xy
Unsere Nachricht vom:	
Name:	Schülername
Telefon:	089 29440-123
Telefax:	089 29440-1
E-Mail:	info@aktuell.de
Datum:	2005-10-13

«Anrede»
«Vorname» «Name»
«Straße»
«PLZ» «Ort»

Sonderreisen – speziell für Sie!

Sehr geehrte «Anrede» «Name»,

sicher haben Sie sich schon Gedanken darüber gemacht, wo und wie Sie dieses Jahr Ihren Urlaub verbringen möchten. Lassen Sie sich dabei von uns helfen – wir haben ganz bestimmt das Richtige für Sie.

Unsere Sonderaktionen gelten für Singles und für Familien mit Kindern. Aus dem beiliegenden Informationsblatt können Sie unsere Angebote für Einzelreisende entnehmen.

Für Familien und Alleinerziehende mit Kindern bieten wir Urlaub

- in Familien-Hotels
- auf Bauernhöfen und
- in Ferienclubs

an. Diese liegen im wunderschönen Dänemark, in der bergreichen Schweiz und im sonnenverwöhnten Italien.

Wir versichern Ihnen: Sie können Ihren Urlaub wirklich genießen, denn Kinderbetreuung und Babyservice finden Sie selbstverständlich bei allen unseren Angeboten. Für die Kleinen gibt es ein Spielzimmer und die größeren Kinder können Tischtennis spielen oder sich auf dem Abenteuerspielplatz vergnügen.

Haben wir Sie neugierig gemacht? Dann fordern Sie doch gleich unseren kostenlosen Prospekt an. Ansonsten finden Sie im Internet unter www.aktuell-reisen.de weitere Informationen über unsere Sonderaktionen.

Freundliche Grüße aus München

AKTUELL-Reisen

Sven-Uwe Adelmann

Anlage
Informationsblatt

Prüfung Sommer 2006 Alternative 1

Teil 1: Textgestaltung

Sporthotel Friedel

Sporthotel Friedel Bad Bayersoien

Am Kurpark 1
82435 Bad Bayersoien
08845 7714-0
08845 7714-33
hotelfriedel@t-online.de

Verwirklichen Sie Ihre Träume und genießen Sie die

„Kleine Insel des Glücks"

Wir eröffnen unsere neue Wellness- und Beautylandschaft „Fortune"

am 26. Juni 2006
um 10:00 Uhr.

Nehmen Sie sich Zeit für ein bisschen Lebensglück und entdecken Sie die Neuigkeiten von „Fortune" bei einem Glas Champagner.

Neu in unserem Angebot:

- Dampfsauna
- Finnische Sauna
- Felsenfreibad (beheizt)

- Whirlpool
- Massagen und
- Energiebehandlungen

Wir laden Sie und Ihren Partner/Ihre Partnerin zu einer kleinen Reise in unsere Wellness- und Beautylandschaft „Fortune" ein.

Teil 2: Textformulierung

Sporthotel Friedel

Sporthotel Friedel • Am Kurpark 1 • 82435 Bad Bayersoien

HRB 1000 Sitz der Gesellschaft in Bad Bayersoien

Ihr Zeichen:	
Ihre Nachricht vom:	
Unser Zeichen:	xy
Unsere Nachricht vom:	
Name:	Schülername
Telefon:	08845 7714-45
Telefax:	08845 7714-33
E-Mail:	hotelfriedel@t-online.de
Datum:	2006-05-09

«Anrede»
«Vorname» «Name»
«Straße»
«PLZ» «Ort»

Eröffnung unserer Wellness- und Beautylandschaft

Sehr geehrte{ IF { MERGEFIELD Anrede } = "Herrn" "r Herr" "{ IF { MERGEFIELD Anrede } = "Frau" "Frau" "Familie" }" }{ MERGEFIELD Name },

endlich ist es soweit: nach einer 4-monatigen Umbauphase eröffnen wir unsere neue Wellness- und Beautylandschaft "Fortune". Aus dem beiliegenden Programm können Sie unsere Neuerungen entnehmen. Da Sie zu unseren Stammgästen gehören, laden wir Sie herzlichst ein,

am 26. Juni 2006 um 10:00 Uhr

mit uns dieses Ereignis zu feiern. Zur Begrüßung erhalten Sie ein Glas Champagner. Für diesen Tag bieten wir Ihnen folgende Aktionen an:

10:30 Uhr: Führung durch die Wellness- und Beautylandschaft
11:00 Uhr: Karibischer Aufguss in der Finnischen Sauna
12:00 Uhr: Energiemassage

Gegen Vorlage des beiliegenden Gutscheins können Sie sich an unserem Karibischen Buffet bedienen. Selbstverständlich stellen wir Ihnen bei Bedarf einen Frottee-Bademantel und 2 Saunatücher gegen eine geringe Leihgebühr zur Verfügung. Aber auch an die kleinen Gäste haben wir gedacht. Speziell für sie gibt es eine Kinderbetreuung.

Sollten Sie noch Fragen haben oder sich anmelden möchten, steht Ihnen Herr Ulf Seeler unter der Telefondurchwahl 46 gerne zur Verfügung.

Wir hoffen, Ihnen sagt unser Angebot und freuen uns auf Ihren Besuch.

Herzliche Grüße vom

Sporthotel Friedel

i. A. Schülername

Anlagen
Programm
Gutschein

Prüfung Sommer 2006 Alternative 2

Teil 1: Textgestaltung

Sport- und Kosmetikstudio
CARE4BEAUTY

Hechinger Str. 10
72501 Gammertingen
☎ 07574 6614-0
07574 6614-33
care4beauty@aol.com

Ausdauertraining, Radfahren, Kosmetik –
bei uns finden Sie all dies und noch viel mehr!

Wir eröffnen unsere neuen Trainingsräume am 1. Juli 2006 um 10:00 Uhr. Nehmen Sie sich Zeit und lassen Sie sich von unseren Fitnesstrainern in die einzelnen Angebote einweisen.

Testen Sie an diesem Tag:

- **Nordic-Walking**
- **Pilates**
- **Spinning**
- **Aerobic und**
- **Fitnessgymnastik**

Besuchen Sie uns und lassen Sie Ihre Fitness von dem bekannten Sportwissenschaftler und Arzt Dr. Mark Deichmann näher unter die Lupe nehmen.

Gemeinsam kommen wir an Ihr Ziel!

Teil 2: Textformulierung

Sport- und Kosmetikstudio
CARE4BEAUTY

Care4Beauty • Hechinger Str. 10 • 72501 Gammertingen

HRB 1000 Sitz der Gesellschaft in Gammertingen

Ihr Zeichen:	
Ihre Nachricht vom:	
Unser Zeichen:	xy
Unsere Nachricht vom:	
Name:	Schülername
Telefon:	07574 6614-55
Telefax:	07574 6614-33
E-Mail:	care4beauty@aol.com
Datum:	2006-05-09

«Anrede»
«Vorname» «Name»
«Straße»
«PLZ» «Ort»

Neue Trainingsräume

Sehr geehrte{ IF { MERGEFIELD Anrede } = "Herrn" "r Herr" "{ IF { MERGEFIELD Anrede } = "Frau" "Frau" "Familie" }" }{ MERGEFIELD Name },

drei Monate konnten Sie unsere Trainingsräume nicht nutzen, doch Sie werden sehen, das Warten hat sich gelohnt. Feiern Sie mit uns den gelungenen Umbau.

Wir laden Sie deshalb zu unserer Eröffnung am **1. Juli 2006 und 10:00 Uhr** in unser Sport- und Kosmetikstudio ein. Ein interessantes und abwechslungreiches Programm erwartet Sie:

10:30 Uhr: Führung durch die neuen Räume
11:00 Uhr: Nordic-Walking
12:00 Uhr: Pilates oder Spinning

Gegen Vorlage des beigefügten Gutscheins erhalten Sie von uns einen gesunden und stärkenden Fitness-Imbiss. Da wir Programme für Frauen und Männer haben, können Sie uns mit Ihrer ganzen Familie besuchen. Ihre Kinder werden bei uns betreut.

Sollten Sie weitere Fragen haben oder sich anmelden wollen, wenden Sie sich bitte an Herrn Klaus Keller, den Sie unter der Telefonnummer 07574 6614-35 erreichen. Ein Eröffnungsprogramm legen wir bei.

Wir freuen uns schon heute, Ihre Anmeldung entgegennehmen zu können.

Freundliche Grüße aus Gammertingen

Sport- und Kosmetikstudio
Care4Beauty

i. V. Schülername

Anlagen
1 Gutschein
1 Programm

Prüfung Winter 2006/2007 Alternative 1

Teil 1: Textgestaltung

Winteraktion
bei

Autohaus

Reif GmbH

Falkenweg 8
70300 Stuttgart

Telefon: 0711 390-98
Fax: 0711 390-99
E-Mail: reif@t-online.de
Homepage: www.auto-reif.de

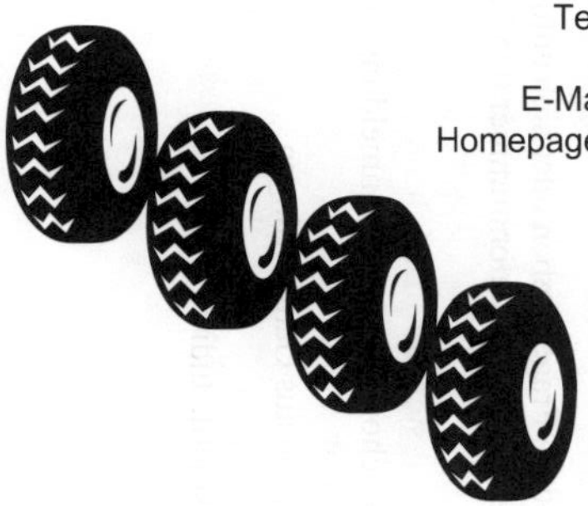

Unsere Werkstatt ist eine Meisterwerkstatt. Wir sorgen dafür, dass Ihr Auftrag schnell und zuverlässig ausgeführt wird.

Der nächste Winter kommt bestimmt!

Ihre Sicherheit liegt uns am Herzen, deshalb haben wir für Sie aktuelle Winterangebote.

Winter-Check für 18,50 EUR:

Kontrolle der
* elektronischen Anlage
* Flüssigkeiten
* Radaufhängung
* Beleuchtung und
* Abgasanlage

Winter-Kompletträder für 79,00 EUR:

* Komplettrad inklusive Montage
* Überprüfung des Reifendrucks und
* Einlagerung Ihrer Sommerreifen

Unser Team
freut sich schon
auf Ihr Kommen.

Teil 2: Textformulierung

Autohaus
Reif GmbH

Autohaus Reif GmbH • Falkenweg 8 • 70300 Stuttgart

HRB 1000 Sitz der Gesellschaft in Stuttgart
Ihr Zeichen:
Ihre Nachricht vom:
Unser Zeichen: xy
Unsere Nachricht vom:

Name: Schülername
Telefon: 0711 390-98
Telefax: 0711 390-99
E-Mail: reif@t-online.de

Datum: 2006-00-00

«Anrede»
«Vorname» «Name»
«Straße»
«PLZ» «Ort»

Winteraktion unseres Hauses

{ IF { MERGEFIELD Anrede } = "Herrn" "Sehr geehrter Herr" "{ IF { MERGEFIELD Anrede } = "Frau" "Sehr geehrte Frau" "Sehr geehrte Familie" }" }{ MERGEFIELD Name },

schon bald steht die kalte Jahreszeit vor der Tür, und es wird Zeit, Ihr Auto winterfest zu machen. Nutzen Sie dazu unsere Winteraktion in unserer Meisterwerkstatt.

Ihre Sicherheit liegt uns am Herzen, deshalb haben wir für unsere Stammkunden ein besonderes Angebot.

Der **Winter-Check für nur 15,00 €** enthält die Kontrolle der elektronischen Anlage, Flüssigkeiten, Radaufhängung, Beleuchtung und Abgasanlage. Zusätzlich schlagen wir Ihnen folgendes **Serviceangebot** vor:

- **neue Starterbatterie ab 75,00 €**
- **Montage der Winterreifen für 16,00 €**
- **umfassende Serviceberatung**

Außerdem finden Sie bei uns eine großes Sortiment an Zubehörteilen. Näheres dazu können Sie dem beiliegenden Zubehörkatalog entnehmen.

Unser Team freut sich auf Ihren Besuch.

Freundliche Grüße aus Stuttgart

Autohaus Reif GmbH

Reif

Anlage
1 Zubehörkatalog

Prüfung Winter 2006/2007 Alternative 2

Teil 1: Textgestaltung

Autohaus Radi GmbH

Sehen und gesehen werden!

Schenken Sie uns fünf Minuten Ihrer wertvollen Zeit – für Ihre Augen und Ihr Auto.

Kommen Sie in der Zeit vom 1. bis 15. November zum kostenlosen Lichttest.

Unser Kooperationspartner Optiker Beckmann wird im Rahmen dieser Lichttestaktion einen kostenlosen Sehtest durchführen.

Während Sie Ihre Augen prüfen lassen, kontrollieren wir an Ihrem Wagen die Beleuchtung:

- Fern- und Abblendlicht
- Brems- und Schlusslicht
- Warnblinkanlage
- Nebelschlussleuchte
- Fahrtrichtungsanzeiger
- Begrenzungs- und Parkleuchten

Wir wünschen Ihnen allzeit gute Fahrt.

Autohaus Radi GmbH
Finkenweg 8
73730 Esslingen
Telefon: 0711 4356-78,
Fax: 0711 4356-79
E-Mail: info@radi.de
Homepage: www.auto-radi.de

Teil 2: Textformulierung

Autohaus Radi GmbH

Autohaus Radi GmbH • Finkenweg 8 • 73730 Esslingen

«Anrede»
«Vorname» «Name»
«Straße»
«PLZ» «Ort»

HRB 1000 Sitz der Gesellschaft in Esslingen
Ihr Zeichen:
Ihre Nachricht vom:
Unser Zeichen: xy
Unsere Nachricht vom:

Name: Schülername
Telefon: 0711 4356-78
Telefax: 0711 4356-79
E-Mail: info@radi.de

Datum: 2006-00-00

Unser Angebot: ein kostenloser Lichttest

{ IF { MERGEFIELD Anrede } = "Herrn" "Sehr geehrter Herr" "{ IF { MERGEFIELD Anrede } = "Frau" "Sehr geehrte Frau" "Sehr geehrte Familie" }" }{ MERGEFIELD Name },

wir alle wissen, wie wichtig es gerade in der kommenden Jahreszeit ist, im Straßenverkehr gut gesehen zu werden. Darauf haben wir reagiert und bieten Ihnen einen **kostenlosen Lichttest** in der Zeit vom

1. bis 15. November

für Ihr Fahrzeug an.

Während wir an Ihrem Wagen die Beleuchtung kontrollieren, können Sie durch unseren Kooperationspartner Optiker Beckmann an einem **kostenlosen Sehtest** teilnehmen. Näheres darüber entnehmen Sie bitte dem beigefügten Werbeblatt.

Lassen Sie Ihre Winterreifen auf die vorgeschriebene Profiltiefe überprüfen. Durch unseren speziellen Vorsaisonpreis können wir Ihnen Winter-Kompletträder schon ab 79,00 €/Stück inklusiv Montage anbieten. Selbstverständlich lagern wir Ihre Reifen bei Abnahme eines kompletten Satzes kostenlos ein. Außerdem nehmen wir eine gründliche Reinigung der ausgewechselten Räder vor.

Interessiert? Dann rufen Sie uns an, und wir werden gemeinsam einen passenden Termin für Sie finden. Bis dahin wünschen wir Ihnen weiterhin eine gute Fahrt

und grüßen aus Esslingen!

Autohaus Radi GmbH

Radi

Anlage
1 Werbeblatt

Prüfung Sommer 2007 Alternative 1

Teil 1: Textgestaltung

Wir sind ein expandierendes Unternehmen
im Bereich der Werkzeugherstellung
und suchen zum 1. Oktober 2007 eine/n

Bürokauffrau/-mann

für die Verkaufsabteilung.

Das Aufgabengebiet umfasst im Wesentlichen

- Angebotserstellung nach Kundenwünschen,
- Korrespondenz,
- telefonische Kundenkontakte,
- Überwachung/Fakturierung von Auftragseingängen.

Wir erwarten von Ihnen

- eine abgeschlossene kaufmännische Ausbildung,
- Engagement,
- Eigeninitiative,
- Verantwortungsbewusstsein,
- Zuverlässigkeit und Offenheit.

Wir bieten Ihnen einen sicheren Arbeitsplatz mit leistungsgerechter Bezahlung. Wenn Sie sich für diese Aufgaben interessieren, senden Sie Ihre aussagefähigen Bewerbungsunterlagen an die Personalabteilung.

Reinhold Mayer AG
Werkzeughersteller
Mauerstraße 100
89143 Blaubeuren
☎ 08312 991-0
08312 991-1
Reinhold.Mayer@aol.de
Internet: www.mayerwerkzeuge.de

Teil 2: Textformulierung

Reinhold Mayer AG Werkzeughersteller

Reinhold Mayer AG • Mauerstr. 100 • 89143 Blaubeuren

HRB 1000 Sitz der Gesellschaft in Blaubeuren

Ihr Zeichen:	
Ihre Nachricht vom:	
Unser Zeichen:	xy
Unsere Nachricht vom:	
Name:	Schülername
Telefon:	08312 991-543
Telefax:	08312 991-1
E-Mail:	Reinhold.Mayer@aol.de
Internet:	www.mayerwerkzeuge.de
Datum:	2007-00-00

«Anrede»
«Vorname» «Name»
«Straße»
«PLZ» «Ort»

Einladung zum Vorstellungsgespräch

{ IF { MERGEFIELD Anrede } = "Herrn" "Sehr geehrter Herr" "Sehr geehrte Frau" }{ MERGE-FIELD Name },

vielen Dank für Ihre Bewerbung und Ihr Interesse an unserem Unternehmen. Aufgrund Ihrer Qualifikation möchten wir Sie näher kennenlernen und laden Sie deshalb zu einem Vorstellungsgespräch am

{ IF { MERGEFIELD Ort } = "Blaubeuren" "15. Juli 2007" "{ IF { MERGEFIELD Ort } = "Ulm" 17. Juli 2007" "" }" } um 15:00 Uhr

ein. Für Ihre Anfahrt zu uns erhalten Sie als Anlage eine Wegbeschreibung.

Falls Sie den Termin nicht wahrnehmen können, bitten wir Sie, uns dies telefonisch mitzuteilen.

Wir freuen uns auf ein persönliches Gespräch mit Ihnen.

Freundliche Grüße aus Blaubeuren

Reinhold Mayer AG
Werkzeughersteller

i. A. Schülername

Anlage
Wegbeschreibung

Prüfung Sommer 2007 Alternative 2

Teil 1: Textgestaltung

Bernhard Schirmer GmbH
Hersteller von Kaffeemaschinen

Ludwig-van-Beethoven-Str.
72555 Metzingen
☏ 07312 991-0
🖷 07312 991-1
Bernhard.Schirmer@aol.de
Internet: www.schirmerkaffee.de

Wir sind ein expandierendes Unternehmen für die Herstellung von Kaffeemaschinen und suchen zum **1. Oktober 2007**

eine/n Bürokauffrau/-mann

für den Verkaufsinnendienst.

Ihre Aufgaben:

- ⇨ Verwaltung und Pflege von Datenbanken
- ⇨ Unterstützung des Leiters für den Verkaufsinnendienst
- ⇨ Erstellen von Präsentationen
- ⇨ Controlling der kundenbezogenen Bestände und
- ⇨ Terminverwaltung

Unsere Erwartungen:

- ⇨ Engagement
- ⇨ Eigeninitiative
- ⇨ gute EDV-Kenntnisse (Word, Excel, PowerPoint)
- ⇨ eine abgeschlossene kaufmännische Ausbildung
- ⇨ Kontakt und Teamfähigkeit

Unser Angebot:

- ⇨ leistungsgerechte Bezahlung und
- ⇨ ein sicherer Arbeitsplatz

Haben wir Sie neugierig gemacht? Dann senden Sie Ihre aussagefähigen Bewerbungsunterlagen an die Personalabteilung.

Teil 2: Textformulierung

Bernhard Schirmer GmbH
Hersteller von Kaffeemaschinen

Bernhard Schirmer GmbH • Ludw.-van-Beethoven-Str. 50 • 72555 Metzingen

«Anrede»
«Vorname» «Name»
«Straße»
«PLZ» «Ort»

HRB 1000 Sitz der Gesellschaft in Metzingen

Ihr Zeichen:	
Ihre Nachricht vom:	
Unser Zeichen:	xy
Unsere Nachricht vom:	
Name:	Schülername
Telefon:	07312 991-543
Telefax:	07312 991-1
E-Mail:	Bernhard.Schirmer@aol.de
Internet:	www.schirmerkaffee.de
Datum:	2007-00-00

Ihre Bewerbung um eine Stelle als { IF { MERGEFIELD Anrede } = "Herrn" "Bürokaufmann" "Bürokauffrau" }

{ IF { MERGEFIELD Anrede } = "Herrn" "Sehr geehrter Herr" "Sehr geehrte Frau" }{ MERGE-FIELD Name },

vielen Dank für Ihre Bewerbung auf unsere Stellenanzeige. Sie sind aufgrund Ihrer Qualifikation in die engere Auswahl gekommen. Wir laden Sie daher zu einem Vorstellungsgespräch am

{ IF { MERGEFIELD Ort } = "Metzingen" "14. Juli 2007" "{ IF { MERGEFIELD Ort } = "Bad Urach" 16. Juli 2007" "" }" } um 11:00 Uhr

ein. Sollten Sie zu diesem Zeitpunkt verhindert sein, geben Sie uns bitte kurz Nachricht, damit wir einen neuen Termin mit Ihnen vereinbaren können.

Zu Ihrer Information erhalten Sie als Anlage noch unseren Firmenprospekt.

Wir freuen uns auf das persönliche Gespräch mit Ihnen.

Herzliche Grüße aus Metzingen

i. A. Schülername

Anlage
Firmenprospekt

Prüfung Winter 2007/2008 Alternative 1

Teil 1: Textgestaltung

Unser Topangebot
speziell zum Wintersporttag
HOCHJOCH

Hier kann die ganze Klasse/Schule gemeinsam einen Tag im Schnee erleben! Das Skigebiet (bis 2.400 m Höhe) bietet mit 12 km die längste Abfahrt des Montafons und durch Beschneiungsanlagen eine absolute Schneesicherheit bis ins Tal.

Ihre Vorteile:

- Die Liftkarten erhalten Sie im Bus,
- die Organisation und Abwicklung übernehmen wir,
- Sie fahren im 4-Sterne-Bus.

Aktionsangebot pro Person

Schülerzahl	Preis ohne Liftkarte	Preis mit Liftkarte
20 – 30	30,00 EUR	45,00 EUR
31 – 40	28,00 EUR	43,00 EUR
41 – 60	26,50 EUR	41,50 EUR
ab 61	25,00 EUR	40,00 EUR

Genießen Sie einen Tag in den herrlichen Bergen bei Spaß und Sport.

Reiseunternehmen LUX GmbH
Königstraße 36
78614 Rottweil

☎ 0741 422-150
0741 422-110
info@lux-reisen.de

Teil 2: Textformulierung

Reiseunternehmen
LUX GmbH

Reiseunternehmen LUX GmbH • Königstraße 36 • 78614 Rottweil

HRB 1000 Sitz der Gesellschaft in Rottweil

Ihr Zeichen:	
Ihre Nachricht vom:	
Unser Zeichen:	xy
Unsere Nachricht vom:	
Name:	Schülername
Telefon:	0741 422-150
Telefax:	0741 422-110
E-Mail:	info@lux-reisen.de
Datum:	2007-00-00

«Schule»
«Vorname» «Name»
«Straße»
«PLZ» «Ort»

Topangebot zum Wintersporttag - HOCHJOCH

{ IF { MERGEFIELD Anrede } = "Herrn" "Sehr geehrter Herr" "Sehr geehrte Frau" }{ MERGE-FIELD Name },

sicher werden Sie auch in diesem Jahr mit Ihren Schülern wieder einen Wintersporttag abhalten. Wissen Sie schon, wohin es gehen soll?

Gerne möchten wir Sie in Ihrer Planung unterstützen. Auf dem beigefügten Infoblatt haben wir für Sie ein Top-Angebot speziell für einem Wintersporttag ins Montafon zusammengestellt. Wir sind sicher, dass damit Ihr Sporttag zu einem unvergesslichen Erlebnis wird. Entdecken Sie das Gemeinschaftsgefühl durch tolle Angebote – auch für Nicht-Skifahrer:

- **Rodeln**
- **Eislaufen**
- **Schneeschuhwandern**

Ein Ski- und Rodelverleih vor Ort ist möglich. Weitere Informationen finden Sie im beiliegenden Winterprogramm. Besuchen Sie auch unsere Internetseite

www.lux-reisen.de

und lassen Sie sich von unseren Angeboten inspirieren.

Mit freundlichen Grüßen aus Rottweil

Reiseunternehmen LUX GmbH

ppa. Schwarz

Anlagen
Infoblatt
Winterprogramm

Prüfung Winter 2007/2008 Alternative 2

Teil 1: Textgestaltung

Reiseunternehmen LUX GmbH

Königstraße 36
78614 Rottweil

☎ 0741 422-150
0741 422-110
info@lux-reisen.de

Unser Top-Angebot speziell zum Wintersporttag

SILVRETTA NOVA

Hier kann die ganze Klasse/Schule gemeinsam einen Tag im Schnee erleben!

Das Skigebiet gehört mit über 110 km Abfahrtspisten zu den besten Wintersportgebieten. Anspruchsvolle Steilabfahrten und eine Vielzahl von Tiefschneehängen bieten ein grenzenloses Wintersportvergnügen.

Ihre Vorteile:

- ✓ Die Liftkarten erhalten Sie im Bus
- ✓ Die Organisation und Abwicklung übernehmen wir
- ✓ Sie fahren im 4-Sterne-Bus

Aktionsangebot pro Person

Schülerzahl	Preis ohne Liftkarte	Preis mit Liftkarte
20 – 30	30,00 EUR	45,00 EUR
31 – 40	28,00 EUR	43,00 EUR
41 – 60	26,50 EUR	41,50 EUR
ab 61	25,00 EUR	40,00 EUR

Genießen Sie einen Tag in den herrlichen Bergen bei Spaß und Sport.

Teil 2: Textformulierung

Reiseunternehmen LUX GmbH

Reiseunternehmen LUX GmbH • Königstraße 36 • 78614 Rottweil

«Schule»
«Vorname» «Name»
«Straße»
«PLZ» «Ort»

HRB 1000 Sitz der Gesellschaft in Rottweil
Ihr Zeichen:
Ihre Nachricht vom:
Unser Zeichen: xy
Unsere Nachricht vom:

Name: Schülername
Telefon: 0741 422-150
Telefax: 0741 422-110
E-Mail: info@lux-reisen.de

Datum: 2007-00-00

Wintersporttag – ein besonderer Erlebnistag

{ IF { MERGEFIELD Anrede } = "Herrn" "Sehr geehrter Herr" "Sehr geehrte Frau" }{ MERGEFIELD Name },

möchten Sie Ihren Schülern einen besonderen Erlebnistag bieten? Dann sind Sie bei uns genau richtig: Fahren Sie mit unserem 4-Sterne-Bus in das

Skigebiet Silvretta Nova.

Auf 110 km Abfahrtspisten werden Sie und Ihre Schüler ein grenzenloses Wintersportvergnügen erleben. Ein solcher Ausflugstag mit attraktiven Programmen stärkt das Gemeinschaftsgefühl.

Aus dem beiliegenden Infoblatt können Sie unser Top-Angebot mit Komplettpreisen entnehmen. Profitieren Sie durch unsere langjährige Erfahrung mit Busreisen in herrliche Wintersportgebiete. Weitere Informationen finden Sie auch auf unserer Internetseite

www.lux-reisen.de.

Gerne können Sie uns auch anrufen; wir werden Sie dann individuell beraten. Das neue Winterprogramm haben wir diesem Schreiben beigelegt.

Es grüßt Sie herzlich aus Rottweil

Reiseunternehmen LUX GmbH

ppa. Schwarz

Anlagen
Infoblatt
Winterprogramm

Prüfung Sommer 2008

Teil 1: Textgestaltung

Bankhaus Sorglos

Am Hauptbahnhof 3 ◆ 70173 Stuttgart

☎ 0180 500002 ◆ 🖷 0180 500005

sorglos@t-online.de

Nur bei uns:

"Sorglos-Sparen"

für Jugendliche!

Wer mehr weiß, hat mehr drauf!

Bei uns finden Sie Angebote und Infos, die optimal zu Ihrem Alter und Ihrer Lebenssituation passen.

Und das können wir Ihnen bieten:

- 4 % Verzinsung auf dem Sparkonto (garantiert für die nächsten drei Jahre)
- ein kostenloses Schreibset (Wert 50,00 EUR) bei Kontoeröffnung
- Sorglos-Info-Center (wichtige Infos zu Schule, Beruf, Wirtschaft, Freizeit und Spaß)

Mit uns sind Sie immer dabei. Wir informieren Sie per Newsletter, durch Plakate und Flyer oder persönlich am Schalter.

Den vollen Durchblick haben Sie nur mit uns!

Teil 2: Textformulierung

Bankhaus Sorglos

Bankhaus Sorglos • Am Hauptbahnhof 3 • 70173 Stuttgart

HRB 1000 Sitz der Gesellschaft in Stuttgart

Ihr Zeichen:	
Ihre Nachricht vom:	
Unser Zeichen:	xy
Unsere Nachricht vom:	
Name:	Schülername
Telefon:	0711 280-95
Telefax:	0180 500005
E-Mail:	sorglos@t-online.de
Datum:	2008-00-00

«Anrede»
«Vorname» «Name»
«Straße»
«PLZ» «Ort»

Unser neuer Service: Sorglos-Banking

{ IF { MERGEFIELD Anrede } = "Herrn" "Sehr geehrter Herr" "{ IF { MERGEFIELD Anrede } = "Frau" "Sehr geehrte Frau" "Sehr geehrte Familie" }" }{ MERGEFIELD Name },

heute möchten wir Ihnen unseren neuen Service, das „Sorglos-Banking" vorstellen. Es handelt sich um ein cleveres Angebot, das wir speziell für Jugendliche anbieten können. Besondere Vorteile sind:

- **Ihr Konto ist 365 Tage rund um die Uhr nutzbar.**
- **Es fallen keine Nutzungsgebühren an.**
- **Keine Gefahr dank Schutz durch eine PIN (persönliche Identifikationsnummer) und eine TAN (Transaktionsnummer).**

Ab 18 Jahren können Sie sogar über einen Dispokredit bis zu 1.000 EUR verfügen. Eine Kreditkarte erhalten Sie ebenfalls. Zusätzliche Hinweise finden Sie auf dem beigefügten Infoblatt.

Sollten Sie Fragen haben zur Geldanlage, zu Sparverträgen usw., steht Ihnen unser Herr Mark Fliege unter der Durchwahl 77 gerne zur Verfügung.

Wir freuen uns, wenn wir Ihr Interesse an unserem neuen Service wecken konnten und erwarten Ihren Anruf oder Ihren Besuch in unserem Haus.

Freundliche Grüße

Bankhaus Sorglos

i. A. Schülername

Anlage
Infoblatt

Prüfung Winter 2008/2009

Teil 1: Textgestaltung

Tag der Ausbildung

Karl Knecht KG

Karl Knecht KG
Industriestraße 35 – 55
70278 Stuttgart
☏ 0711 23456-0
www.knecht.com

Tag der Ausbildung

Nicht nur in Verbindung mit Montage- und Befestigungstechnik ist Knecht Spezialist, auch die Ausbildung junger Leute hat bei Knecht traditionell einen hohen Stellenwert.

Um Ihnen den Einstieg ins Berufsleben zu erleichtern, veranstalten wir am

29. März 2009 einen Informationstag

rund um das **Thema „Ausbildung“.** Hier können Sie sich an verschiedenen Stationen über folgende Ausbildungsmöglichkeiten bei uns erkundigen:

- *Kaufmännische Berufe*
- *Logistikberufe*
- *IT-Berufe*
- *Bachelor-Studiengänge an Berufsakademien*

Informieren Sie sich vorab im Internet oder rufen Sie uns an.

Teil 2: Textformulierung

Karl Knecht KG

Karl Knecht KG

Industriestraße 35 - 55
70278 Stuttgart

Karl Knecht KG • Postfach 7 92 • 70278 Stuttgart

HRB 1000 Sitz der Gesellschaft in Stuttgart	
Ihr Zeichen:	
Ihre Nachricht vom:	
Unser Zeichen:	xy
Unsere Nachricht vom:	
Name:	Schülername
Telefon:	0711 23456-123
Telefax:	
Internet:	www.knecht.com
Datum:	2008-00-00

«Schule»
«Anrede» «Name»
«Straße»
«PLZ» «Ort»

Tag der Ausbildung

{ IF { MERGEFIELD Anrede } = "Herrn" "Sehr geehrter Herr" "{ IF { MERGEFIELD Anrede } = "Frau" "Sehr geehrte Frau" "Sehr geehrte Damen und Herren" }" }{ MERGEFIELD Name },

wir sind Spezialist in der Montage- und Befestigungstechnik und bilden junge Leute aus. Bei Knecht hat die Ausbildung traditionell einen sehr hohen Stellenwert. Deshalb organisieren wir für den

29. März 2009 einen Informationstag rund um das Thema „Ausbildung“

und laden Schüler, Eltern und Lehrer recht herzlich zu dieser Veranstaltung ein. An verschiedenen Stationen gibt es Informationen über die Ausbildungsmöglichkeiten zu Kaufmännischen Berufen, Logistikberufen, IT-Berufen und Bachelor-Studiengängen an Berufsakademien.

Unseren Gästen bieten wir die Teilnahme an Gewinnspielen, eine Betriebsbesichtigung sowie Filme über die Ausbildungsmöglichkeiten an. Damit der Tag für Sie und alle anderen Gäste zu einem Erlebnis wird, haben wir für Ihr Wohlbefinden kleine Snacks, Fruchtcocktails und andere Getränke vorbereitet.

In der Anlage senden wir Ihnen ein Plakat zu und bitten Sie, dieses in Ihrer Aula oder einem anderen gut zugänglichen Platz auszuhängen. Über einen zahlreichen Besuch unseres Ausbildungstages freuen wir uns.

Mit freundlichen Grüßen

Karl Knecht KG

i. A. Schülername

Anlage
1 Plakat

Prüfung Sommer 2009

Teil 1: Textgestaltung

Kurzentrum Bad Rappenau

An der Saline 3
☏ 07264 5900-253
info@kurzentrum-rappenau.de
www.kurzentrum-rappenau.de

Gesund jung bleiben!

Wir bieten einzigartige Therapiemöglichkeiten!

Die 2-Wochen-Kur für **sagenhafte 1.180,00 EUR** im neu eröffneten Kurzentrum mit angeschlossenem 4-Sterne-Gesundheitshotel.

Pauschalangebot:

- 14 Übernachtungen mit Halbpension
- kurärztliche Untersuchungen
- individuelle Therapien
- freie Nutzung des großzügigen Schwimmbad- und Saunabereichs
- ganzjährig beheiztes Außenbecken
- Rahmenprogramm (Vorträge, Tanzabende)
- Tiefgaragenstellplatz gratis

Nutzen Sie dieses einmalige Angebot für Ihre Gesundheit.

Haben wir Sie überzeugt?
Dann freuen wir uns, Sie in Bad Rappenau begrüßen zu dürfen.

Teil 2: Textformulierung

Kurzentrum Bad Rappenau

Kurzentrum • An der Saline 3 • 74900 Bad Rappenau

«Anrede»
«Vorname» «Name»
«Straße»
«PLZ» «Ort»

HRB 1000 Sitz der Gesellschaft in Bad Rappenau

Ihr Zeichen:	
Ihre Nachricht vom:	
Unser Zeichen:	xy
Unsere Nachricht vom:	
Name:	Schülername
Telefon:	07264 5900-223
E-Mail:	info@kurzentrum-rappenau.de
Internet:	www.kurzentrum-rappenau.de
Datum:	2009-00-00

Neueröffnung des Kurzentrums

{ IF { MERGEFIELD Anrede } = "Herrn" "Sehr geehrter Herr" "Sehr geehrte Frau" }{ MERGEFIELD Name },

bei Ihrem letzten Aufenthalt in Bad Rappenau haben Sie diesen ansprechenden Ort bereits kennengelernt.

Nun wurde unser **Kurzentrum mit angeschlossenem 4-Sterne-Gesundheitshotel** neu eröffnet. Der prächtige Kurpark konnte durch den Park der Landesgartenschau 2008 vergrößert werden, sodass unseren Gästen ein noch größeres Gelände für Spaziergänge in herrlicher Natur zur Verfügung steht. Möchten Sie einmal richtig ausspannen und sich verwöhnen lassen? Dann kommen Sie nach Bad Rappenau und tanken Ihre Gesundheit wieder auf.

Wir bieten einzigartige Therapiemöglichkeiten!

Unser 2-wöchiges **Eröffnungsangebot** wird Sie sicher begeistern. Es enthält neben 14 Übernachtungen mit Halbpension alle kurärztlichen Untersuchungen, individuelle Therapien, die freie Nutzung des großzügigen Schwimmbad- und Saunabereichs und des ganzjährig beheizten Außenbeckens sowie einen kostenlosen Tiefgaragenplatz. Ein großzügiges Rahmenprogramm in Form von Vorträgen und Tanzabenden rundet das Angebot ab. Genauere Angaben entnehmen Sie bitte dem beigefügten Infoblatt.

Wir freuen uns, wenn wir Sie wieder in unserem Hause begrüßen dürfen und wünschen Ihnen schon heute eine gute Erholung in einer schönen Umgebung.

Mit freundlichen Grüßen

Kurzentrum Bad Rappenau

i. A. Schülername

Anlage
Infoblatt

Prüfung Winter 2009/2010

Teil 1: Textgestaltung

15. SCHWARZWALD CYCLASSICS

Sonntag, 21. März 2010

Startgebühr: 20 €

Start/Ziel: Gemeindehalle in Freudenstadt

Kurzdistanz:	80 km
Mitteldistanz:	120 km
Langdistanz:	175 km

Folgende Profis starten:

- Stefan Schuhbinder
- Sebastian Kurz
- Andreas Kröten
- Mike Schlau
- Marcel Wüste

Alle Einnahmen spenden wir einem guten Zweck.

Wir freuen uns auf Ihre Teilnahme an der Radtouristikfahrt.

Ausschreibung und Anmeldung sowie Download der Streckendaten unter www.radakademie.de/classic-schwarzwald.htm

Veranstalter:
Rad-Akademie GmbH
Am Marktplatz 5
72250 Freudenstadt

☏ 07441 2379-87 ◆ 07441 2377 ◆ info@radakademie.de ◆ www.radakademie.de

Teil 2: Textformulierung

Rad-Akademie GmbH

Rad-Akademie GmbH • Am Marktplatz 5 • 72250 Freudenstadt

HRB 1000 Sitz der Gesellschaft in Freudenstadt
Ihr Zeichen:
Ihre Nachricht vom:
Unser Zeichen: sch-xy
Unsere Nachricht vom:

Name: Schülername
Telefon: 07441 2379-87
E-Mail: info@radakademie.de
Internet: www.radakademie.de

Datum: 2010-00-00

«Anrede»
«Vorname» «Name»
«Straße»
«PLZ» «Ort»

Anmeldebestätigung zur 15. SCHWARZWALD CLASSICS

{ IF { MERGEFIELD Anrede } = "Herrn" "Sehr geehrter Herr" "Sehr geehrte Frau" }{ MERGE-FIELD Name },

wir freuen uns sehr, dass sich wieder zahlreiche Teilnehmer für die 15. Schwarzwald Classics angemeldet haben. Schön, dass wir auch Sie dabei begrüßen dürfen.

Die Startzeit für die von Ihnen gewählte

Distanz { MERGEFIELD Distanz } ist um { IF { MERGEFIELD Distanz } = "lang" "08:00 Uhr" "{ IF { MERGEFIELD Distanz } = "mittel" "09:00 Uhr "10:00 Uhr"}"}.

Bitte beachten Sie, dass Sie sich 30 Minuten vor dem Start bei der Rennleitung einchecken lassen.

Für die kleinen Verschnaufpausen während der Tour sind alle 30 km Verpflegungsstationen aufgebaut, an denen Sie sich mit erfrischenden Getränken und einem kleinen Imbiss versorgen können. Als Erinnerung an die 15. Schwarzwald Cyclassics erhält jeder Teilnehmer ein Radtrikot.

Nach der Tour erwartet Sie ein buntes Rahmenprogramm, wie zum Beispiel unsere Verlosung, bei der Sie tolle Sachpreise gewinnen können.

Wir wünschen Ihnen heute schon viel Spaß und Erfolg bei Ihrer Tour.

Mit freundlichen Grüßen

Rad-Akademie GmbH

G. Schwarz

Prüfung Sommer 2010

Teil 1: Textgestaltung

Schulungsprogramm für das Seminar "Online-Marketing"

am 3. August 2010

im

Tagungshotel Fortuna

Reutlingen

Programm

08:30 Uhr	**Begrüßung** Frau Maria Felix
08:45 Uhr	**Eröffnungsvortrag** Möglichkeiten des Internets zur Kundengewinnung und Kundenbindung Frau Andrea Eck
10:00 Uhr	**Kaffeepause**
10:30 Uhr	**Vorträge zur Auswahl** • Marketinginstrumente online Herr Klaus Kemmler • Kundenansprache im Internet Frau Anja Fallier
12:00 Uhr	**Mittagspause**
13:00 Uhr	**Workshops zur Auswahl** • Informationsverhalten im Internet Frau Anja Fallier • Anzeigen in Suchmaschinen Herr Klaus Kemmler • Gestaltungsmöglichkeiten der E-Mail-Kommunikation Herr Florian Höfle
17:00 Uhr	**Seminarende**

Besser werden durch besser werben!

Online-Marketing FESCH GmbH

Europaplatz 10
72072 Tübingen

☎ 07071 4545-10
Fax 07071 4545-40
E-Mail Online-Marketing@t-online.de

Teil 2: Textformulierung

Online-Marketing FESCH GMBH

Online-Marketing FESCH GmbH • Europaplatz 10 • 72072 Tübingen

HRB 1000 Sitz der Gesellschaft in Tübingen
Ihr Zeichen:
Ihre Nachricht vom:
Unser Zeichen: xy
Unsere Nachricht vom:

Name: Schülername
Telefon: 07071 4545-12
Telefax: 07071 4545-40
E-Mail: Online-Marketing@t-online.de

Datum: 2010-00-00

«Firma»
«Anrede» «Vorname» «Name»
«Straße»
«PLZ» «Ort»

Einladung zur Schulung „Online-Marketing“

{ IF { MERGEFIELD Anrede } = "Herrn" "Sehr geehrter Herr" "Sehr geehrte Frau" }{ MERGEFIELD Name },

Kunden sind unverzichtbar in einem Unternehmen. Stammkunden ebenso wie Neukunden. Daher möchten wir Sie herzlich zu unserem

Seminar „Online-Marketing“
am 3. August 2010 im Hotel Fortuna, Reutlingen

einladen. Wir bieten Ihnen interessante Fachvorträge und Workshops zu den Themen Kundengewinnung und Kundenbindung an. Details über Inhalt und Ablauf des Seminars finden Sie im beigefügten Programm.

Die Vorträge und Workshops können nach Bedarf zusammengestellt werden. Zudem findet eine **Präsentation der Software „Salesforce“** statt.

Haben wir Ihr Interesse an einer Teilnahme geweckt? Dann melden Sie sich bitte rechtzeitig an, da wir nur eine begrenzte Teilnehmerzahl aufnehmen können.

Wir freuen uns über Ihre Anmeldung.

Freundliche Grüße

Online-Marketing FESCH GmbH

i. A. Schülername

Anlage
1 Programm

Geschäftsführer:
Maria Felix
Kurt Schneider

Internet:
www.online-marketing-fesch.de
E-Mail:
online-marketing@fesch.de

Bankverbindung:
KSK Tübingen
BLZ: 641 500 20
Konto-Nr.: 54027000